Olivia Moogk
Der große Feng Shui-Ratgeber

Olivia Moogk

Der große Feng Shui-Ratgeber

Mit Lebensenergie in Haus und Garten
gesund und glücklich

ISBN 3-00-009077-0
2. Auflage, Februar 2002

Herstellung: Verlagsservice W. Niederland, Königstein
Printed in Germany

Inhaltsverzeichnis

Danksagung

Ich danke meinem chinesischen Feng Shui-Meister Dr. Li für die Ausbildung in Feng Shui. Ich bin froh und dankbar, daß ich ihm und dieser chinesischen Wohn-, Einrichtungs- und Lebensphilosophie begegnet bin. Seit über einem Jahrzehnt dient mein Wirken dem Feng Shui. Auch Lehrer in Amerika, Australien, China und Hongkong haben mir auf meinem Weg geholfen, ein umfassendes Verständnis des Feng Shui zu erlangen.
Jeder Mensch müßte Feng Shui beherrschen, um seine wohltuende, Energie und Harmonie gebende Kraft zu erfahren und anderen weitervermitteln zu können.
Meine Dankbarkeit gilt allen Lehrern, die mich auch weiterhin fördern und mich während meiner jährlichen Studienreisen nach Asien das alte, traditionelle Feng Shui lehren.
Ich danke auch insbesondere meinem Mann Hans, der mich während meines Schreibens an diesem Buch maßgeblich unterstützte, ermunterte und unsere zwei kleinen Kinder hütete.
Danke auch meiner Tante Renate, die mich rührend unterstützte und mir sehr viel Arbeit während meiner Schreibzeit abnahm. Danke Christine Doll und Dagmar Paleit für die Korrekturen.
Bedanken möchte ich mich auch bei meiner Chinesischlehrerin Jingru Jin, die die chinesischen Überschriften schrieb, der Malerin Ran Zhang für ihre schönen Bilder und den Institutsschülern.
Danke auch Gott für die wunderbare Führung und Inspiration, die mich zu diesem Punkt brachte.

Segen für alle Menschen, die dieses Buch lesen!

感謝

Die Kraft im Anfang
Der Weg liegt vor Ihnen
Ich lade Sie ein, diesen Weg mit mir zu gehen

Die Kraft im Anfang

In Ruhe Befindliches ist
leicht zu halten;

noch nicht Begonnenes ist
leicht zu planen.

Dünnes ist leicht zu
schmelzen;

Winziges ist leicht zu
zerstreuen.

Befaß dich mit Dingen,
eh' sie sich zeigen;

bring sie in Ordnung,
eh' Unordnung herrscht.

Laotse

Der Anfang

Die schöpferische Kraft, die im Anfang liegt, hat nichts Geringeres als eine explosionsartige Energie, die die Entwicklung in Gang setzt. Die Zeit, die Sie mit den nächsten Punkten verbringen, wird Inspiration, Energie und persönliche Entwicklungskraft freisetzen. Deshalb wäre es von Vorteil, mit diesen fünf nachfolgenden Punkten zu beginnen, ihre Wirkung zu spüren und dann die weiteren Kapitel dieses Buches zu lesen. Das wird Ihnen ein gutes Feng Shui in Ihre Räume bringen und den Mutterboden für eine glückliche Zukunft schaffen.
Krempeln Sie die Ärmel hoch und seien Sie zu Taten bereit!

Räumen Sie auf!
Zunächst räumen Sie auf! Damit räumen Sie sich die Steine aus dem Weg, um endlich an Ihr ersehntes Ziel zu gelangen.

Entfernen Sie Energielöcher!
Betrachten Sie jeden Gegenstand Ihrer Wohnung und entscheiden Sie, wie lange Sie diesen schon nicht mehr gebraucht oder bewußt betrachtet haben. Jeder Gegenstand, den Sie aus Ihren Augen verloren haben, der dennoch da ist, ist ein energetischer Staubsauger, ein Energieloch. Damit Sie nicht mehr so viele »Löcher« in Ihrer Umgebung haben, die an Ihnen saugen, wäre es wichtig, daß Sie sich die Dinge Ihrer Umgebung genau betrachten und zu ihnen Kontakt aufnehmen.
Sprechen Sie laut oder leise mit ihnen und sagen ihnen, ob sie verschenkt, verkauft, später wieder gebraucht oder anderweitig benutzt werden sollen.
Auf diese Weise werden Sie sich wundern, welche Reichtümer Sie bereits angesammelt haben und welche Schätze in Ihren Räumlichkeiten schlummern.

Sorgen Sie für frische Luft!
Schaffen Sie Frische in Ihren Räumen, lassen Sie den Wind, Feng, herein. Alles was waschbar ist, waschen Sie. Alles was feucht abwischbar ist, insbesondere Ihr Schreibtisch, wischen Sie ab. Neue Energie wird zu Ihnen einströmen!
Sorgen Sie für frische, helle Farben und künstliche gute Beleuchtung wie auch genügend Tageslicht.
Die Türen lassen die Energie der Tatkraft, Yang, in das Haus. Deshalb entfernen Sie am besten alles Störende vor und hinter den Türen, speziell der Haupteingangstür, um das kosmische Chi nicht am Eintreten zu hindern.

Lassen Sie Chi durch die Räume strömen!
Lassen Sie den Lebensfluß in Ihre Räume, indem Sie bewußt durch Ihre Wohnung langsam und von einem Raum in den anderen Raum gehen. Alles, woran Sie möglicherweise anecken oder woran Sie nur schwer vorbeikommen, behindert Ihre eigene Lebensenergie und das Ti Chi, kosmische Energie, die wie ein sanfter Fluß durch Ihre Räume strömen sollte.

Entfernen Sie Sha, alles Spitze!
Ob Pflanzen oder spitze Ecken: runden Sie die Ecken ab, indem Sie sie beim Tischler abschleifen lassen oder Hängepflanzen, Tücher oder Kristalle davorhängen. Entfernen Sie spitzblättrige Pflanzen aus Ihrer nächsten Umgebung.

Mit diesen ersten fünf Punkten haben Sie die besten Voraussetzungen geschaffen, um sich weiterhin mit dem Thema Feng Shui zu beschäftigen und nun intensiver in die Materie einzusteigen. Sie werden erfahren, wie Sie Ihr Leben in eine Balance der Kräfte von Yin und Yang bekommen können, damit Ihre Gesundheit und Ihre Vorhaben für Sie persönlich und Ihre Familie gelingen mögen. Ein besseres Geschenk konnten Sie sich nicht machen, als dieses Buch zu lesen und das Gelesene anzuwenden! Viel Freude wünscht Ihnen dabei

Ihre Feng Shui-Expertin Olivia Moogk

Die wirkliche Geschichte des Feng Shui

Den Begriff Feng Shui gibt es nur in China – ***Feng Shui***.
Wörtlich übersetzt bedeutet er Wind und Wasser.
Aber in Indien nennt man das gleiche Phänomen »Vasta Vidya«, in Burma »Yattara« und in Europa Geomantie.
Alle diese Begriffe beinhalten das Gleiche: jahreszeitliche Beobachtungen, das alte Wissen um Symbole, Mysterien, Wahrsagekunst und das Wissen um die Kräfte der Erde und des Himmels.

Wie weit geht möglicherweise die Geschichte des Feng Shui zurück?

Um einen Überblick über die Entwicklung des Feng Shui zu bekommen, lassen Sie mich ein wenig in die Geschichte ausholen und folgen Sie mir rund um den Globus.
Schweben Sie mit mir so um den Globus, daß Sie die Äquatorlinie nicht aus den Augen verlieren. Dann schauen Sie auf die Länder Europas, Ägypten, China und Mexiko. Erstaunlicherweise verwendeten die Mayas, die Ägypter und später die Chinesen einen Kompaß, einen drehbaren Kalender, mit dem sie nicht nur Sonnen- und Mondfinsternisse vorhersagen konnten, sondern auch Zeiten für Rituale ablasen, um günstige Einflüsse des Himmels und der Sterne für irdische Handlungen festzustellen: Die Handlung auf Erden mußte mit dem kosmischen Geschehen im Einklang stehen. Der Mensch war nicht losgelöstes Teil, sondern Mitglied des gesamten universalen Geschehens.
Lassen Sie uns zunächst zu den Mayas schauen. Von den Mayas sind noch vier Bücher erhalten, die Maya Codices, die uns einen Einblick in das Wissen der Zeit um 400 v.Chr. bis 900 nach Chr. vermitteln. Darin ist Hochinteressantes über Mathematik, Astronomie und Rituale zu lesen, und es werden zwei Kalender beschrieben: der Sonnen- und der Mondkalender. Darüber hinaus gibt es auch den Ritualkalender und den heiligen Almanach. Mit dem letztgenannten Kalender, dem tausendjährigen Almanach, arbeiten heute noch die Feng Shui-Meister auf der ganzen Welt.
Der heilige Almanach der Mayas enthält eine genaue Zeitangabe, das Jahr 3114 v.Chr. Es ist die Zeit der Megalithbauten in Europa. Auch hier werden Beobachtungen um Sonnen- und Mondstände in heilige Bautenanlagen eingebracht. Man verfügt über Wissen, das es erlaubt, Kraftplätze zu finden und als Ritualstätten zu nutzen – so wie auch die Mayas später Kultstätten errichteten und die Ägypter Pyramiden bauten. Zudem verfügten die Mayas über exakte Umlaufbahndaten von Mars, Venus und außerdem der Erde um die Sonne. Sie waren in der Lage darüber hinaus jede mögliche Sonnen- und Mondfinsternis auf Jahrtausende im voraus genau zu berechnen.
Wenn man heute mit dem Lo Pan arbeitet, um Daten für Feste und Feng Shui-Maßnahmen zu eruieren und um günstige Einflüsse der Sterne durch Türen und Fenster sicherzustellen, dann kommt mir das immer wie ein Überbleibsel aus längst vergessenen Kul-

turbereichen vor. So, als ob der Umgang mit dem Lo Pan möglicherweise nur der Anfang einer großen Kette von weiteren Entdeckungen sein würde.
Die Maya-Stadt Chichen Itza, »die Stadt am Rande des Teiches«, wurde scheinbar so gebaut, daß mathematisches und mystisches Wissen in den Tempeln und Pyramiden verankert wurde. Tempel als Bindeglieder zwischen kosmischen Einflüssen, die auf Gebäude und darin lebende Menschen wirken.
Genau das ist das Thema, das im Feng Shui rund um den Erdball wieder gelehrt wird. Lassen Sie uns einen kurzen Blick nach Ägypten werfen:

3500 v.Chr. entwickeln sich in Ägypten plötzlich ein von hoher Kultur und Wissen zeugendes Handwerk und Architektur. Geschichtsschreiber berichten, daß ein fremdes Volk, das dem Horus opferte, gekommen sei und das Wissen gebracht habe. Es wurde als die »Herrenrasse« bezeichnet. Fünfhundert Jahre später schon vereinen sich Unter- und Oberägypten. Zu diesem Zeitpunkt wurde mit Beginn des einsetzenden sommerlichen Nilschlammes der 365-Tage-Kalender eingeführt. Er ist noch heute gültig.
Weitere 350 Jahre später, zwischen 2675 und 2640 v. Chr., wurden die bedeutendsten Pyramiden gebaut: die Djoser-, Snofru-, die Cheops-, die Chephren- und die Mykerinospyramide. Parallel dazu sehen Sie in Europa die Megalithkultur und in Asien Menschen, die Gebäude nach Feng Shui ausrichten, nach Wind und Wasser.
Das Unglaubliche hat Gernot Mauritius entdeckt. In seinem Buch *Der verplante Mensch. Grenzgebiete der Wissenschaft* ruft er Architekten und Wissenschaftler auf, der energetischen Problematik im neuzeitlichen Hausbau besondere Beachtung zukommen zu lassen. Denn das Bauen müsse vollkommen neu durchdacht werden. Hierbei sei die Beziehung zwischen dem asymmetrisch gebauten Menschen und den bisher symmetrisch geformten Fundamentplatten im Hausbau zu untersuchen. Er erinnert daran, daß vor 7600 Jahren in Europa bereits Häuser mit trapezförmigen Grundrissen gebaut wurden auf asymmetrisch geformten Fundamentplatten!

In der Cheopspyramide soll geheimes Wissen verankert sein, das sich in noch nicht geöffneten Kammern befindet. Die Chinesen sind im Feng Shui der Auffassung, daß Stein, der Erde zugehörig, am längsten Bestand hat. Was täten Sie, wenn Sie Botschaften über Tausende von Jahren der Nachwelt erhalten wollten? Sie würden die Berge aufsuchen und die Botschaft vornehmlich in Stein meißeln. Das wird heute auch wieder so praktiziert, 2000 n.Chr. Im Feng Shui ist Wissen auch durch Formen und Proportionen, Anordnungen und Farben überliefert. Die Pflanzenfarben, mit denen Steine rund um den Erdball bemalt wurden, hielten sich leider nicht lange genug. Längst sind sie verblaßt.

Die Bauten der Mayas wie die der Ägypter waren nicht nur nach Norden ausgerichtet, sondern auch nach den vier Himmelsrichtungen, ihrem mystischen und weltlichen Gebrauch sowie nach dem Verlauf der Gestirne. Das praktiziert Feng Shui heute auch wieder!

Auch in China wurden Gebäude in der ersten Dynastie nach den Gesichtspunkten des

Feng Shui errichtet. Selbst Pyramiden existieren dort zahlreicher als in Ägypten oder der Maya-Kultur!
Es gibt detaillierte Aufzeichnungen über Feng Shui bis in die Zeit von Konfuzius (551 bis 479 v. Chr.). Darüber hinaus sind die eigentlichen Praktiken des Feng Shui höchstwahrscheinlich älter. Aber erst 1400 Jahre nach Konfuzius, im 9. Jahrhundert, wurde das uns heute bekannte chinesische Feng Shui durch den Gelehrten Yang Yün-sung vermittelt. Zu einer Zeit, als die Mayas die Hauptblüte ihrer Kultur durchlebten!

Aber lassen Sie uns nach China zurückkehren und uns dort noch weiter umsehen. Wußten Sie, daß dem gemeinen Volk der Gebrauch von Farben durch einen kaiserlichen Beschluß untersagt war? Wie immer hat sich natürlich die Bevölkerung zu helfen gewußt: Farben wurden mit Hilfe von Teppichen und Stoffen in den Raum geholt. Das Streichen der Wände war allerdings verboten. Im Feng Shui weiß man heute wie damals, daß Farben Macht besitzen und deshalb für die herrschende Schicht zum »Beherrschen« eingesetzt wurden.
Sie erinnern sich an den schon erwähnten Herrn Yang? Yang Yün-sung wurde durch die Landschaft im Südwesten Chinas so inspiriert, heißt es, daß er die Formschule des Feng Shui gründete. Meine persönliche Ansicht dazu ist, daß Herr Yang das um den Erdball verteilte Wissen über Feng Shui der chinesischen Landschaft gemäß zuschnitt. Wobei sicher buddhistische und taoistische Lehren mit einbezogen wurden.
Hundert Jahre nach seinem Wirken fand man die Aussagen von Yang Yün-sung zu subjektiv, so daß nach mathematischen Gesichtspunkten sich nunmehr eine nach dem Kompaß ausgerichtete Schule – die Kompaßschule – entwickelte. Meiner Meinung nach hat man sich eher wieder des alten Kalendariums, wie es die Mayas besaßen, entsonnen und damit des kosmischen Geschehens auf Erden »erinnert«. Jetzt geschieht wieder ähnliches: Mit Feng Shui geht man zurück in die Zukunft und damit zu den eigenen Wurzeln unserer Kultur!

Die Chinesen hatten durch Konfuzius um 500 v. Chr., etwa zu Beginn der Maya-Blütezeit, das Buch der Riten überliefert bekommen, das noch heute Anwendung findet. In ihm wurden Rituale und Richtungen der Räume festgelegt, die der Kaiser zu den verschiedenen Jahreszeiten benutzen sollte. Ziel war, des Kaisers Tätigkeiten in Einklang mit den Bewegungen des Himmels zu bringen.

Lassen Sie uns unsere Reise beenden und aus diesen Betrachtungen das Fazit ziehen:
Die Mayas, Ägypter, Priester und Pharaonen, verfügten genauso über Feng Shui-Wissen, wie im heutigen Europa die Kelten und Druiden, die römischen Baumeister und die Errichter griechischer Tempel.
Was früher einigen privilegierten Personen vorbehalten war, ist heute jedermann zugänglich. Nutzen Sie diese Chance!

风水的来源

Der Mensch im Mittelpunkt des Feng Shui

Unsere Erde birgt viele Geheimnissse und offenbart sich modernen Wissenschaftlern mit all ihren technischen Geräten in einer anderen Form als den naturverbunden lebenden Völkern.

Die Wissenschaft kann heute per Computer den Urknall, die Entstehung des Kosmos vor rund sechs Milliarden Jahren, darstellen. Das Bild ist faszinierend: Auf dem Computerbildschirm zeigt sich ein großes Herz. Ist das Zufall? Im Glauben des Feng Shui ist der Kos-

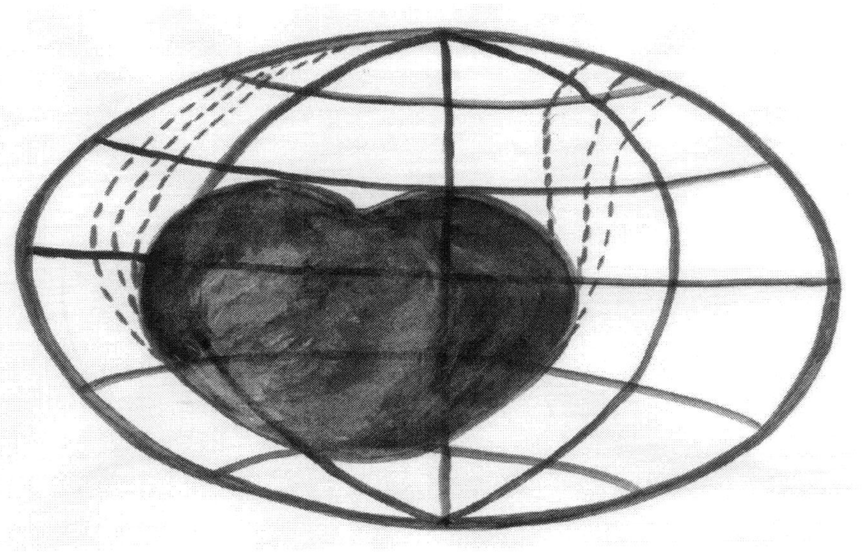

Computerdarstellung: Entstehung des Kosmos vor rund 300 000 Jahren

mos beseelt, hat unendliche Energien, die sich auf uns Menschen auswirken, die wir uns nutzbar machen können und weniger nützliche, die wir uns lieber fernhalten sollten. Das Herz als Ausdruck der Liebe ist weit verbreitet in der Vorstellung vieler Völker. Es gibt viele Ausdrucksformen eines liebenden Alls, unter anderem den liebenden Vater, den sanftmütigen, weisen und liebenden Buddha, Allah, den Großen und Mächtigen, der sein Volk liebt.

Kehren wir noch einmal zu unseren anfänglichen Betrachtungen zurück:
Gerade die Auswirkung der Sterne auf den Menschen bewegt auch die Wissenschaft. So haben Wissenschaftler, wie George Smoot, und die Nasa 1992 herausgefunden, daß ein »gigantisches Männchen« entsteht, wenn man in einem Ausschnitt des Weltalls die Anordnung von Galaxien sichtbar macht.
Hier ein Herz, dort ein Männchen – zufällige Bilder?

Ist es Zufall, daß eine Kirlianfotografie (Hochspannungsfotografie) eines Fingers genauso aussieht wie das Bild einer Sonnenfinsternis?
Feng Shui-Gelehrte aus aller Welt sehen ohne Frage alles in einer Wechselwirkung zueinander. Damit läßt es sich erklären, daß Formen, Farben, Materialien, Himmelsrichtungen und Sterne eine Auswirkung auf Menschen haben.

Auch die Indianer lassen uns die Zusammenhänge klar erkennen. So sagen die Hopi:

»Ich bin nicht hier,
um die Natur zu beherrschen oder
sie auszubeuten.
Ich bin selbst Natur.«

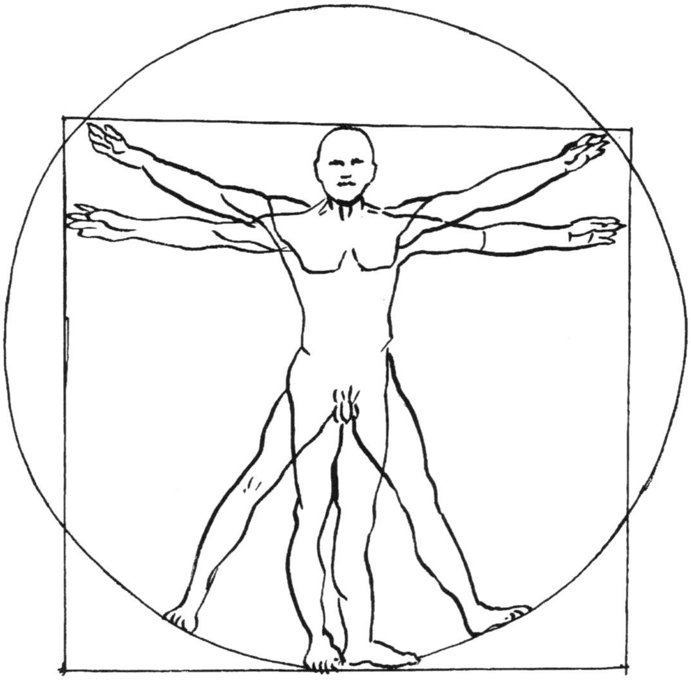

Feng Shui macht es wieder bewußt: Der Mensch ist ein Teil des Ganzen!
Mit Goethes Worten: »Müsset die Natur betrachten, immer eins wie alles achten. Nichts ist innen, nichts ist außen, denn was innen, das ist draußen. So ergreifet ohne Säumnis heilig öffentlich Geheimnis.«
Der Mensch ist ein Teil des Ganzen, und alles was im Kleinen ist, findet sich im Großen, alles was innen ist, findet sich außen wieder und umgekehrt.

Dazu gehört auch die Beobachtung des Windes. Eine Naturkraft, die nicht nur die Automobilindustrie und die Luftfahrt interessiert, sondern auch die Bauindustrie.

Tatsächlich ist jedem klar, daß nach einer absoluten Windstille eine Katastrophe zu befürchten ist. Zumindest aber liegt etwas Unheimliches in der Luft.
Beobachtungen dieser Art sind heute zum Beispiel bei den Andenvölkern oder afrikanischen Stämmen noch ganz selbstverständlich. Auch in Algerien, einem Land, das durch die Franzosen beeinflußt wurde, ist trotz des Fortschritts die Naturbeobachtung nicht verloren gegangen. Fragt man nach dem Geburtsdatum eines Menschen, so hört man nicht zuerst das Datum, sondern bekommt eine Information darüber, wie das Wetter an diesem Tag war, wie der Mond stand und welche Besonderheiten sich ansonsten am Himmel zeigten. Stolz erklären die Mütter, daß ihr Kind an einem Vollmondtag zur Welt kam, als ein laues Lüftchen aus Osten wehte – ein besonders gutes Omen für die Zukunft des Kindes.

Feng Shui lehrt, wieder auf die Zeichen der Natur, die Winde, die Omen zu achten.

Wind ist der Einfluß, der vom Himmel kommt, und Wasser, der zweite Begriff des Feng Shui, geht von der Erde aus. Wir Menschen leben zwischen Himmel und Erde, gebunden an Häuser, die auf ihr stehen.

预 兆

So ist es nicht verwunderlich, daß nach Meinung der Chinesen auch die Häuser der Menschen ein Teil ihrer Einflechtung in das kosmische Prinzip sind. Denn Häuser sind die Hüllen zur Umwelt. Sie zeigen, wie der Mensch nach außen hin sein möchte, wie sein Ego, seine Kommunikationsfähigkeit und sein Selbstbewußtsein beschaffen sind. Seine Wohnungen hingegen sind ein Spiegel seiner Seele, seiner innersten Wünsche und Veranlagungen, seiner inneren Welt. Oft wird diese aufpoliert und zurechtgerückt, bis der Glanz uns blendet und einen Schleier vor die wirkliche Beschaffenheit der Seele hängt, so daß diese selbst nicht mehr in Augenschein genommen werden kann.
In das Allerheiligste, das Schlafzimmer – die Intimsphäre mithin – kommen nur sehr wenige Auserwählte. Und dort zeigt sich dann das Kernstück der Seele des Bewohners.
Feng Shui sieht jeden Raum als Ausdruck der Persönlichkeit an und stimmt die Energie der Person mit der Energie des Raumes ab. Unter Energie versteht Feng Shui das Chi, den kosmischen Atem, der durch alle und alles hindurch weht. Der Mensch braucht Chi, um in seiner körperlichen und seelischen Balance zu bleiben, und baut durch Chi von außen sein inneres Chi auf, das auf Energiebahnen, den Meridianen, durch seinen Kör-

宇宙中的氣

per fließt. Feng Shui möchte die Kräfte eines Menschen nutzen und diese in Einklang mit seiner Umgebung und seinen Räumen bringen. Tatsächlich hält man sich mehr als die Hälfte seines Lebens in Räumen auf. Deshalb ist es nicht verwunderlich, daß deren Farben, Formen, Gerüche und Materialien, Fensterausrichtungen und Türenanordnungen zu den Himmelsrichtungen von essentieller Bedeutung sind.

Daß der Mensch durch Hochhäuser aus Stahlbeton, Schwingungen, die von Wasseradern und Verwerfungen ausgehen krank werden kann, ist nichts Neues, aber auch durch falsche Farben im Raum und Materialien, die nicht natürlichen Ursprungs sind. Licht, das blendet, statt zu beleuchten, vollgestopfte Räume und Elektrosmog sind ebenso hinderlich wie Gegenstände, die mit ihren scharfen Kanten auf die Bewohner gerichtet sind, und Möbel, die durch ihre eckige Form eher die Energie eines Menschen hemmen, als daß sie diese fördern würden.

Feng Shui bringt die Zellschwingung des Menschen wieder in Einklang mit der Schwingung der Erde, auf der er lebt. Es hebt die Irritationen, die auf sein Zellsystem einwirken, auf und sorgt für Gesundheit und Wohlbefinden. Der Zellkern steht mit allen Stoffen dieser Erde in einer lebendigen Verbindung. Über Jahrtausende hat das menschliche Zellsystem gelernt, was gut, nützlich, giftig ist usw.
Mit Feng Shui findet eine Feinabstimmung der äußeren, unmittelbaren Umgebung und der Lebenskraft, dem persönlichen Chi des Menschen, statt.

Feng Shui beinhaltet das Wissen über die Zusammenhänge zwischen der Welt und dem Menschen selbst. Teilweise sind dies Naturbeobachtungen, teils sind es Wissensüberlieferungen alter Meister, welche im Li Shu, dem Buch der chinesischen Weisheiten dargelegt sind.
Auch mein Feng Shui-Meister, Dr. Li, hatte einen alten Meister, der ihn wiederum in der Kunst des Feng Shui unterrichtete und auch in die Lehren des Weisheitsbuches einwies. Er verbrachte zwölf Jahre im Kloster und erlernte Tai Chi, Qi Gong und die Kunst der Meditation. Hätte er nicht auch Medizin studiert, wäre ich ihm nicht begegnet.

人类是风水
的重心

Wer braucht Feng Shui?

Natürlich in erster Linie jeder, der umziehen, renovieren oder neu bauen möchte, um die besten Einflüsse von Himmel und Erde für sein zukünftiges Haus anzuziehen.

Menschen, die sich in ihren Räumen müde und erschöpft fühlen, um wieder Vitalität und Lebensfreude zu schöpfen.

Menschen, die in ihren eigenen vier Wänden nicht zur Ruhe kommen können, vermittelt Feng Shui Ruhe, Gelassenheit und Geborgenheit.

Menschen, die spüren, daß seit dem Einzug in ein neues Domizil nichts mehr so recht klappen will, verleiht Feng Shui mehr Energie, Klarsicht und Fortschritt für ihr Leben.

Menschen, die zum Leben »Ja« sagen und ihre Krankheiten loswerden möchten, haben mit Feng Shui günstige Möglichkeiten, in ihren Räumen die besten Voraussetzungen für Gesundheit zu schaffen.

Menschen, die bewußt leben und arbeiten, achten in der Regel auf eine gesunde Umgebung und bevorzugen Feng Shui zur Neubelebung ihrer Räumlichkeiten mit Energie.

Feng Shui brauchen aber auch Geschäftsleute und Unternehmen in Wirtschaft, Industrie, Handel und Gewerbe, um mehr Kunden anzuziehen und ihre Mitarbeiter zu motivieren.

风水的目的

Wer sollte sich beraten lassen?

Privatpersonen, die ein Leben in Harmonie, Glück und Erfolg verbringen möchten.

Geschäftsleute, die mit ihrem Unternehmen höhere Erträge erzielen und potentielle Kunden anziehen möchten.

Schulen, denn die Kinder sind unsere Zukunft! Aggressionen können abgebaut und eine streßärmere Situation beim Lernen geschaffen werden. Allein durch die richtige Plazierung der Tische und Stühle, die Farbgebung der Räumlichkeiten und die Schulhofgestaltung könnte sich ein gutes Schulklima erzeugen lassen. Das gilt natürlich auch für alle Berufsschulen – und insbesondere für Volkshochschulen und Kommunikationszentren.

Krankenhäuser, denn dort sollen Menschen gesund werden! Durch Licht, Farben und eine geschickte Gestaltung mit Bildern im Eingangs- und Wartebereich sowie in den Zimmern kann man helfen, eine Atmosphäre der Gesundheit und Hoffnung zu erzeugen.

Entbindungsstationen: Neues Leben wird hier geboren und das nicht immer in einer wohligen Atmosphäre. Feng Shui sorgt mit seinen Maßnahmen dafür, daß eine wohltuende, lebensbejahende und geborgene Situation für Mutter, Kind und oft auch für den anwesenden Vater entsteht.

Arzt/Heilpraktiker-Praxen sollen eine Atmosphäre schaffen, die schon beim Eintritt wohltuend auf Heilung ausgerichtet ist.

Einkaufsmärkte und -zentren sind in der Regel mit Feng Shui wahre Verkaufsmagnete! Das bedeutet höhere Umsätze durch Anziehung von Kunden.

Bürokomplexe erreichen mit Feng Shui eine erfolgreiche und schöpferisch-inspirative Atmosphäre.

Läden und Boutiquen haben nicht nur höhere Umsätze mit Feng Shui, sie ziehen auch magnetisch an.

Hotels erleben bessere Zeiten mit Feng Shui, weil ihre Auslastung sehr gut ist und ihr Klientel immer wieder gern kommt.

Gemeinden und Städte um Neubaugebiete zu planen, in denen sich Menschen wohlfühlen, Aggressionen gemildert werden und der Zusammenhalt gestärkt wird. Vorhandene Regionen sollten untersucht und geeignete Maßnahmen, wie spezielle Marktplatzanlagen, Labyrinthhügel oder Steinsetzungen in der Landschaft den wohltuenden Ausgleich bringen.

Ganze Städte und Gemeinden könnten nicht nur attraktiver werden, sondern auch noch von der gewonnenen Lebenskraft der Bewohner profitieren.

Was könnte man demnach besseres tun, als bei einem Feng Shui-Kundigen Rat zu suchen, wenn es um Investitionen in die Zukunft geht? Im privaten Sinne wird es sich um den Kauf eines Hauses, einer Wohnung oder einen Umzug handeln. Alles das ist mit hohen Investitionen in die Zukunft verbunden, die das Leben verändern können. So ist es wichtig, Gesundheit, Lebensfreude und persönliches Glück auch für die Zukunft sicher zu stellen. Feng Shui macht das möglich.

Häuser werden mit Hilfe von Feng Shui so angelegt, daß sowohl das Wohlbefinden wie auch der Wohlstand einer Familie gefördert werden. Hierbei wird das lebensförderliche Chi dem lebensfeindlichen Sha gegenüber begünstigt. Es gilt, das Chi, die Energie des Lebens, anzuheben und überall, wo Sha entstanden ist, dieses zu eliminieren. Sha ist zum Beispiel das Vorhandensein von Schmutz, scharfen Kanten, von dunklen Ecken oder Hindernissen in der Wohnung. Manchmal ist es aber einfach notwendig, einmal aufzuräumen, um Chi, dem Atem des Lebens, die Möglichkeit zu geben, wieder Einzug zu halten.

Mit der Chi-Zirkulation in der Wohnung verhält es sich genauso wie mit dem Energiefluß des Menschen im Körper. Damit wir gesund und froh sind, muß die Energie im Körper frei fließen – sich mühelos im Körper verteilen können. Das heißt, die Bahnen, auf denen sie sich bewegt, dürfen keine Hindernisse aufweisen. Die Energie darf den Körper nicht zu schnell wieder verlassen. Auf ein Haus bezogen, bedeutet dies, daß die Treppen breit genug sein, der Eingang keine Hindernisse aufweisen und Türen sich nicht gegenüberliegen sollten. Befindet sich beispielsweise direkt gegenüber dem Eingang eine Tür oder ein Fenster, so wird die eingetretene Energie den Raum zu schnell wieder verlassen. Sie nährt und belebt dadurch kaum die Wohnung, damit auch nicht deren Bewohner.

五元素的色彩

Die Energie der Fünf Wandlungsphasen

Fünf Elemente sind auf der Erde und im Menschen in ständigem Wandel begriffen. Feuer, Erde, Metall, Wasser und Holz sind die Energien, die im äußeren Bereich auf Energiebahnen der Erde und im Menschen in den Meridianen zu finden sind. Alle fünf Elemente sind in ständiger Interaktion miteinander verknüpft und fördern oder kontrollieren sich untereinander. Diese Philosophie der Wechselwirkungen untereinander bildet das Denkgebäude im Feng Shui und ist so alt wie Laotse.

Im Feng Shui wird zunächst festgestellt, in welche Himmelsrichtung ein zu untersuchendes Gebäude ausgerichtet ist und welchem Geburtselement ein Klient angehört.

Lassen Sie uns zunächst einmal die Gebäude in bezug auf ihre Elementzugehörigkeit betrachten. Ob Gärten, Landschaftsanlagen oder Häuser und Innenräume, die nachfolgenden Zuordnungen sind für innen und außen gleichermaßen zutreffend. Wenn Sie Räume haben, die in die Himmelsrichtung des Südens weisen, dann bedeutet das beispielsweise, daß das Element Feuer dort im Raum herrscht.

Die Elementenzuordnung zu den Himmelsrichtungen

Süden	Feuer
Südwesten	Erde
Westen	Metall
Nordwesten	Metall
Norden	Wasser
Nordosten	Erde
Osten	Holz
Südosten	Holz

Wenn Sie einen Raum haben, der nach Südwesten seine Ausrichtung hat, dann spielt dort die Farbe Gelb eine Hauptrolle. Prüfen Sie bitte Ihre Räume hinsichtlich ihrer Himmelsrichtung und Farbzugehörigkeit.

Die Farbenzuordnung zu den Himmelsrichtungen

Süden	Rot
Südwesten	Gelb
Westen	Weiß
Nordwesten	Weiß
Norden	Blau
Nordosten	Gelb
Osten	Grün
Südosten	Grün

Die nachfolgenden Formen zeigen Ihnen, in welcher Himmelsrichtung welche Formen am günstigsten sind.

Die Formenzuordnung zu den Himmelsrichtungen

Süden	Dreieck
Südwesten	Quadrat/Rechteck/horizontal
Westen	Kreis/Kugel
Nordwesten	Kreis/Kugel
Norden	unregelmäßige Formen
Nordosten	Quadrat/Rechteck/horizontal
Osten	langes Rechteck/vertikal
Südosten	langes Rechteck/vertikal

Aus jeder Himmelsrichtung kommt ein »himmlischer Einfluß«, der uns mit Informationen versorgt. So kommen mit der Richtung des Südwestens die Informationsenergie »Ehe, Partnerschaft«, aber auch Erdeinfluß und die Farbe Gelb, das Material Ton, Terrakotta, Lehm und Ziegel. Wie Sie diese Informationen verwenden, werde ich Ihnen in der Folge zeigen.

Die himmlischen Einflüsse

Süden	Ruhm und Anerkennung
Südwesten	Partnerschaft und Ehe, Bereich der Frau/Mutter
Westen	Kinder und Projekte
Nordwesten	Helfer und Geschäftspartner, Bereich des Mannes/Vaters
Norden	Karriere und Lebensenergie
Nordosten	Wissen und Weisheit
Osten	Gesundheit und Familie
Südosten	Geld und Segen

Hier finden Sie die Materialzuordnung zu den fünf Elementen, um zu wissen, welches Material Sie für welche Richtung benutzen können.

Materialzuordnung zu den fünf Elementen

Süden	Kerzen, Lampen, Grill
Südwesten	Sand, Terrakotta, Ton, Ziegel, Gold
Westen	Kupfer, Aluminium, Eisen, Silber
Nordwesten	Kupfer, Aluminium, Eisen, Silber
Norden	Wasser
Nordosten	Sand, Terrakotta, Lehm, Ziegel
Osten	Holz, Gemüse, Bäume und Pflanzen
Südosten	Pflanzen, Bäume, Holz, Gemüse, Obst

Der Förderzyklus besagt, daß Feuer die Erde hervorbringt, Erde das Metall gebirt, Metall geschmolzen zu Wasser wird und Wasser das Holz hervorbringt, Holz seinerseits Nahrung des Feuers ist.

Der Kontrollzyklus besagt, daß Feuer das Metall schmilzt, Erde das Wasser beherrscht, Metall das Holz zerhackt, Wasser das Feuer löscht und Holz die Erde angreift.

Chi und Sha in der Übersicht

Chi	**Sha**
lebenspendende Kraft	lebenshinderliche Kraft
positive Energie	negative Energie
Helligkeit	Dunkelheit
Sauberkeit	Schmutz
Naturmaterialien	künstliche Produkte
Ordnung	Unordnung/Chaos
Frische	Fäulnis
Harmonie	Disharmonie
Synthese	Antithese
abgerundete Ecken	geheime Pfeile
harmonische Klänge	Lärm/Arrhythmien
sanft bewegte Luft	stehende Luft/Sturm
optimistisch	pessimistisch
fröhliche Menschen	destruktive Menschen

氣

Chi-Energien

Mit Hilfe von Chi, der universellen Lebenskraft, die in allem enthalten ist, erreicht der Mensch sein natürliches Fließgleichgewicht zwischen den Energien des Himmels und der Erde. Daraus entstehen Gesundheit, Glück und Wohlstand für eine ganze Gesellschaft und für den Einzelnen.
Geschäftspleiten können mit der wohltuenden Kraft des Chis erfolgreich abgewendet und Familienprobleme geklärt werden. Aber warum ist das so? Warum sind die einen berühmt und reich, die anderen energiegeladen und charismatisch ? Nutzen sie nicht alle die Kraft des kosmischen Atems, die Lebensenergie, das Chi des Universums? Wenn ja, wie ist diese Kraft anzuzapfen? Woraus besteht diese Kraft?
Die Physiker sind sich einig: So wie das Quantenfeld wird Chi als »dünne, nicht wahrnehmbare Form von Materie« aufgefaßt. Das schwingende Quantenfeld, das sich im rhythmischen Wechsel wie Yin und Yang bewegt, formt die Dinge und zerstört sie.

Chi ist auch bekannt unter den Begriffen Kundalini und Shakti (geistige Energie). In Europa hat Heraklit die Theorie vom ewigen Fließen der Energie geprägt.

Im Feng Shui sind zwei Hauptkräfte bekannt: 1. Das Feng oder »Tien-Chi«, das das Chi des Himmels ist und auch »Gast-Chi« genannt wird. 2. Shui ist das Ti-chi, das die Kraft der Erde verkörpert und in Drachenadern zu finden ist.

天 氣

Zwischen diesen beiden Hauptkräften – Himmel und Erde, Yang und Yin – vermittelt die Kraft der fünf Elemente: Holz, Feuer, Erde, Metall und Wasser.

Wie innen so außen, wie außen so innen, sagte schon Goethe. So ist dem auch, wenn wir den Menschen in seiner Zusammensetzung und Abhängigkeit von den Chi-Kräften sehen.

Der Mensch verbringt sein Leben auf der Erde. Diese wird durchflossen vom Ti-Chi oder Erd-Chi. Ist diese Kraft zu weit unter die Oberfläche abgesunken, dann versickert die lebensspendende Kraft des Wassers, Seuchen und Elend breiten sich aus.
Steht die Essenz von Tien-Chi im Gegensatz zu Ruhe und Sanftheit, so gibt es Stürme oder eine absolute, unheimliche Windstille, nach der es in der Regel zu Katastrophen

kommt. Ist Tien-Chi verunreinigt, so entstehen Krankheiten unter den Menschen wie Asthma, Keuchhusten und degenerative Knochenerkrankungen.

Chi kann in seinem Lauf bis dicht unter die Erdoberfläche aufsteigen und Berge schaffen. Dabei kann es sich so stark ausdehnen, daß es schließlich in einem Vulkan ausbricht. Wenn sich Chi zu weit von der Oberfläche entfernt, dann wird das Land trocken, öde und flach. Am günstigsten ist es, wenn Chi die Erdoberfläche nur so eben streift und dadurch bewirkt, daß Berge entstehen, Bäume wachsen, das Gras grünt, die Luft frisch ist und das Wasser klar. So sind Gesundheit und Glück dem Menschen hold.

Der Feng Shui-Gelehrte untersucht das Chi, seine Strömungen, und betrachtet Berge und Hügel (Yang), Täler und Wasserläufe (Yin).
Wasserläufe sind offensichtlich die Adern des Chi. Das Wasser ist auch Sinnbild für Geld. Fließt es in schneller, gerader Linie, dann fließen Geld und Reichtum weg. Wohnt man am Innenrand eines Wassers, so ist es wohltuend und glückbringend. Halten Sie sich jedoch mindestens fünfzig Meter vom Ufer entfernt. Im Feng Shui wird eher eine Halbhöhenposition angeraten, die einen guten Blick auf das Wasser gewährt und den Berg als Schutz im Rücken hat.
In den Bergformationen werden Anhaltspunkte für das Vorhandensein von Tiger und Drache gesucht. Ein erhabener Berg im Osten bedeutet Glück und Reichtum, das Yang des Himmels ist den Bewohnern hold. Ein sanfter Hügel im Westen wird als Tiger bezeichnet und symbolisiert die Kraft und Ruhe des Yin. Befinden sich beide, Tiger und Drache in »Umarmung«, dann sind die Bewohner des Gebietes in den Kräften von Yin und Yang ausgeglichen. Sie werden genügend Kraft schöpfen, um ihre tagtäglichen Aufgaben zu bewältigen, und ebenso werden sie die nötige Ruhe finden, um ihre innere Harmonie und ihr Gleichgewicht herzustellen.
Genauso wichtig wie die Untersuchung der Bewegungen und Formen des Chi sind die stündlichen, täglichen und jahreszeitlichen Untersuchungen. Die unterschiedlichen Bewegungen der Himmelskörper werden mit dem Kompaß, Lo Pan genannt, zum Wohle des Menschen bestimmt und eingesetzt.

Der Gelehrte weiß, daß die Kenntnisse der Uhrzeit und des Kalenders notwendig sind und sich die Beschaffenheit des Chi alle zwei Stunden ändert und erst nach einem Zyklus von 24 Stunden zu ihrem Ausgangspunkt zurückkehrt. Er kennt das I-Ging, das Lo Shu, und kann die Kräfte der Erde untersuchen, wahrnehmen, berechnen und mit Erfahrungen aus 5000jähriger Beobachtung verknüpfen. Er hat so etwas wie eine untrügliche Spürnase für Kraftströme.

Seien es Umbauten, Bauvorhaben, ein Umzug, der Kauf eines Grundstückes, der Termin für eine Hochzeit oder Geschäftseinweihung: nichts wird dem Zufall überlassen. So kann sich der Bau eines Hauses um Monate verschieben, da erst der günstigste Zeitpunkt herausgefunden werden muß.

Die optimale Lage für die Gebeine der Verstorbenen gehört ebenso zum Feng Shui wie die geeignete Standortwahl für öffentliche Gebäude.

Die Verknüpfung von menschlichem Chi und äußerem Chi wird auch so gesehen:

Der Himmel hat vier Jahreszeiten, fünf Elemente, neun Abteilungen und 360 Tage. Entsprechend hat der Mensch vier Gliedmaßen, fünf innere Organe, neun Körperöffnungen und 360 Gelenke. Der Himmel hat Regen und Wind, Kälte und Hitze; dem entspricht beim Menschen Freude, Ärger, Nehmen und Geben.

In Ägypten benannte man die Chi-Kräfte nach ihrer Funktion

Man ging von fünf Grundkräften der Natur aus, die man folgendermaßen bezeichnete:

Schu – die belebende Kraft der Luft
Geb – die aufbauende Kraft der Erde
Ba – die lebensspendende Kraft der Sonne
Osiris – die regenerierende Lebenskraft
Isis – die göttliche Kraft des Universums

Die Griechen benannten die Chi-Kräfte

Luft – Sauerstoff
Erde – Stickstoff
Feuer – Kohlenstoff
Wasser – Wasserstoff
Äther – das Medium, in welchem die Elementarkräfte des Kosmos wirksam werden.

Die Chinesen nennen die Chi-Kräfte

1. Die Lebensenergie der Erde
Die Energie, die Leben hervorbringt und bewahrt.

2. Die Erbenergie des Wassers
Der Informationsträger unserer genetischen Strukturen.

3. Die Nahrungsenergie des Holzes
Die Energie unserer Verbrennungs-und Aufbauprozesse.

Die universellen Chi-Kräfte

4. Die kosmische Energie des Feuers
Die Energie der Sonne, die Leben auf der Erde ermöglicht.

5. Die geistige Energie der Luft oder des Metalls
Die geistige Energie verbindet alle anderen vier Grundenergien miteinander, koordiniert und steuert sie.

Sie sehen, daß das Chi zwar unterschiedliche Bezeichnungen aufweist, aber doch in mehreren Kulturen, so auch der unseren, als Begriff vertreten war und ist.

Schließen Sie nun die Augen und stellen Sie sich vor, daß Chi in Ihrem Körper jede Zelle durchkreist. Sie können sich ein helles, warmes Licht vorstellen oder eine Farbe Ihrer Wahl. Chi hat alle Farben und ist Licht in jeglich angenehmer Form. Atmen Sie langsam das Chi der Luft ein und lassen es durch Ihren Körper bis zu den Zehen rieseln. Wiederholen Sie diesen Vorgang neunmal. Sie werden augenblicklich eine Erneuerung spüren, wie eine Dusche, die Sie jederzeit und an jedem Ort nehmen können. Schließen Sie nun die Augen und beginnen Sie augenblicklich!

Das Erd-Chi

Wenn Sie essen, dann kauen Sie langsam und genießen Sie. Ein Gespräch bei Tisch sollte nie aufregend sein, damit Sie sich ganz dem Geschmack, dem Genießen des Chi der Erde hingeben können. Je deutlicher Sie Geschmack, Geruch, Farbe und Konsistenz wirklich aufnehmen, um so mehr profitieren Sie vom Erd-Chi der Nahrung. Sie werden das »Lebensmittel« dann vom »Nahrungsmittel« unterscheiden lernen und sich bewußter, gesünder ernähren, was Ihrer Haut, den Haaren und der Zellerneuerung gut tut. Verwöhnen Sie sich in aller Ruhe mit diesem Erd-Chi!

Das Wasser-Chi

Baden und duschen Sie gern? Wasser ist in jeder Form, ob es getrunken oder in ihm gebadet wird, ein Quell des Lebens, bestehen wir doch zu 65 Prozent daraus. Die Urquelle dieses Wasser-Chi ist das Fruchtwasser, das den Embryo nährt und ihn zum Kind reifen läßt. Sobald er das Licht der Welt erblickt hat, ist es Zeit, von außen Wasser zuzuführen. Sie wissen es selbst, wenn Sie zu wenig getrunken haben, dann bekommen Sie Falten, die zu Runzeln reifen, und die Haut sieht welk aus. Außerdem gibt es böse Schatten unter den Augen. Holen Sie sich die Urkraft des Wasser-Chi, indem Sie es trinken! Nur ein Tropfen allein enthält alle Informationen für ein Leben in Gesundheit und Schönheit!

Das Feuer-Chi

Meiden Sie Licht? Sonnenlicht ist Feuer-Chi und regt Ihren Organismus dazu an, daß er Vitamin D mobilisiert. Ohne diese Lichtenergie gibt es Störungen in der Impulsübertragung des Gehirns bis hinein in jede kleinste Zelle. Deshalb seien Sie auf der Hut vor Verlust! Im Gegenteil: Laufen Sie täglich mehr als eine halbe Stunde im Licht, ohne Kopfbedeckung und ab und an auch splitternackt in Ihrer Wohnung herum. So bekommen Ihre Zellen die lebensnotwendige Feuer-Energie, die besonders für das Nervenreizleitungssystem so wichtig ist. Licht wird in der DNS gespeichert und kann bei Bedarf abgerufen werden. Eine Schutzfunktion Ihres Körpers, ein Wunderwerk der Natur!

Das Holz-Chi

Das Holz-Chi finden Sie in der Natur. Schauen Sie sich Bäume an, umarmen Sie sie und schenken Sie einem Baum in Ihrer Umgebung mehr Beachtung als bisher. Er wird richtig gedeihen und Sie erfreuen und kräftigen. Schon unsere Vorfahren wußten dieses Holz-Chi zu nutzen und stellten sich Gartenbänke unter die Bäume oder aßen im eigenen Garten angebaute Gemüse- und Obstsorten. Natürlich können Sie sich auch auf dem Balkon

Ihr kleines Paradies mit einem Kräutergarten gönnen. Essen Sie viel Obst und Gemüse und genießen gerade zur Holz-Zeit im Frühling die Kraft des Chi, welche die Regeneration der Zellen anregt und – wie man heute weiß – die freien Radikalen hinauswirft, Zellmüll, der nicht im System verbleiben sollte.
Wie Sie sehen, ist der Umgang mit Chi schon sehr vertraut, wenn auch vielleicht weniger bewußt oder gar unbekannt als »Chi«.

大地的力
量

Chi anziehen

Chi ist die gute, nützliche Kraft, der kosmische Atem, der das Gleichgewicht zwischen Himmel, Erde und Mensch herstellt. Wohlstand, Eheglück und Gesundheit sind daraus resultierend möglich.
Sehen Sie zunächst, was Chi ausmacht, wo es entsteht und wie es aussieht auf einen Blick:

Chi ist eine lebensspendende Kraft, ist

positive Energie
Licht
Helligkeit
Sauberkeit
Bewegung
Ordnung
Frische
Harmonie
Aufbau/Synthese
Geburt

Orte der Chi-Kraft sind:

Orte, an denen geheiratet wurde
Orte, an denen Kinder zur Welt kamen
Orte, an denen Menschen gesund geworden sind
Orte, an denen Menschen Freude empfinden
Orte, an denen Heilige gesichtet wurden
Orte, zu denen Menschen pilgern
Orte, an denen Menschen glücklich zusammen leben

Suchen Sie solche Orte so oft auf, wie Sie »geführt« werden. Denn Ihr Inneres sagt Ihnen sehr genau, wann diese Zeit ist und wie oft. Eine innere Zufriedenheit entsteht dann, wenn Sie auf Ihr Inneres hören und den Impulsen nachgeben, die Sie diesbezüglich empfinden.

氣的所在地

Chi kann gelenkt und angezogen werden mit Hilfe von:

* Spiegeln,
* Tieren wie Hunden und Fischen
* Fächern
* aufbauenden Wasser- und Baumbildern
* Qi-gong Kugeln
* ätherischen Düften
* Blumen und Grünpflanzen, Bäumen
* Farben
* abgerundeten Formen
* gewundenen Wegen
* hellen und lichten Eingängen
* Runen und Emblemen
* natürlichen Bau- und Inneneinrichtungsmaterialien
* Formanordnungen innen und außen
* Klangspielen
* Kristallen, die in das Fenster gehängt werden
* Edelsteinen
* Flöten, die Energie leiten
* Glücksbriefumschlägen
* magischen Spruchbändern, die Glück, Liebe und Geld anziehen
* Menschen, die man sich einlädt, weil sie eine positive Ausstrahlung haben
* Kindern, die noch in ihrem kosmischen Urgrund weilen

Holen Sie sich Chi in Ihre Wohnung! Natürlich ist das Ihr gutes Recht. Ein Feng Shui-Gelehrter weiß nur zu gut, weshalb er Ihnen eine oder mehrere der oben genannten Chi Möglichkeiten für Ihr Heim empfehlen wird. Denn alles hat seine Beziehungen, seine kosmische Ordnung. So auch in Ihrem Zuhause.

杀气的预防

Sha-Energien

Zunächst sollten Sie wissen, was Sha ist, um diese Kräfte selbst erkennen und ihnen aus dem Weg gehen zu können.

Sha ist eine lebenshinderliche Energie, »der Atem des Bösen« genannt, der Schatten des Chi.

Ob Drachen, Dämonen, Hexen oder Zauberei: in Europa wie in China sind »Umschreibungen« von wissenschaftlichen Begriffen noch heute gang und gäbe. Holzschnitzarbeiten auf der ganzen Welt verraten genauso wie Felsinschriften, daß der Drache – eine kosmische Kraft, die sich auf der Erde in Bergen, Flüssen und Gewässern zeigt – weniger mit einem Fabeltier zu tun hat als vielmehr mit der Umschreibung eines gewaltigen Energiepotentials, das von der taoistischen Kraft Yang geprägt ist.

Wo man Sha-Kräfte findet

* Man findet sie an Orten, an denen Schlachten stattfanden.
* Man begegnet ihnen an Wegkreuzungen, an denen Hinrichtungen stattfanden. Sagen ranken sich noch heute um diese Stellen. Oft ist es hilfreich, in Kirchenchroniken nachzuschlagen und alte Bücher zu studieren.
* In Sichtweite von Krankenhäusern (Sha schwächt dann die Physis) gedeiht Sha.
* Auf ehemaligen und gegenwärtigen Friedhöfen unmittelbar gegenüber dem Haus. Der Tod ist eine Situation, die »Nicht-Leben« bedeutet, und unruhige Geister und Verderbnis anzieht.
* Altersheime sind Orte, an denen Physis und Psyche geschwächt sind. Positiv genutzt, könnten dort Weisheit, Ruhe und Geduld wohnen. Andererseits strömen sie Lebensschwäche aus.
* Gebäudekanten sind Sha, von denen »An chien«, die geheimen Pfeile, ausgehen!
* Häuser, in denen es zu Scheidungen kam.
* Häuser, in denen ein Mord passiert ist, benötigen zumindest eine spirituelle Grundreinigung. Die kann so aussehen, daß Sie zunächst Türen und Fenster weit öffnen und in die Hände klatschen. Damit zerstreuen Sie vorhandene Schwingungen.
  Stellen Sie zum Beispiel danach ein Kofferradio in die leeren Räume und drehen laute Marschmusik auf. Streuen Sie in alle Ecken Salz und lassen dieses über Nacht dort liegen. Saugen Sie es am nächsten Morgen weg. Stellen Sie dann überall frische Blumen

in das Haus. Nehmen Sie eine Flasche Wasser und reichern es mit Zitronenöl und Orangenölaroma an. Versprühen Sie dieses Gemisch im Haus. Räuchern Sie mit Salbei und Beifuß die Wohnung.

* Häuser, deren Bewohner geistesgestört waren, sollten ebenso von Sha befreit werden wie oben beschrieben.
* Häuser, in die eingebrochen wurde, benötigen einen mystischen Einbruchsschutz.
* Häuser, in denen Menschen gestorben sind, benötigen ebenso eine Reinigung wie oben beschrieben.
* Grundstücke, auf denen Gebeine Verstorbener liegen, werden mit Feng Shui-Ritualen ähnlich wie oben beschrieben »behandelt«. Ich habe in China Techniken gelernt, wie man sich mit dem Geist des Platzes verbindet und ihn befreit. Am besten ist es, wenn Sie für diese Fälle einen Feng Shui-Experten zu Rate ziehen.
* Grundstücke, auf denen Altlasten lagern, müssen abgetragen werden. Gottlob ist dies bereits Vorschrift! Aber danach sollte nicht nur neuer Mutterboden aufgetragen werden, es sollten auch Wildkräuter angepflanzt werden, die die Erde im Zeitraum von etwa drei Jahren aufarbeiten. In der Regel ist es so, daß selbst dann, wenn Sie nicht bewußt Wildkräuter aussäen, sich wie von Gottes Hand gefügt die Pflanzen einfinden, die den Boden aufarbeiten. Das sind die Silberdistel, der Klatschmohn, die Butterblume und die Brunnenkresse genauso wie das Hirtentäschel und das Lebermoos.
* Nachbarn, die streitsüchtig und gegen alle und jeden eingestellt sind, sollten Sie mit einem konvexen Spiegel an der Hauswand »bedenken« und sich so vor ihren magischen Einflüssen schützen. Aber auch mit Pflanzungen zum Nachbarn hin wie der Hängeweide, die wie ein Schleier den Anblick schützt. Nicht zu vergessen sind positive Affirmationen.

  1. Affirmation: Ich rede von meinem Nachbarn nur, wenn ich etwas Lobendes oder Liebenswertes von ihm zu sagen habe.

  2. Affirmation: Ich überlege, wie ich ihm eine Freude machen kann, und erwarte keinen Lohn für mein Bemühen.

  3. Affirmation: Ich vergebe und verzeihe. Mein Herz ist versöhnlich gestimmt. Friede durchströmt mein Inneres und bringt Freude in mein Herz.

  So eingestimmt, werden Sie mit Nachsicht die Attacken Ihres Nachbarn verarbeiten und umwandeln. Selten gibt es Situationen, in denen es besser ist zu gehen. Dann gehen Sie in Würde und Anstand und bedenken Sie, daß Worte eine große Macht haben! Gehen Sie sorgsam mit ihnen um.

* Häuserkanten, die attackieren, können Sie mit einem an der Hauswand angebrachten konkaven Spiegel abschwächen. Kippen Sie durch Unterlegung des Spiegels mit einem Holzklotz diesen so an, daß er die störende Energie schräg nach oben abschmettert.

* Überlandleitungen, die weniger als dreihundert Meter entfernt sind, können starke gesundheitliche Probleme verursachen. Die größte Wirkung ist derzeit auf das Zell- und Blutsystem des Menschen festzustellen, deshalb ist es notwendig, ihnen grundsätzlich auszuweichen.
* Störzonen in der Erde und Gitternetzkreuzungspunkte werden seit Jahrtausenden nicht nur in China, sondern auch in Amerika und Europa untersucht. Meine Nachforschungen und die Arbeit mit befreundeten Wissenschaftlern in China, Amerika und Deutschland besagen, daß die irdischen Störzonen auf der Körperebene wirken und deshalb Priorität gegenüber anderen Feng Shui-Vorgehensweisen haben.
* Lärm von Autobahnen, U-Bahnen und Verkehr im allgemeinen kann mit Baumpflanzungen, Palisadenzäunen, Balkonkästenbepflanzungen, dicken Vorhängen im Hausinneren, Jalousien und Rolläden, und der Schlafzimmerverlegung in eine ruhigere Richtung begegnet werden. Eine andere Möglichkeit besteht darin zu pflocken. Diese Methode kann man im Feng Shui-Unterricht erlernen.
* Geruchsbelästigungen von Industrieanlagen u.a.
* Hohlräume unter Wohnungen, wie z.B. Garagen, sind im Feng Shui ausgleichsbedürftig. Streichen Sie die Garagenräume grün, um Wachstum und aufsteigende Kräfte zu symbolisieren. Vermeiden Sie, Ihren Schlafplatz oberhalb einer Garage oder eines Hohlraumes zu haben!
* Grelle Licht- und Neonreize sollten den Schlafenden nicht treffen. Hängen Sie die Fenster zu und schotten Sie mit Roll- oder Klappläden den Einfluß ab. Die Nerven könnten sonst zu leicht überreizt werden.

Die Folge von den obengenannten Sha-Einwirkungen könnten sein

Fehlgeburten, Ehescheidungen, Familienzwist, psychische Störungen, berufliche Mißerfolge, frühzeitiger Tod oder chronische Krankheiten.

Die Energiearten des Sha, die Menschen besonders ungünstig beeinflussen

1. Magnetismus
2. Elektrizität
3. elektromagnetische und
4. nukleare, kosmische Strahlung

Weitere Störungen, die als Sha-Einflüsse bezeichnet werden

Erdbruchzonen
unterirdische wasserführende Zonen

Kreuzungspunkte von Gitternetzzonen
Industrie- und Autoabgase
Chemische Belastung der Umwelt und der Kleidung
Lärmbelästigung durch Industrie und Verkehr
Bodenverseuchung

杀

Sha vermeiden

Vermeidung im Außenbereich des Hauses

* Halten Sie einen Abstand von mindestens 300 Metern von Bahnstromleitungen.
* Halten Sie auch Abstand zu Sendeanlagen.
* Vermeiden Sie bei Dachständerzuführung den Netzanschluß über dem Schlafzimmer.
* Legen Sie bei Erdverkabelung den Netzanschluß nicht unter Ihr Schlafzimmer.
* Halten Sie Abstand zu Transformatorhäuschen.

Vermeidung im Innenbereich des Hauses

* Schlafen Sie nicht über der Waschmaschine und dem Trockner.
* Vermeiden Sie Stromleitungen am Kopfende.
* Auch an der Rückwand des Schlafzimmers sollte es keine elektrischen Geräte wie Computer oder den Elektroherd geben.
* Vermeiden Sie offene Steckdosen im Bettbereich.
* Kaufen Sie möglichst nur Lampen mit Schukosteckern.
* An der Schlafzimmerrückwand sollten sich keine Abwasserleitungen, keine Waschbekken oder Toiletten befinden.
* Sorgen Sie für einen separaten Stromkreis in Schlaf- und Kinderzimmer.
* Verwenden Sie beim Hausbau nur abgeschirmte Kabel.
* Verzichten Sie auf Telefon und Radiowecker am Kopfende des Bettes, natürlich auch auf Fernseher und Video im Schlafbereich.

Wie Sie darüber hinaus Sha-Einwirkungen im Inneren des Hauses abwenden können

* Kaufen Sie nur Lacke, Farben, Bezugs- und Gardinenstoffe, Teppichböden und Möbel aus Naturmaterialien. So vermeiden Sie elektrostatische Aufladungen.
* Entfernen Sie Ihre Federkernmatratzen und lassen Sie von einem guten Rutengänger Ihren Schlafplatz untersuchen.
* Sie können auch hinter den Spiegeln Spiegelphotonenmatten anbringen (ein Resultat der Forschungsarbeit von Prof. Popp aus Karlsruhe und dem Forscher Wiggenhauser).
* Sorgen Sie für eine gute Luft durch Lüften und die Benutzung von Luftwäschern oder Befeuchtern.
* Sorgen Sie für nicht blendendes Licht. Ein sanfter Lichtstrahl ist besser als eine 100 Watt-Glühbirne!

* Entstören Sie Balkensituationen mit Kristallen, Flöten, Stoffen und Bändern.
* Rücken Sie das Kopfende des Bettes unter der Schräge weg.
* Verwenden Sie natürliche Materialien, vornehmlich Seide und Baumwolle. Bedienen Sie sich darüber hinaus zum Beispiel der Verwendung von Pflanzenfarben für die Wände. Pflanzenfarbe trainiert die Zäpfchen und Stäbchen Ihres Auges, damit die Flexibilität Ihres Sehkörpers!
* Vermeiden Sie Plastikgegenstände! Vor jedem Neukauf sollte gewarnt sein.
* Verwenden Sie gute Düfte (zum Beispiel ätherische Öle).
* Bilder aus der Natur bauen grundsätzlich auf. Alte Ölgemälde, so schön sie auch sein mögen, können die Energie des Betrachters herunterziehen. Schauen Sie doch einmal auf die Gesichter der dargestellten Personen. Lassen Sie in aller Klarheit und Ruhe diese Gesichter auf sich wirken. Meist kommt dann die Erkenntnis: abhängen! Oder wie wirkt die Schlachtenszene im Schlafzimmer auf Sie? Erhoffen Sie sich wirklich Aufbau und Ruhe von dieser Szenerie? Oder thront vielleicht das verstorbene Familienoberhaupt über dem Schreibtischsessel Ihres jetzigen Büros? Hängen Sie es schnell ab. Der liebe Vorfahr kann gern »anwesend« sein, aber nicht da, wo Sie jetzt das Ruder in die Hand nehmen wollen.
  Schaut vielleicht ein Kind mit großen, leeren Augen auf Sie, anklagend und wehmütig zugleich? Oder stiehlt Ihnen ein impressionistisches Bild die Ruhe? Sortieren Sie auch Ihre Fotos durch und befreien sich von üblen Geistern, zumindest von Bildern solcher Menschen, die Ihnen nicht wohlgesonnen sind.
  Bilder haben großen Einfluß. Sie können Chi in Ihren Räumen aktivieren.
* Reparieren Sie alles Kaputte. Denn nichts, was in Ihrer Umgebung kaputt ist, kann ganzheitlich gesehen HEILUNG ausmachen. Denken Sie immer daran, daß die Wände die äußere Begrenzung Ihrer Haut sind. Dann werden Sie von selbst den Wunsch spüren, nicht mehr länger Gegenstände mit halber oder gar keiner Funktion in Ihrem Umfeld zu haben.
* Weniger ist mehr! Zu viel Einrichtung und vollgestopfte Schränke belasten nur. Sie brauchen viel weniger, als Sie denken! Nicht immer muß man alles aufheben, weil die Mode ja gewissermaßen wiederkommt. Vielleicht verändern sich die Stoffe, die Farben und Sie haben in zehn Jahren gewiß keine Lust mehr auf Ihr altes Kleid. Auch die lieben Nachkommen können gut und gern auf Papas Lederjacke verzichten. Es gibt viele bedürftige Menschen auch in Ihrer Umgebung. Jemandem eine Freude zu bereiten ist die schönste Möglichkeit, Chi an sich zu ziehen: Sie sind befreit, und der andere ist froh und dankbar. Helfen Sie anderen, sich zu freuen und zu lächeln! Das ist ein großer Teil von Feng Shui. Er ist durchaus menschlich und liebenswert.
  Schauen Sie einmal nach Sachen in Ihren Schränken, die Sie von jemanden geschenkt bekommen haben, der weniger positiv im Leben stand. Vielleicht sind Krankheit und Siechtum damit verbunden. Sollte das der Fall sein, dann sollten Sie sich vielleicht davon trennen oder zumindest gründlich die Sachen waschen und anschließend mit Beifuß räuchern.
* Sorgen Sie für gute Klänge im Raum. Klangspiele können eine sehr gute Atmosphäre

schaffen, ihr Wohlklang den Raum und das Ohr füllen. Wußten Sie schon, daß es bei der Musikanlage nicht vorwiegend auf Ohm und Wattzahl ankommt, auch nicht darauf, was für einen tollen Verstärker Sie haben? Für die Energie im Raum, Ihr Ohr und damit für den Aufbau des Chi in Ihrem Organismus kommt es auf die Lautsprecher an! Aber Achtung bei japanischen Fabrikaten. Sie sind nicht für das europäische Ohr konzipiert. Sie lassen deshalb zum Teil europäische Hersteller für Sie hören.

* Bergkristalle, Salzkristalle, Amethyste und Rosenquarze erzeugen ein gutes Feng Shui. Verwenden Sie nur rund geschliffene Steine. Bergkristallspitzen werden zum Beispiel nur zum Leiten von Energie eingesetzt. Da ist es besonders gut, wenn Sie wissen, was Sie bezwecken möchten. Als Tip: Wollen Sie Energie in eine Ecke lenken, so richten Sie die Spitze auf diesen Bereich. Sie sollten aber nie die Spitze auf sich selbst lenken!
* Pflanzen und Blüten bringen Energie in den Raum. Insbesondere sollten Sie nicht zu stark riechende Pflanzen in die Wohnung holen und auch Pflanzen wählen, die runde Blätter haben. Gesunder und üppiger Wuchs sind wünschenswert.
* Ein Aquarium gleicht übles Sha aus. Sollten Sie Spaß an einem Aquarium haben, so ist es mit Sicherheit eine schöne Einrichtung. Wählen Sie in diesem Fall acht rote und einen schwarzen Goldfisch. Rot bedeutet Yang und Schwarz ist die Farbe des Yin. Beide Farben sollten natürlich im Aquarium vorhanden sein. Haben Sie ein Meerwasseraquarium, so achten Sie auf bunte, üppige Fische. Runde und längliche sollten sich abwechseln, Yin und Yang sich die Waage halten. Halten Sie aber vor allem das Becken sauber!
* Tiere im und um das Haus sollten Sie artgerecht und liebevoll halten. Geht es den Tieren gut, dann wird sich das auf Sie auswirken.
* Hunde zeigen Ihnen Chi-Plätze und Katzen Sha-gestörte Plätze an !
* Farbe kann ebenso zum Wandel von Sha in Chi eingesetzt werden. Ist die Raumfarbe weder dem Zweck des Raumes noch dem Benutzer dienlich, so erfordert dieser Punkt eine eingehende Feng Shui-Beratung. Allgemein gesagt, können Sie aber die Farbe Gelb in den Räumen einsetzen, die sich einem Friedhof gegenüber befinden, Schwarz vermeiden, wenn Sie depressiv sind, Grün da einsetzen, wo Sie Wachstum und Gedeihen wünschen. Besonders dann, wenn sich Ihr Schlafzimmer über einer Garage befindet, streichen Sie diese grün.
* Es ist auch möglich, je nach Kultur und Vorliebe christliche Bilder aufzuhängen, z.B. ein lächelndes Jesusbild oder Jesus und Maria.

Abwehrmöglichkeiten für Sha-Einflüsse außerhalb des Hauses

* Eisenstäbe und Nägel werden zum Pflocken in den Boden gerammt, um die Sha-Ströme abzulenken. Bei den Azteken war es der Gott Xochipilli, der seinen Zeremonienstab durch den Kopf der Schlange (unguter Sha-Strom) lenkte.
* Wo dieser Strom (auch schwarzer Strom genannt) in das Haus einzudringen droht, kann blaue Farbe eingesetzt werden.
  In einer Stadt kann zur Abwehr ein blauer Stein gesetzt werden.

* Kraftbäume der Kelten können gepflanzt werden. Die Eberesche ist beispielsweise ein guter Schutz gegen Friedhofseinflüsse. Die Birke lädt die »Weiße Göttin« ein, in ihr zu wohnen und schenkt den Bewohnern Frieden.
* Der magische Spiegel kann außen aufgehängt werden. Er wird Bagua-Spiegel genannt und hat in der Regel einen Durchmesser von 15 Zentimetern. Der Rand ist mit den acht Trigrammen des pränatalen Himmels geschmückt, den Ho-Tu oder I-Ging-Trigrammen. In der Mitte befindet sich ein runder, gewölbter Spiegel.
  Der nach außen gerichtete (konvexe) Spiegel hält Sha-Einflüsse fern. Der nach innen gewölbte (konkave) Spiegel zieht gute Kräfte des Chi aus der Ferne noch zusätzlich an, bzw. schwächt »Angriffe« von Baumstämmen, Laternen u.ä. ab.
* In christlichen Gefilden ist ein Jesuskreuz oder Mutter Maria am Haus zu finden. Sie sollen das Haus schützen.
* Runen können aufgemalt oder außen angebracht werden. Die Dag-Rune ist die bekannteste Türschutzrune. Gerade in England finden wir sie noch weit verbreitet oder auch hierzulande auf Toren von Pferdeställen und mittelalterlichen Türen. Da im Mittelalter jegliches Feng Shui-Wissen durch das Verbrennen von Büchern und angeblichen Hexen ausgerottet wurde, haben sich die Feng Shui-Wahrheiten fast nur noch über Märchen und Sagen erhalten.
* Wege und Eingänge können verlegt werden – je nachdem, welche Himmelsrichtung die glückbringende für die Bewohner ist und aus welcher Richtung es gilt, einen Sha-Strom abzulenken.
* Ein Frühjahrs- und Herbstschnitt sollte im Garten für mehr Licht und Freiheit sorgen. Aber Vorsicht! Vor dem Schneiden ist es wichtig, die Pflanzen und Bäume um »Erlaubnis« zu bitten. Auch gibt es nah am Haus stehende Bäume, die mit dem Haus auf wunderbare Weise verwoben sind und deshalb nicht gefällt oder beschnitten werden dürfen. Eine Untersuchung vor Ort nach der Kompaß- und Intuitivschule wird ermitteln, was wirklich zu tun ist.
* Jeglicher Müll sollte aus dem Garten entfernt werden! Denn er ist in der Lage, die Kräfte des Sha zum Verweilen einzuladen. Es könnte aber auch genausogut eine Art Verseuchung des Grundstückes auftreten, die durch Metalle, Plastik oder Farbstoffe hervorgerufen werden kann.
* Geschickt positionierte Fahnenmasten können auch Sha-Ströme ablenken. Das tun sie einerseits, indem sie in den Boden gerammt werden, gepflockt, und andererseits dadurch, daß die wehenden Fahnen, mit Symbolen und Farben geschmückt, Sha zerstreuen und Chi anziehen.
* Mit dem Tai Shan, Steinen oder Tafeln können »Blocker« gesetzt werden, die den geheimen Pfeilen widerstehen. Der Tai Shan kommt aus dem »Heiligen Berg« Chinas oder dem Berg Mern in Indien. Er hat die Kraft, Sha abzuhalten.
* Es ist aber auch möglich, durch einen Schildring, Kreise aus Pfählen oder Steinen, den Energiefluß umzuleiten. Der Schildring selbst entspricht den Steinkreisen des Megalithikums. Der Ring leitet Sha-Ströme ab und schützt so die in der Mitte liegenden Gebäude oder Gegenstände vor negativen Kräfteberührungen. Ein Schildring soll anderer-

seits auch die »Vergiftungen« neutraler Energien vermeiden, am Platz durch Sha-Ströme verhindern.

* Natürlich kann man auch Räume und Plätze mit guten Gedanken und Taten aufladen und eine »Schutzglocke« um sie bilden.
* Runen, am Dachgiebel oder über der Haustür angebracht, können vor so manch übler Beeinflussung von außen schützen und gute Umstände zum Haus hinziehen.
* Auch ein am Eingang angebrachtes Türglockenspiel kann die sogenannten »Fünf Geister« fernhalten und mit ihrem Spiel die »Elfen der Muse« rufen.
* In England werden vorwiegend Strohamulette an die Tür oder in das Fenster gehängt. Diese Tradition sehen wir fortgesetzt in den Türkränzen und Strohsternen zur Weihnachtszeit.
* Auch Eingangslabyrinthe und Steine der Kraft am Wegrand können Chi anziehen und Sha fernhalten. Es gibt verschiedene Möglichkeiten, Labyrinthe zu bilden. Eine Möglichkeit ist die, daß man seinen Kräutergarten in Form eines Labyrinthes anlegt und so die geistigen Kräfte in die Nahrung zieht und die Bewohner stärkt. Auch kann man auf kleinem Raum im Innenhof, im Großen wie z.B. auf dem Marktplatz Labyrinthe zum Auffangen von Sha-Einflüssen in das Trottoir einlassen.

道教的演变

Gesundheit und Wohlstand durch Einsatz von Tao

Nachdem wir uns mit Chi, der Lebensenergie, und ihrem Widerpart, dem Sha, beschäftigt haben, wenden wir uns dem Tao zu. Chi bewegt die Kräfte von Yang und Yin und damit alle fünf Wandlungsphasen der Elemente.

Alle fünf Elemente, Yin und Yang, bilden zusammen die Einheit – das Tao.

Wir Menschen sind dabei, die Kräfte des Chi auf der Erde so zu beeinflussen, daß weder die Luft, Feng, noch das Wasser, Shui, in Zukunft genießbar sein können. Damit wäre ein Kollaps vom Organismus Erde in naher Zukunft absehbar. Gesundheit und Lebensglück würden uns entgleiten.
Damit das nicht passiert, ist es wichtig, daß wir Feng Shui betreiben, eine Art Therapie für Mensch und Erde.

Therapie heißt wörtlich übersetzt: »die Arbeit der Götter tun«. Tun wir sie! Nehmen wir die Kraft des Laotse, des Herakles und Jesus Christus und wandeln unser Denken. Wir werden immer mehr die internen Kreisläufe erkennen lernen, sie verstehen und Vernetzungen von Ursache und Wirkung überschauen.

Tagtäglich werden Materialien erfunden, die auf ihre Verträglichkeit und Abbaubarkeit hin überprüft werden sollten. Alle Produktionsstufen von der Herstellung bis zur Entsorgung der Abfälle gehören in den menschlichen Verantwortungsbereich.

Wenn wir unsere Erdmitbewohner, die Tiere, halten, so ist eine artgerechte, streßfreie und liebevolle Haltung der Tiere vonnöten, denn wir verzehren all das mit, was wir ihnen antun.

Tierversuche sind unmoralisch und bringen uns nicht weiter. Wir verletzen unsere eigene Seele damit.

Was wir anbauen, sollte giftfrei sein.

Unsere Biosphäre ist unsere Haut, die uns vor der schädlichen Strahlung aus dem Weltall schützt. Verletzen wir sie, so verletzen wir unseren Schutz und Hautkrebs und andere Erkrankungen wären die Folge.

Es gilt, mit der Nahrungsenergie verantwortungsvoll umzugehen. Allein die Einfuhr von Äpfeln aus Südafrika ist bedenklich, wenn wir hierzulande den Apfelüberschuß vernichten müssen.

Wenn wir Therapie betreiben, die Arbeit der Götter tun, so wird es Zeit, an die Erbinformationen, die Energie zu gehen, die uns die Vergangenheit lehrt.

Feng Shui ist Therapie, befreit von Desorientierung und führt hin zu Liebe, Güte, Glaube, Hingabe und Toleranz.

Sie können helfen, daß die Fünf Wandlungsphasen Ihnen persönlich, Ihrer Umwelt und Ihren Mitmenschen Glück bringen. Kaufen Sie beispielsweise bewußt ein! Statt Federkernmatratzen solche aus Stroh und Latex. Oder verzichten Sie weitestgehend auf Plastik, ob in Form von Schüsseln, Spielsachen oder Gartenmöbeln. Geben Sie den Kanarienvögeln einen adäquat großen Käfig. Verzichten Sie lieber völlig auf Tiere, wenn diese den ganzen Tag in der Wohnung allein sein müssen und keinen freien Auslauf bekommen. Ein Bernhardiner braucht mehr als eine Apartmentwohnung! Kaufen Sie landestypische Erzeugnisse den Jahreszeiten entsprechend. Damit helfen Sie, große Transportwege zu sparen, unterstützen die einheimischen Landwirte und ernähren sich viel gesünder, weil der Körper der Jahreszeit entsprechend seine Vitamine und Mineralien erhält und mit jeweils der richtig polarisierten Nahrung versorgt wird. Die Banane kühlt, hat Yin-Charakter und gehört nicht in der Winterzeit auf den Tisch. Statt dessen wärmen mit ihrem Yang-Charakter alle einheimischen Kohlsorten und Bratäpfel, die ein ebenso großer Genuß im Winter sind. Im Sommer können Sie dann zu der Kaltschale mit einheimischen Erdbeeren, Johannis- und Blaubeeren übergehen. Sie kühlen und wachsen vielleicht in Ihrem oder Nachbars Garten. Legen Sie zudem Wert auf eine gute Nachbarschaft, was einem exzellenten Feng Shui entspricht, so haben alle Beteiligten etwas davon.
Vermeiden Sie möglichst, Schadstoffe für Ihr Haus einzukaufen. Ob Farben, Lacke, Schaumstoffe, Haushaltsreiniger, Möbelbezugsstoffe und Gardinen – sie alle können der Gesundheit Schaden zufügen. Gehen Sie auf Nummer sicher und kaufen Naturstoffe, Ökoreiniger und schauen verstärkt auf die Etiketten. Feng Shui ist eine Wissenschaft, die zu einem großen Teil aus Regeln für die Gesunderhaltung besteht. Gerade in der heutigen Zeit ist es nötig, sich vor Schadstoffen zu hüten – ganz anders als vor fünftausend Jahren, als man viele Stoffe noch gar nicht kannte.

健康与幸福

Gedicht der Hopi-Indianer an die Mutter Erde

Verliebe dich jeden Tag in den Geist, die Seele der Mutter Erde, denn sie lebt wie wir. Sie läßt Pflanzen wachsen, es dürfen Menschen und Tiere auf ihr gehen, Ozeane über sie hinwegrauschen. Sie gibt uns alles, was wir brauchen.

Sie ist voller Liebe für uns Erdenbewohner, sie ist voller Kraft, doch wir erkennen sie nicht. Diese Liebe kann man nicht in Worten ausdrücken, man muß sie fühlen, um sie zu erleben und um sie zu erkennen. Wann wird es soweit sein?

Bedenken wir, daß uns die Erde nicht gehört, wir haben sie nur geliehen bekommen, um auf ihr zu leben. Laßt die Mutter Erde nicht so leiden, denn wie sie heute ist, ist ein Ergebnis vieler Generationen.

War das der Sinn am Anfang der Entstehung? Was ist das Endprodukt? Es liegt vor uns, wir können es jeden Tag neu sehen, wenn wir es wollen. Alles lebt, auch wenn es nicht so erscheint. Lernen wir von der Mutter Erde, denn sie hat Geduld, Weisheit, Ausdauer und viel Liebe, die uns alle erfüllt. Sie arbeitet mit dem Universum und empfängt jeden Ton, jede Vibration und gibt sie voller Liebe an uns weiter.

Die Botschaft der »Hau de no sau nee« (Konföderation der Irokesen) erinnert uns an ursprüngliche Weisungen der Schöpfer des Lebens auf der Erde. Sie sagen, daß sie das wirkliche Volk seien. Am Anfang, sagen sie, wandelten die Menschen auf dieser Erde und waren mit allem Lebensnotwendigen ausgestattet. Sie brachten allem Leben Liebe und der Erde gegenüber Ehrfurcht mit. Sie erkannten, daß ihr Leben eng mit dem der Bäume, Pflanzen und Tiere verwandt ist. Dieses spirituelle Bewußtsein ist für sie die höchste Form der Politik!

Ihr Pfad des Lebens besagt, daß alles Leben ein spirituelles Wesen besitzt, eine Energieform, die sich in einer stofflichen Gestalt manifestiert hat.
Die »Hau de no sau nee« leben nach ihrer Uranweisung, die besagt, allen Geistern, die Leben schaffen und erhalten, größte Ehrfurcht entgegenzubringen, ebenso Dankbarkeit und Zuneigung. Sie danken all den Dingen, wie dem Reis, den Bohnen, dem Kürbis, den Winden und der Sonne. Wenn die Menschen aufhören würden, all diesen Dingen Respekt zu zollen, würde alles Leben zerstört werden und das menschliche Leben auf diesem Planeten ein Ende haben.

Sie erreichen ein gutes Feng Shui für sich und andere, wenn Sie umweltbewußt mit dieser Erde umgehen und möglichst den Kauf von giftigen Stoffen ausschließen. Somit erhalten Sie sich Ihre Gesundheit und Leistungsfähigkeit – und die Mutter Erde auch noch für Ihre Kinder und Kindeskinder.

Ziel des Feng Shui

Das Ziel der Bemühungen, die Sha-Energien einzudämmen, wird immer sein, ein für den Menschen und die Umwelt gutes Chi zu erzeugen. Natürlich ist Chi grundsätzlich in allen natürlichen Gegebenheiten vorhanden, im Wasser, den Bergen, der Luft, der Erde und im Menschen selbst. Aber es muß gelenkt werden, damit es zum Nutzen auch für Tier und Mensch zur Verfügung steht. Denn was nutzt ein in die Tiefe des Bodens zurückgezogenes Chi, wenn der Boden, den man pflügt karg und trocken ist? Man muß lebensnotwendige Maßnahmen ergreifen, um das Chi an die Oberfläche zu holen. Das geschieht in diesem Fall in der Regel in Form von Brunnen.
Der Feng Shui-Gelehrte wird in jedem Fall das Sha erkennen und Maßnahmen dagegen vorschlagen. Sein Hauptaugenmerk liegt dennoch auf dem Chi, was Rutengänger und Feng Shui-Fachleute voneinander unterscheidet, denn Rutengänger sind in der Regel schnell durch ihre Arbeit ausgelaugt, da sie ihre Kanäle für den Sha-Strom öffnen, um ihn zu finden. Feng Shui-Gelehrte arbeiten in der Regel eng mit einem Rutengänger ihres Vertrauens zusammen, suchen selbst aber hauptsächlich nach Möglichkeiten, wie sie die guten, lebensförderlichen Chi-Kräfte anziehen, lenken und aktivieren können. Das Ziel ist in jedem Fall: Harmonie und Gleichgewicht der Kräfte zu erreichen, um damit Glück und Segen, Wohlstand und Liebe in den Häusern so zu aktivieren und zu kultivieren, daß der Mensch in seiner Lebensaufgabe optimal unterstützt wird.

风水协调人与地

火

Zu Ruhm und Ehre gelangen mit der Kraft des Feuers: Li

Lassen Sie uns gemeinsam zu den fünf Elementen schauen. Sie sind die Grundlage aller Überlegungen im Feng Shui. Für mich war es eine besondere Freude zu sehen, daß die Fünf-Elementen-Lehre der traditionellen chinesischen Medizin auch die Grundlage im Feng Shui ist. Somit ist sie die Behandlungsgrundlage für Menschen wie für Räume gleichermaßen! Mein Akupunkturprofessor Dr. Li machte mich immer wieder auf diesen Zusammenhang aufmerksam. Ich darf Ihnen nachfolgend zunächst einmal diese Lehre vorstellen und Ihnen einige Anregungen mit auf den Weg zu mehr Harmonie in Ihrem Leben geben.

Das Feuer-Chi

Das Feuer wird im Chinesischen Li genannt, das Haftende. Es bedeutet Sonne und Licht, Tag, Mittag und Sommer. Vom Feuer geht Wärme aus, die für alle Menschen essentiell wichtig ist. Mit 37 Grad Körpertemperatur ausgestattet, ist der Homo sapiens nur bedingt anpassungsfähig. Sinkt die Körpertemperatur auf weniger als 35 Grad, dann ist sein kritischer Punkt erreicht, vergleichbar dem, wenn man über 42 Grad Fieber bekommt. Der Spagat zwischen beiden Temperaturextremen ist möglich. Wird er überschritten, zieht sich das Chi aus dem Körper zurück, und man nimmt Abschied von dieser Erde.
Die Kraft des Feuers ist so extrem stark, daß sie auch auf die Psyche Einfluß hat. Ob Mutlosigkeit, Apathie, Hysterie oder Lethargie, das Feuer Chi geht an die feinsten Rezeptoren des Nervensystems und reguliert den Blutdruck und die Herz-Kreislauf-Tätigkeit. Tatsächlich reagiert jeder Mensch auf das Feuer Chi! Nehmen wir die Farbe Rot. Ein roter Raum wird als warm empfunden, rote Früchte als aphrodisisch, da die rote Farbe im Unterleib das sechste Chakra anregt, die Energie des Sexuellen. Ein bekanntes Phänomen ist die Farbe Rot in den sogenannten Rotlichtvierteln und erklärt auch, warum Frauen gern zu roter Spitzenunterwäsche greifen.
Rot ist die erste Farbe, die ein Mensch wahrnimmt und die erste Farbe, die fast jeder aufzählt, wenn er eine Farbe nennen soll. Machen Sie einmal dieses Experiment!

Rot ist Feuer-Chi und wird symbolisiert durch dreieckige Formen. Haben Sie schon einmal eine Flamme beobachtet? Sie züngelt wie ein gestrecktes Dreieck nach oben. Sie wird ganz spitz und vom Wind leicht geformt. Der geringste Lufthauch genügt und die Flamme verändert ihre Größe und Richtung.
Haben Sie dreieckige Formen in der Wohnung, so ist dies ein Zeichen dafür, daß Sie Feuer-Chi angehäuft haben! Natürlich tun Sie das auch, wenn Sie Rot in Ihre Wohnung einbringen oder Kerzen und Licht. Auch wenn Sie Ihre Fenster- und Türöffnungen nach Süden ausrichten, fangen Sie sich das Chi des Feuers ein.

Das Feuer-Chi ist innerhalb der Räume im Bereich Anerkennung zu lokalisieren. Das ist der Bereich, der sich gegenüber dem Eingang befindet, im mittleren Bereich dieser Wand, wenn die Eingangstür nach Norden weist.

Sollten Sie in der Himmelsrichtung Süden Gartenareale oder Innenräume, Türen oder Fenster haben, so können Sie jetzt das erworbene Wissen anwenden, indem Sie die Farbe Rot, Licht, Kerzen und Herd- oder Lagerfeuer zur Verstärkung des Einflusses Ruhm und Anerkennung einsetzen.

Feuer-Chi manifestiert sich auch in geistiger Klarheit, in großer Literatur alter Meister, Musik, die die Seele erfreut, und Kunstwerken, die erfüllt mit pulsierender Feuer-Energie das Herz und die Seele des Menschen erfreuen. Fangen Sie sich Feuer-Chi ein! Am besten bewerkstelligen Sie das zur Zeit des Sommers, in der Mittagszeit, indem Sie ohne

Kopfbedeckung gehen und die Sonne auf Ihren Kopf, das Kronenchakra, scheinen lassen. Täglich 20 Minuten in der Zeit zwischen 11 und 14 Uhr genügen, um Feuer-Chi zu tanken. Ob bekannte Schauspieler, Politiker, Heilige, Poeten oder andere berühmte, bewunderte Menschen, sie alle vereint das gleiche Phänomen: ihre Ausstrahlung! Sie strahlen Licht aus. Licht, das jeden Tag neuerlich zugeführt werden muß.
Aktivieren können Sie die Feuerenergie folgendermaßen: Verwenden Sie die Farbe Rot, Licht in Form von Kerzen, Lampen mit roten Lampenschirmen und Bilder und Blumen der roten Farbenpalette. Tun Sie aber nicht zu viel des Guten! Weniger ist mehr.
Zudem ist die rote Farbe die Farbe des Lebens. Das Leben ist im Körper an den roten Blutfarbstoff Hämoglobin gebunden. Rot ist Yang, aktiv und stark.
An der Innenseite der Eingangstür angebrachte rote Quasten können das Glück ins Haus ziehen. Verschicken Sie zum Neuen Jahr rote Karten in roten Umschlägen und wünschen so ein glückliches Neues Jahr.
Die Chinesen heiraten traditionell in Rot, der Farbe der Liebe, der roten Wangen und des Glücks. Geldgeschenke werden zur Heirat und zum Neuen Jahr ebenfalls in speziell dafür gefertigten Umschlägen mit goldenen Symbolen überreicht.
Ein roter Briefkasten verheißt gute Nachrichten. Ein roter Teppich wird nicht nur hierzulande ausgerollt, um Staatsgäste zu empfangen. Legen Sie in Ihren Bereich Süden einen roten Teppich, dann können Sie das Glück zu sich einladen und ihm den Weg bereiten.
Ein Aquarium mit acht roten Goldfischen und einem schwarzen Fisch bringt das Glück, wenn Sie das Aquarium regelmäßig säubern und für frische Pflanzen sorgen.
Der Drache gegenüber der Ostwand im Wohnraum oder auf der rechten Seite des Einganges oder Hauses bringt Ihnen ebenso Glück und ist dann von besonderem Wert, wenn Sie ein leerstehendes Gebäude oder einen Friedhof gegenüber haben.
Zur Geburt eines Sohnes werden in China Eier rot eingefärbt, um das Glück über die Geburt zum Ausdruck zu bringen. Auch rotes Holzinventar ist günstig, insbesondere in Restaurants, da Feuer die Erde, Nahrung, fördert.
Große rote Blüten bringen die ätherischen Kräfte im Garten und im Hausinneren zur vollen Entfaltung.
Auch rote Vorhänge, Polsterstoffe und Tapeten kann man in die Dekoration einfließen lassen.
Wenn Sie aber im Jahr des Metalles oder Wassers geboren sind, dann sollten Sie sich nicht mit zuviel Rot umgeben, da Rot die Farbe des Feuers ist und Metall schmilzt und dem Wasser die Kontrollenergie entzieht.

Alles hat seine Zeit! Es gibt Zeiten, die nach außen gehen, wie die des Feuer-Chi und Zeiten, die nach innen gehen, wie die Zeit des Wasser-Chi.
Der Erleuchtete trägt das Licht des Feuer-Chi in sich und benötigt die Anregung von außen nicht mehr.

Was können Sie tun, wenn dieser Bereich in Ihrem Haus fehlt?

Jeder Teil des Hauses ist mit einem Aspekt des Lebens verbunden. Fehlt ein Teil, so ist eine ganzheitliche Heilung nicht möglich. Alles ist miteinander verwoben und verknüpft. Prüfen Sie deshalb jeden Bereich Ihres Hauses. Genährt wird dieser Bereich vom Nordosten, dem Lo Shu-Bereich der Erde. Im Bagua entspricht er dem Bereich des Wissens. Wissen nährt also Ruhm und Anerkennung. Spüren Sie nicht auch, daß es genauso ist? Ist nicht Wissen geradezu notwendig, um die Hürden zu meistern, die zu Ruhm und Anerkennung führen?
Sollten Sie also hier einen fehlenden Bereich haben, so verwenden Sie auf ihn Ihre Aufmerksamkeit. Setzen Sie dazu die Anregungen um, die Sie für den fehlenden Bereich des Ruhms erhalten.
Vielleicht haben Sie in diesem Bereich Ihren Balkon oder Ihre Terrasse und das Haus sind u-förmig ausgeschnitten. Dann kann es sein, daß wenn Sie bereits mehr als drei Jahre in diesem Gebäude wohnen, Sie Schwierigkeiten haben, Ihr Selbstvertrauen zu entwickeln und Sie die Meinung der anderen höher einschätzen als Ihre eigene. Der Kollege schnappt Ihnen die lang ersehnte höhere Position vor der Nase weg und man nimmt nicht Notiz von Ihren Bemühungen. Oder Sie fühlen, daß Sie innerhalb der Familie trotz ständigen Bemühens nicht die notwendige Anerkennung erfahren. Ob so oder anders, eines steht fest, es ist Zeit, sich intensiv zu bemühen, diesen fehlenden Bereich auszugleichen. Eine Möglichkeit ist die, daß Sie Ihren Balkon entweder zum Wintergarten ausbauen lassen und so mit in den Raum integrieren, oder aber durch Pflanzen, Tisch und Stühle eine wohnliche, windgeschützte Atmosphäre schaffen. Natürlich sollten Sie sich dort, so oft es die Jahreszeit zuläßt, auch aufhalten. Im Winter können Sie das Geländer mit einer Lichterkette umlegen, so daß dieser Bereich optisch betont wird und zur Hauswand hin integriert. Sollten Sie in diesem Bereich weitere Fenster besitzen, so können Sie dieses Lichterband auch dort in die gleiche Höhe bringen, so daß eine einheitliche Front erscheint. Wichtig: Beleben Sie den freien Platz mit Licht, Farben und bewohnen ihn so oft wie möglich, so gleichen Sie am besten den fehlenden Bereich aus. Aber auch in jedem anderen Zimmer können Sie jetzt Symbole setzen, die Ruhm und Anerkennung anziehen. Das können Ihnen verliehene Urkunden sein, eine Widmung eines berühmten Menschen an Sie, eine eigene Handarbeit oder eine selbstgetöpferte Vase, aber auch Bilder, die Sie mit berühmten Menschen zeigen oder bei einer Abschlußfeier des Studiums.
Sobald ein Bereich fehlt, ist es nötig, ihm Beachtung zu schenken, ihn mit Blumen zu schmücken, Gerümpel aus dem Weg zu räumen, alte abgeblätterte Farbe zu erneuern (Grün ist die Farbe, die dem Feuer Energie gibt) und Sha-Einflüsse zu zerstreuen. Sollte Ihrem Anerkennungsbereich auch noch ein Friedhof, die Ecke eines Gebäudes oder der Laternenpfahl der Straße gegenüber gelegen sein, so haben Sie die Möglichkeit, mit einem außen angebrachten magischen Spiegel, spiegelnden Kugelbirnen (aus dem Baumarkt oder Blumengeschäft), mit Windrädern, innen am Fensterrahmen angebrachten Kristallkugeln oder mit einem Klangspiel diesen Einfluß zu zerstreuen.

Das Feuerelement im Überblick

Farben:	Rot, Lila, Rosa
Formen:	dreieckig
Himmelsrichtung:	Süden
Materialien:	Plastik
Meridiane:	Herz, Dünndarm, Kreislauf, Dreifacherwärmer
Emotionen:	Vergebung, Verzeihung
Geschmack:	bitter
Tier:	Pferd
Planeten:	Sonne, Mars
Zahl:	9
Sinnesorgan:	Zunge
Charakter:	Verständnis
Jahreszeit:	6. Mai bis 7. Juli
Tageszeiten:	11 Uhr bis 15 Uhr und 19 Uhr bis 23 Uhr
Berufsstände:	Bäcker, Schmied
Zum Feuer gehören:	das tatkräftige, ausdehnende, entwickelnde, kraftvolle und reifende Prinzip
Ernährungszyklus:	Holz nährt Feuer
Kontrollzyklus:	Das Feuer kontrolliert das Metall

Zu guter Partnerschaft und Ehe gelangen mit der Kraft der Erde: Kun

地氣

Das Erd-Chi

Die Erde wird im Chinesischen Kun, das Empfangende, genannt.

Das Erd-Chi zeigt sich deutlich in der Beschaffenheit des Rasens, ob er üppig grün wächst oder eher mager beschaffen ist. Sind sehr viele Unkrautpflanzen vorhanden, so ist der Boden nicht in seinem Gleichgewicht. Die Pflanzen bearbeiten ihn und einige von ihnen werden von selbst wieder gehen, nämlich dann, wenn sie ihre Arbeit an der Erde verrichtet haben. Andere Pflanzen tauchen dann auf, wenn man sie gerade für einen Heilungsprozeß benötigt.
So kann durchaus der Fingerhut plötzlich in Erscheinung treten und sich zur Wasserregulation zu Diensten melden. Ich selbst hatte im achten Schwangerschaftsmonat geschwollene Fußknöchel – ein Zeichen, daß die Wasserregulation im Körper nicht optimal verlief. Der Fingerhut, eine an und für sich giftige Pflanze, die in der Medizin zur Herstellung von Digitalisprodukten genutzt wird, tauchte ganz zufällig in meinem Vorgarten auf!
Haben Sie viel Klee im Garten, so ist der Boden sauer. Vielleicht sind Sie das auch? Trinken Sie viel Kaffee, essen üppig Fleisch, Wurst und Kuchen? Oder haben Sie nachbarschaftliche Fehden auszutragen? Schauen Sie sich Ihren Boden an und dann sich selbst. Es werden Ihnen sicher nicht nur Lichter, sondern Lampen aufgehen!

Das Verblüffende am Betrachten des Erd-Chi ist der Zusammenhang zwischen der Erdbeschaffenheit und der Körperlichkeit der Bewohner. Eine eher trockene Erde läßt hier Rückschlüsse zu, daß auch der Organismus trocken, wenig durchfeuchtet sein könnte. Sorgen breiten sich dann aus, statt einer Art von Gelassenheit gegenüber materiellen Angelegenheiten. Wer seine Blumenerde zu wenig gießt, hat oft Schwierigkeiten, Kinder in die Welt zu setzen und sich gefühlsmäßig auszudrücken. Wer übermäßig gießt, hat kein Maß in den Dingen und überhäuft oft seine lieben Angehörigen mit Wohltaten. Viel zu gießen bedeutet aber auch, seine ungeweinten Tränen in Form von Wasser aus der Gießkanne dem Mutterboden zufließen zu lassen. Zu wenig gießen kann hingegen ein Hinweis sein, daß Gefühle unterdrückt werden. Eine feuchte Erde ist immer eine fruchtbare und eine trockene ruft eher Dürre hervor.

Aber nicht nur der direkte Vergleich ist denkbar, sondern auch die psychische Qualität, die das Erd-Chi in den Menschen wachruft. Wie schon erwähnt, können Sorgen, aber

auch Mutlosigkeit entstehen, wenn das Erd-Chi unausgewogen ist. Tatsächlich läßt sich das in der Geschichte gut nachvollziehen. Denn blieb eine Ernte aus, weil der Boden zu feucht und sauer war, dann machten sich noch vor nur hundert Jahren unsere Vorfahren natürlicherweise Sorgen um die Ernährung ihrer Familie. Im Körperlichen können das Magenkrämpfe und Übersäuerungen, ein übler Mundgeruch und Erkrankungen der weiblichen Brust sein. Auch können die Schleimhäute austrocken und die Fehlregulation sich durch Diabetes zeigen.
Gehen Sie doch wieder einmal hinaus in die Natur. Legen Sie sich im Spätsommer, der Höchstzeit des Erd-Chi, auf den Mutterboden, irgendwo im Garten, Feld oder Wald. So ruhend und tankend zugleich könnten Sie die nachfolgende Meditation zu Ihrem eigenen Wohle und dem der Erde halten:

Die Erde ist das Reich des Lichtes und der Liebe, des Friedens und Verstehens. Ich öffne mein Herz und lasse reine Essenz von hellgrünem Licht von der Erde in mich einströmen. Mit jedem Atemzug atme ich hellgrüne Essenz der Erde ein und lasse diese Kraft in jede Zelle meines Körpers einströmen. Mit jedem Ausatmen strömen alle meine Sorgen in das Erdreich hinein. Dort verwandeln sie sich in pures Licht und Liebe. Mit jedem neuerlichen Atemzug nehme ich diese Kraft wieder auf.

Atmen Sie dabei ruhig ein und aus.

Friede fließt durch jede Zelle meines Körpers. Es herrscht vollkommene Einheit. Ich spüre, wie ich zusehends leichter werde und mich mit dieser wunderbaren Kraft der Erde erneuere und verbinde. Sie trägt mich und nimmt mich in ihren mütterlichen Schoß der Geborgenheit und Liebe auf. Ich erinnere mich an meine wahre Beschaffenheit. Ich weiß, daß ich aus Stoffen der Erde gebaut bin und diese wieder zu ihr zurückkehren werden. So bin ich allzeit mit ihr liebevoll verbunden, in vollem Vertrauen und mir bewußt, daß alles, was ich wünsche und alles, worüber ich mir Sorgen mache, im neuen Licht der Erkenntnis betrachtet, lösbar ist. Die Weisheit, mein Leben selbst in die Hand zu nehmen und jedes Problem lösen zu können, erfüllt mich zusehends. Jederzeit kann ich an diesen Ort der Zwiesprache mit Mutter Erde zurückkehren, und jederzeit kann ich sie in meiner Vorstellung rufen. Sie ist immer für mich da und erfüllt mich mit Gedanken der Liebe und Zuversicht.

Kehren Sie mit mir nun zu einem Gedanken von Leonardo da Vinci wieder in das Hier und Jetzt zurück. Er sprach von der Erde als einem lebendigen Leib, der von Kreisbahnen durchzogen sei, durch Ebbe und Flut, den inneren Geistern der Welt, die den menschlichen Körper beeinflussen.

Das Wesentliche dieses Bereiches ist das Empfangen. Die Mutter empfängt das Kind, die Schale den Reis, der Topf das Essen, das Bett den Schlafenden und das Boot die Insassen.

Erde nimmt auf und spiegelt auch unsere Beziehungen zu anderen. Wie gut kann man zuhören, wie gut Wissen aufnehmen? Alles das wird sich in den geschäftlichen Beziehungen wie auch in den Beziehungen zu Freunden ausdrücken. Fehlt der Bereich im Südwesten, so ist auch die Frau im Haus ungünstig mit Erd-Chi versorgt. Eine fehlende Hausecke kann auch dazu führen, daß die Frau bald das Haus verläßt, die Scheidung ins Haus steht, oder sie diejenige ist, die sich sehr stark unterordnen muß und die man kaum beachtet. Liegt diese Ecke auch noch im Bereich des Drachen, rechts neben der Eingangstür, dann sind auch die Beziehungen zu Geschäftspartnern, wie auch zu hilfreichen Freunden gebremst.

Für eine gute Partnerschaft brauchen Sie nicht nur das Rosa in Form von Wand- oder Accessoirefarbe. Sie können auch mit zwei Rosenquarzkugeln, zwei Sesseln, einer kleinen Liebesbank im Garten, einer quadratischen Laube, zwei runden, unterschiedlich großen Steinen oder Kieseln im Außenbereich das Glück anziehen. Im Innenbereich wären zusätzlich rote Kerzen oder Bilder von Liebespaaren oder Ihr eigenes Hochzeitsfoto wählbar.

Was können Sie tun, wenn der Südwesten oder Nordosten in Ihrem Haus fehlt?

Sollten Sie einen Garten haben, so können Sie an die fehlende Ecke ein Licht stellen, um diese symbolisch wiederherzustellen. Oder Sie stellen an die fehlende Hausecke eine Figur aus Stein, eine Aphrodite. Natürlich ist es auch möglich, in diesem Bereich die Terrasse zu erweitern, einen Wintergarten anzubauen und dort eventuell auch eine Ecke zu errichten, wo sich die Frau des Hauses mehr aufhält, diese Ecke dann auch belebt. Rot und Gelb sind die Farben, die diesen Bereich besonders energetisieren. Mischt man beide, so können Sie auch satte Orangetöne dorthin bringen.

大地的力量

Das Erdelement im Überblick

Farben:	Gelb, Orange, Beige, Ocker, Braun, Eierschale
Formen:	viereckig, quadratisch, rechteckig, flach
Himmelsrichtungen:	Südwesten, Nordosten, Mitte
Materialien:	Lehm, Erde, Terrakotta, Porzellan, Marmor, Beton, Steinplatten, Ziegel, Edel- und Halbedelsteine, Backsteine, Marmor, Sand
Meridiane:	Magen und Milz-Pankreas
Emotionen:	Sorgen/ Sorglosigkeit
Geschmack:	süß
Tiere:	Drache, Schaf, Hund, Ochse
Planeten:	Merkur
Zahlen:	2, 5, und 8
Sinnesorgan:	Mund
Charakter:	Zuversicht, Glaubwürdigkeit, Ehrlichkeit, Treue, Verlässlichkeit
Jahreszeit:	Spätsommer, 5. April bis 5. Mai, 8. Juli bis 7. August, 9. Oktober bis 7. November, 6. Januar bis 3. Februar
Tageszeit:	früher Nachmittag, zwischen 14 und 16 Uhr; und 2 und 4 Uhr morgens
Berufsstände:	Ernährungsberater, Steinmetz

Zur Erde gehörend: das Sammeln und Aufnehmen;
die Beständigkeit, die Tradition, der Handel,

Ernährungszyklus: Feuer nährt die Erde

Kontrollzyklus: Das Holz kontrolliert die Erde
und die Erde ihrerseits
kontrolliert das Wasser

金属

Projekte und Kinder fördern, sowie hilfreiche Menschen anziehen

Das Metall-Chi

Das Metall strahlt Kühle und Festigkeit aus. Es entspricht der frischen Luft, die man genüßlich durch die Lungen zieht und den festen Stoffen, die man mit der Verdauung losläßt. Das Heitere kann einziehen, sobald dieses Gleichgewicht hergestellt ist.
Das Heitere und der Himmel treffen sich zur Freude aller und sind im Bereich Nordwesten, der hilfreichen Menschen, und im Westen, im Bereich der Kreativität und Kinder repräsentiert.
Ein gutes Verhältnis zum Metall zu haben, heißt auch, daß Kindersegen in das Haus Einzug hält, die kreativen Ideen sprießen, und auch freundschaftliche Kontakte und Geschäftsbeziehungen erfreulich sind. Deshalb finden wir auch das Geld in diesem Bereich, die harte Münze, das Gold und Silber. »Wer den Pfennig nicht ehrt, ist des Talers nicht wert«, sagt ein altes Sprichwort. Wer die himmlischen Segnungen nicht einläßt, wird Mühe haben, es zu erhalten, das Materielle wie das Geistige. Das Ch*i* des Feuers kontrolliert diesen Bereich. Deshalb gibt es so viele Bücher auf dem Markt, die Anleitungen geben, wie der Weg zu Reichtum begangen werden kann. Zunächst ist der klare Gedanke entscheidend und die wahre Absicht. Freunde merken sehr schnell, wenn sie lediglich ausgenutzt werden und halten sich bald fern, wenn nicht Herz und Verstand des Feuer-Chi Hand in Hand greifen. Jede Absicht, Geschäftspartner nur wegen eines guten Abschlusses zu benutzen, muß auf Dauer scheitern. Bleiben Sie sich selber treu und handeln Sie mit Herz und Verstand, damit die Metall-Energie immer im Fluß bleiben kann.
Um zukünftige Unternehmungen zu fördern, ist es günstig, einen runden Tisch in den entsprechenden Feng Shui-Maßen zu wählen und mit Metallgegenständen den westlichen Bereich des Hauses oder der Wohnung zu fördern. Metallklangspiele und Münzen oder Kupferteller im Küchenbereich können wirksam unterstützend wirken. Aber aufgepaßt: Wenn Sie im Jahr des Holzes geboren wurden, sollten Sie sich weniger mit Metall als Material umgeben. Lieber dann Holz, runde Formen und eine Uhr an der Wand (gut für's Zeitmanagement), statt sich selbst und seinen Lebensbereich durch das Element Metall kontrollieren zu lassen.
Das Lo Shu zeigt, daß die Nahrung für das Metall aus der Mitte kommt, damit auch aus der Mitte Ihres Hauses. So ist es nicht verwunderlich, daß wenn Bad und Toilette in der Mitte des Hauses gelegen sind, nicht nur die Gesundheit beeinträchtigt ist, sondern sich mit jeder Bedienung des Spüldrückers auch die nährende Chi-Kraft für den Metallbereich vermindert.

Was können Sie tun, wenn der Westen oder Nordwesten in Ihrem Haus fehlt?

Sollte dieser Bereich fehlen, dann fehlen auch die Bereiche der Kreativität und Kinder, sowie der geschäftlichen Beziehungen und Freunde. Zudem ist der Nordwesten Sitz der männlichen Kraft, und das kann bedeuten, daß der Mann (das kann auch der Partner oder der Sohn sein) das Haus bald verläßt. Ein fehlender Bereich deutet demnach darauf hin, daß kein Platz ist und folglich der Mann sich ein anderes Revier suchen wird. Natürlich ist auch das Gleichgewicht im Haus gestört, denn unter diesen Umständen ist die Einheit der Familie gefährdet. Es mag sein, daß man sich die Wohnung so gewählt hat, weil man den Blick in die Zukunft einstweilen nicht riskieren möchte, deshalb diesen Bereich lieber gar nicht erst repräsentiert. Auch mag der Fall sein, daß man das Thema Männlichkeit oder Männer nicht gern berührt und dem Thema Kinder noch keinen Platz einräumt. Ergänzt man nun – angeregt durch Feng Shui – diesen fehlenden Bereich, so wird man sich vielleicht schneller als einem lieb ist, mit dem Thema beschäftigen. Wollten Sie sich bisher nicht mit dem Thema Mann und Kind auseinandersetzen und haben nun Feng Shui benutzt, um die Ecken zu ergänzen, so werden Sie mit diesem Thema bald zu tun bekommen. Alles wird einen mehr oder weniger schnellen Verlauf nehmen, aber zu stoppen ist der Prozeß dann nach Einsatz der Mittel nicht mehr. Das kann bedeuten, daß der Traummann ins Haus kommt, Sie Ihre Kreativität und Schöpferkraft ausleben, das Thema Kinder für Sie nun interessant wird oder der Mann im Haus mehr Energie und Leistungsfähigkeit gewinnt und dadurch eine höhere Position erreicht. Respekt und Wohlwollen wären das Ergebnis. In der Übergangsphase kann das aber auch bedeuten, daß es zu Zwischenkrisen in den Bereichen kommt, um zum obenerwähnten Ziel zu gelangen. Deshalb ist es von Bedeutung, Ihren Feng Shui-Berater zu fragen, zu welchem Zeitpunkt Sie die Feng Shui-Maßnahmen einsetzen sollten. Sie können aber auch selbst das Zeitmaß nach eigenem Ermessen festlegen.

Die einzusetzenden Maßnahmen können wie folgt aussehen:

Innen: In jedem Zimmer, das Sie haben, könnten Sie in den Bereichen Kreativität und Freunde ein Klangspiel einsetzen, einen runden Tisch, eine runde Messingschale, Messingübertöpfe, Münzen, runde Bilderrahmen oder ein Metalltablett.

Außen: ein rundes, mit Kieselsteinen eingefaßtes Beet, eine runde Sitzgruppe aus Metall, für den Nordwesten eine männliche Figur oder ein Klangspiel

缶夬少的空间

Das Metallelement im Überblick

Farben:	Weiß, Grau
Formen:	rund, Bögen, Kreise, Kuppeln, Arkaden, Bälle, Ballons
Himmelsrichtungen:	Westen, Nordwesten
Materialien:	alle Metalle! Eisen, Zinn, Silber, Gold, Aluminium, Kupfer, Draht, z.B. Spiralen aus Metall, metallische Rankhilfen, Zäune aus Metall, Münzen, Schwerter, Äxte, Möbel aus Metall,
Meridiane:	Lunge, Dickdarm
Emotionen:	Depression, Heiterkeit
Geschmack:	scharf
Tiere:	Hahn, Affe
Zahlen:	im Westen die 7 und im Nordwesten die 6
Sinnesorgan:	Nase
Charakter:	Umkehr, Rückzug, Rechtschaffenheit, Denken
Jahreszeit:	Herbst und Spätherbst, 8. August bis 8.Oktober
Tageszeit:	3 bis 7 Uhr
Berufsstände:	Management, Finanzservice, Verwaltung, Gericht
Zum Metall gehören:	Erkenntnisfähigkeit, Einsicht und Ordnung Kräfte des Zusammenziehens, Rückzug, rechtschaffenes Denken und Geldfluß
Ernährungszyklus:	Das Metall wird von der Erde genährt.

Kontrollzyklus: Feuer kontrolliert das Metall, und Metall seinerseits kontrolliert das Holz.

水氣

Kreativität und Lebensfluß verstärken mit der Kraft des Wassers: Kan

Das Wasser-Chi

Das Wasser gehört zum Trigramm Kàn und entspricht dem See.
Das Wasser steht für den Fluß des Lebens. Alles Leben dieser Erde wird erst durch Wasser möglich. Die Physiker reden von einer »Ursuppe«, aus der das Leben geboren wurde. So steigt auch der Mensch nach neunmonatiger Entwicklungzeit aus der fruchtbaren »Suppe« – dem Fruchtwasser des mütterlichen Körpers. Kaum dem Mutterleib entronnen, ist die wässrige Muttermilch sein Lebenselixier. Selbst nach der Trennung von der mütterlichen Brust wird die tägliche Aufnahme von Wasser zur Lebenserhaltung unerläßlich. Besteht doch der Mensch selbst zu 65 Prozent aus Wasser. Da durch tägliche Stoffwechselvorgänge zirka anderthalb Liter Wasser wieder ausgeschieden werden, müssen diese anderweitig wieder zugeführt werden. So ist es nicht verwunderlich, daß Wasser im Feng Shui einen hohen Stellenwert hat. Es dient dem Transport, der Reinigung und der Herstellung von Waren genauso wie der Regeneration und Erhaltung der Zellen von allen Lebewesen auf der Erde. Wasser ist *Shui* und Yin. Es nimmt Informationen auf und trägt die Urinformation für alles Gedeihen von Leben auf der Erde in sich. Es paßt sich jeglicher Form und Situation an. Im Feng Shui wird Wasser mit regem Geist, der Kunst und Kommunikation assoziiert. Das Buch »Der Wasserdrache« unterscheidet zwischen fünf verschiedenen Formen von Wasser. So beispielsweise Metallwasser, das kleine Ringe auf der Wasseroberfläche zeigt und Reichtum verheißt. Das Holzwasser zeigt lange Rillen auf der Oberfläche und besagt, daß das Geld zwischen den Fingern hindurch rieselt. Doppeltes Wasser zeigt sich in Form kleiner, kurzer Wellen und bedeutet, daß sich Reichtum anhäufen wird. Das Erdwasser besteht aus kleinen Rillen, die sich immer wieder wie ein Muster wiederholen. Das Geld wird hier mit vollen Händen ausgegeben. Das Feuerwasser hat kurze, spitz zulaufende Rillen und bedeutet Verschwendung. Daraus ersehen Sie, daß es gar nicht so einfach ist, eine allgemeine Feststellung zu treffen, die besagt, daß in jedem Fall Wasser nur glückbringend sei. Beobachten Sie das Wasser in Ihrer Nähe und speziell am Haus.
Im Feng Shui gibt es auch für Straßen die Bezeichnung »Wasser«. Lange, gerade Straßen leiten den Verkehrsfluß zu schnell. Menschen, die an ihm wohnen, spüren, wie schwer es ist, seinen Lebensunterhalt zu verdienen und den Lebensstandard hoch zu halten. Je breiter die Straße und damit der Fluß, je schneller der Verkehr fließt, um so ungünstiger ist es, dort seine Geschäfte zu etablieren. Die Kundschaft wird nicht lange verwei-

len wollen und so der Konsum nicht sehr hoch sein. Lange, gerade Straßen, die wie ein Pfeil auf ein Gebäude zulaufen, attackieren es.
Das voraus Gesagte bezieht sich auch auf Flüsse und die Pflasterung von Wegen.
Verschmutztes Wasser nahe am Haus zu haben, bedeutet, daß auf dubiosem Weg das Geld verdient wird. Man wird Geschäfte eingehen, die nicht »sauber« sind. Das Geld wird verschwendet, und die Gesundheit leidet.
Sollte das Flußbett ausgetrocknet sein und sich vor dem Haus befinden, so ist es schwer, Geld nach Hause zu bringen. Ist das Flußbett hinter dem Haus trocken, so wird man keine Ruhe haben und sich ständig mühen müssen, denn die Reserven werden bald aufgebraucht sein.

Was können Sie tun, wenn der Norden in Ihrem Haus fehlt?

Fehlt dieser Bereich, so leidet die Karriere der betreffenden Wohnungsinhaber. Sollte sich der fehlende Teil noch dazu im Norden befinden, so ist vom Bagua her dies nicht nur der Bereich der Karriere, sondern auch der des Energieflusses. In unseren Breitengraden sitzt hier häufig der Eingangsbereich. Gestalten Sie diesen Bereich einladend. Das heißt, daß der Weg gewunden wie ein Fluß zum Haus führen, eine gute indirekte Beleuchtung aufweisen und die Farbe Schwarz des Wassers integriert werden sollte. Das könnte auf dem Weg ein eingearbeitetes Tao-Zeichen in Schwarzweiß sein, oder Blumenübertöpfe in Schwarz oder Dunkelblau. Blaue Blüten und auch Wasser sind in diesem Bereich möglich. Da das Wasserelement mit der Zahl Eins im Zusammenhang steht, sollte man aber lediglich ein Blumenrondell mit blauen Blüten oder einen großen Blumenübertopf aufstellen. Weniger ist mehr!
Die Energie des Nordens ist kühl. Das chinesische Tier, das die Regentschaft des Nordens führt, ist die Ratte. Diese wird in harmonischer Weise vom Affen unterstützt. Er hat die Eigenschaft des Erntens und Hereinbringens. In dem fehlenden Bereich können so auch diese Eigenschaften dargestellt werden. Das kann ein Bild einer Ernte im Innenbereich oder ein Korb voller Früchte am Eingang sein. Oder ein Strohkranz und Erntedanksegen vor der Haustür.

Maßnahmen für innen

Hängen Sie einen Spiegel an die Seite der Wand, wo sich der fehlende Bereich anschließt. Gestalten Sie zudem diese Wandseite besonders schön und einladend. Ein Wasserbild kann Ihnen die Qualität des Nordens hereinholen oder ein aufgestellter Zimmerspringbrunnen. Auch ein Aquarium mit acht roten und einem schwarzen Goldfisch kann segensreich sein.

Maßnahmen für außen

Stellen Sie ein Licht für die fehlende Ecke auf oder bauen Sie in dieser Richtung an.

Das Wasserelement im Überblick

Farben:	Schwarz und Blau
Form:	unregelmäßig
Himmelsrichtung:	Norden
Meridiane:	Niere und Blase
Emotionen:	Angst, sich nicht im Fluß des Lebens zu befinden, klammern
Geschmack:	salzig
Tiere:	Schildkröte, Ratte
Planet:	Mond
Zahl:	1
Sinnesorgan:	Ohren
Charakter:	Ruhe und Lebensfluß
Jahreszeit:	Winter, 8. November bis 5. Januar
Tageszeit:	15 bis 18 Uhr
Berufsstände:	Künste, Musik, Handel, Reinigungsunternehmen, Zeitungsverlage, Musiker, Regisseure, Schauspieler
Zum Wasser gehören:	Reden, Handeln, künstlerisches und redegewandtes Auftreten
Ernährungszyklus:	Wasser wird von Metall genährt und nährt seinerseits das Holz
Zerstörungszyklus:	Wasser wird von der Erde angegriffen und greift seinerseits das Feuer an.

木的力量

Zu Gesundheit, Familienglück und Reichtum gelangen mit der Kraft des Holzes

Das Holz-Chi

Das Holz wird mit Wachstum, Neubeginn und Regeneration in Verbindung gebracht. Im Frühjahr sprießt die gesamte Natur, erwacht aus ihrem Winterschlaf zu neuer Blüte, Duft und Schönheit. Holz kontrolliert die Erde durch seinen Ausdehnungsprozeß, so daß sich die Erde zurückzieht, ja förmlich ausgelaugt wird. Stellen Sie sich einen Baum nahe am Haus vor. Er laugt nicht nur die Erde für sein Wachstum aus, er untergräbt auch das Mauerwerk des Hauses und wirkt so destruktiv. Mit seiner Eigenschaft des Wachstums nährt Holz andererseits das Feuer. Das Holz steht elementar mit Liebe, Haß und Eifersucht in Beziehung. Zu wenig Anteile an innerem Holz können die Liebesfähigkeit zu sich selbst und anderen schmälern. Ein übermächtig starkes Holz kann hingegen zu Wutausbrüchen, Streit und heftigen Eifersuchtsszenen führen. In der Natur wird ein übermächtig starkes Holz sich beispielsweise in einem viel zu großen Baum im Verhältnis zum Haus zeigen. Man fällt den Baum oder reduziert zumindest seine Äste. Steht er zu nahe am Haus, entzieht er möglicherweise dem Haus noch Yang-Energie, da er Yang für sein Wachstum benötigt. Die ganze Natur wird dem Holz zugeordnet. Ob Bäume, Sträucher oder Blumen – sie sind Holz. Von Menschenhand geschaffenes Holz sind Hochhäuser, die weit und hoch hinaus »wachsen«, auch Häuser, die aus Holz gefertigt wurden. Türme und Schornsteine gehören in der Formschule des Feng Shui her zum Holz. Sollten Sie in einer Umgebung des Holztypus wohnen, einer bewaldeten Gegend oder umgeben von Hochhäusern, so sollte das Haus in dem Sie wohnen, ein Feuerhaus (Spitzgiebeldachhaus) und kein Erdhaus (Flachdachbungalow) sein, damit die Umgebung zu Ihnen in einem günstigen Zyklus steht.

Was können Sie tun, wenn der Osten oder Südosten in Ihrem Haus fehlen?

Der Bereich des Holzes ist der des Südostens und Ostens. In diesen Bereichen sind vom Bagua her Familie und Geld angesiedelt. Es ist die Energie, die Ihnen zuruft, genau ausgearbeitete Verträge auszuhandeln und klare Absprachen in Geldangelegenheiten zu treffen, mit der Familie, den Eltern und Geschwistern sich zu versöhnen und Klarheiten zu schaffen. Denn der fehlende Bereich besagt, daß man sich diesen Themen nicht widmen möchte, mit der Familie gebrochen hat oder es sich in Geldangelegenheiten unnötig

schwermacht. Im Bereich des Geldes können große, breitblättrige Pflanzen in grünen Gefäßen, vielleicht noch zusätzlich mit einer Drachenornamentik versehen, den Wohlstand ins Haus einziehen lassen. Vielleicht hat man sich selbst eingeengt und »beschnitten«, um sich und anderen etwas zu beweisen, zum Beispiel, daß man mit weniger auskommen kann und unabhängig ist.
Wird der Bereich der Familie im Bagua des Hauses ergänzt, so befaßt man sich wieder mit diesem Thema, vergibt, verzeiht und beendet so unter Umständen Zwistigkeiten. Beide Themen werden mit Hilfe eines Feng Shui-Beraters angesprochen und beim Klienten in Bewegung gesetzt.

Das Holzelement im Überblick

Farbe:	grün
Form:	hoch aufragend, solitär, stehend
Himmelsrichtungen:	Südost, Ost
Material:	Holz
Meridiane:	Leber und Gallenblase
Emotionen:	Liebe, Haß, Eifersucht und Zorn
Geschmack:	sauer
Tiere:	Tiger, Hase
Planet:	Jupiter
Zahlen:	3 für den Osten, 4 für den Südosten
Sinnesorgan:	Augen
Charakter:	Familienbewußtsein, Wachstum, Segen
Jahreszeit:	Frühling, 4. Februar bis 4. April
Tageszeit:	23 Uhr abends bis 2 Uhr morgens
Berufsstände:	Gärtner, Kreative, Holzschnitzer, Schreiner, Sportler
Zum Holz gehören:	der Wind, die Romantik, Veränderung, Wachstum, das Kind, die Knochen, Säulen und Minarette
Der Ernährungszyklus:	Holz nährt das Feuer.
Der Kontrollzyklus:	Holz kontrolliert die Erde und wird seinerseits vom Metall kontrolliert

阴阳平衡

Die Balance von Yin und Yang

Das Tao

Der Weg des Weisen, das Tao,
ist der Weg des Wassers.
Damit es Leben geben kann, muß es Wasser geben,
frei fließt es überall hin.

Die auf dem Weg des Tao wandeln müssen sein wie Wasser,
zufrieden mit dem Ort, an dem sie sich finden,
und das ist nicht selten dort,
wohin das Wasser fließt.

Tao Te King

Im Chinesischen gehen alle Handlungen von dem Prinzip der dualen Gegensätze – Yin und Yang – aus. Obwohl sie vollkommen gegensätzlich sind, symbolisieren sie doch in ihrer gemeinsamen Verbindung die Ganzheit, das Tao. Die himmlische und irdische Harmonie ist nur vollkommen, wenn sich die Urkräfte Yin und Yang fließend begegnen: so wie sich der Tag mit der Nacht abwechselt, auf das Frühjahr der Sommer folgt und auf den Regen der Sonnenschein. Verschiedene Emotionen, Verhaltensweisen und Charaktereigenschaften werden durch Yin und Yang symbolisiert, aber auch alle anderen Aspekte der Welt. So ist Yang hell, männlich, warm, der Himmel, die Berge, die nach außen gerichtete Kraft und lebt in geraden Zahlen. Yang ist der Drache, eine Energie, die in Bergen und der Silhouette von Wolkenkratzern lebt. Denn Yang ist auch hoch, laut und mächtig. Im Gegensatz dazu lebt die Urkraft Yin in den Flüssen und Seen, in der Ruhe und Besinnlichkeit, an grünen Auen, in kühlen Nächten und ungeraden Zahlen. Yin zeigt sich in der Stimmung des Abends, der Nacht, der Vergangenheit, in Tälern und der Kraft, die nach innen geht.
Yin und Yang sind nicht statisch, sondern veränderlich. So wie ein Bach zur Eisschmelze sich in einen reißenden Fluß verwandeln kann und damit vom Yin zum Yang avanciert, so kann auch ein kleiner Baum übermächtig groß werden und so ein Zuviel an Yang gegenüber dem Haus und seinen Bewohnern zulegen.
Die wesentliche Erkenntnis des Feng Shui besteht darin, daß sich die Kräfte des Yin und Yang anzapfen lassen, da sie überall vorhanden sind. Es erfordert Augenmerk, eine Art

von Achtsamkeit, um diese Kräfte in der Landschaft, in den Farben und Formen, in Emotionen und Charaktereigenschaften zu erkennen.

Yin und Yang zu balancieren, ist wie auf dem Seil tanzen. Die Stange in der Hand dient der Balance. Zuviel Yin auf der einen Seite oder zuviel Yang auf der anderen Seite, bringen den Seiltänzer schnell aus dem Gleichgewicht und er stürzt zu Boden. Nichts im Übermaß ist nützlich oder gar förderlich!

Yin und Yang im Überblick

阴 阳

Yin	Yang
weiblich	männlich
zusammenziehend	ausdehnend
Alter	Jugend
Nachmittag	Vormittag
Herbst	Frühjahr
Winter	Sommer
Wasser	Feuer
waagerecht	senkrecht
hohl	massiv
Silber	Gold
tief	hoch
weich	hart
vorn	hinten
unten	oben
still	bewegt
innen	außen
rund	spitz
Tal	Berg
Wasser	Wind
kalt	warm
dunkel	hell
blau	rot
Nacht	Tag
Morgen	Abend
Tiger	Drache
Schildkröte	Phönix
negativ	positiv
feucht	trocken
Schatten	Licht
aufnehmend	abgebend
Westen	Osten

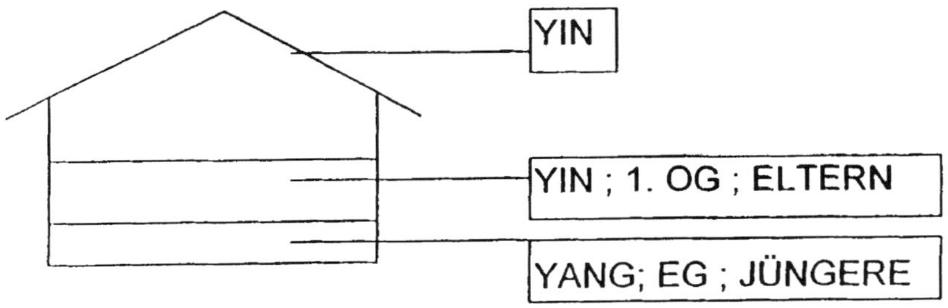
YIN
YIN ; 1. OG ; ELTERN
YANG; EG ; JÜNGERE

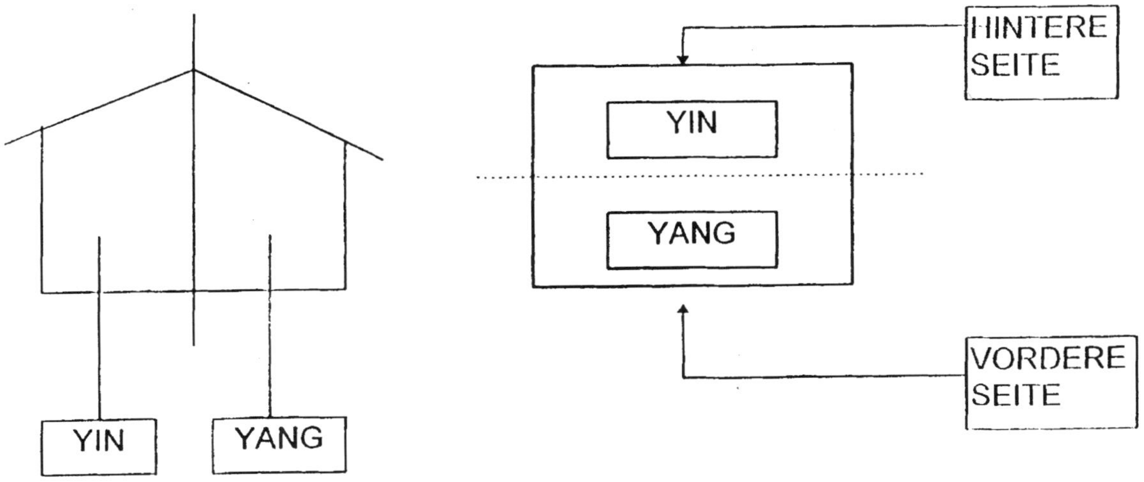
YIN
YANG
HINTERE SEITE
YIN
YANG
VORDERE SEITE

风景

Yin

Yin in der Landschaft

Eine hügelige Landschaft, von Flüssen und Bächen durchzogen, saftige Wiesen und stille Täler sind ein Hinweis auf finanzielles Wohlergehen und Gesundheit. Alles wird prächtig gedeihen! Auch eine regnerische Gegend mit feuchten Auen, undurchdringlichem verwilderten Gärten und deprimierten Menschen in Ihrer Umgebung weisen auf das Vorhandensein von Yin-Energie. Leerstehende Gebäude, verlassene Militärgelände, Friedhöfe und stillgelegte Bergwerke stehen für Yin. Yin bedeutet auch Krankheit oder Tod. Zuviel Yin kann deshalb bedeuten, daß es sich um kranke Orte handelt. Sie spüren das daran, daß es Ihnen immer schwerer fällt, die nötige Energie aufzuwenden, um das tägliche Leben zu meistern. Sie erkranken vielleicht häufiger, die Geschäftsbeziehungen oder die Partnerschaft können gestört sein.

景中带阴

Maßnahme zur Abwehr von ungünstigem Yin

Hängen Sie gegenüber einem leerstehenden Gebäude oder einem Friedhof einen konvexen Spiegel auf. Stellen Sie bunte Pflanztröge vor das Haus oder bepflanzen Sie Ihre Blumenkästen üppig. Dreißig-Millimeter-Kristalle im Fenster zerstreuen zudem die Sha-Energie und werfen wohltuendes farbiges Licht in den Raum. Auch ins Fenster gehängte Klangspiele können die schädliche Energie von außen blockieren und wohltuendes farbiges Licht in den Raum werfen. Bei Hauseingängen gegenüber solch einem Einfluß lassen sich die Vorgartentüren zur Seite versetzen und ein Auto parallel zum Haus parken, was den geraden Energieeinfluß zur Haustür hin abblockt.

Yin im Haus

Schon der Weg zum Haus ist oft uneben, Platten lose, und man muß sich förmlich einen Weg durch den dichten Bewuchs bahnen.
Yin zeigt sich in dunklen Häusern. Sie riechen modrig oder anderweitig lüftungsbedürftig. Sie fühlen sich kühl an. Der Wasserhahn tropft, die Farbe blättert von den Wänden, Schimmel bildet sich, und andere Verfallszeichen machen sich bemerkbar.
Schwere Vorhänge und alte, solide, schwere Möbel sind auch ein Anzeichen für Yin. Man stopft sich gern die Wohnung mit allerlei kleinen Andenken voll. So stagniert das Chi. Ebenso Stoffe und Tapeten, die waagerechte und kleine Muster aufweisen, sowie blasse Farben. Matte Stoffe und rauhe Oberflächen sowie Bilder mit ruhigen Themen und leise Musik sprechen auch für das Vorhandensein von Yin-Energie, auch Vorratsräume und Abstellkammern, kurz, Räume mit gar keinem oder einem winzigen Fenster sind Yin-Räume. Menschen im Haus oder in der Nachbarschaft, die man wegen ihrer leisen, flüsternden Stimmen kaum hört und die sich mit schleichendem Gang bewegen, gehören ebenso dazu. Vielleicht handelt es sich um eine Souterrainwohnung, die wenig Tageslicht hat und auch sonst keine gute Beleuchtung. So handelt es sich auch hier um eine Anhäufung von Yin. Ob ein Haus in zweiter Reihe oder eine Wohnung, deren Eingang man schlecht findet – in beiden Fällen sind das Anzeichen für das Vorhandensein von Yin-Energie.

Wenn mehrere Punkte zusammenkommen, kann es sich um eine Anhäufung von Yin handeln. Dann benötigen Sie für die Gesamtharmonie einen Ausgleich. Dieser wird darin bestehen, daß Sie Yang-Energie aktivieren. Wie Sie das bewerkstelligen können, werden Sie nachfolgend erfahren.

屋中带阴

景中带阳

Yang

Lüften Sie das Haus und reparieren alles, was kaputt ist. Erneuern Sie gegebenenfalls den Putz und streichen die Wände. Heizen Sie gut und wählen wärmende Farben in rot-orangenen Tönen sowie sonnigem Gelb. Stärkere Kontraste in den Polster- und Vorhangstoffen sind möglich. Große Sträuße von duftenden, großblättrigen Blumen wie der Pfingstrose sollten das Heim mit Yang tonisieren. Kochen Sie scharfe Speisen, bei deren Genuß Sie zum Schwitzen kommen. Allein schon bei der Zubereitung von Speisen entstehende Gerüche wirken sich Yang-tonisierend aus. Lassen Sie Licht herein! Vergrößern Sie möglicherweise die Fenster, räumen Sie zunächst aber alles von der Fensterbank, was Licht nimmt und fällen Sie unter Umständen einen Baum vor dem Fenster, der das Licht schluckt. Laden Sie liebe Freunde ein und feiern ein rauschendes Fest. Sie sollten tanzen und je nach Neigung selbst musizieren. Sie könnten gemeinsam mit Ihren Freunden trommeln, dazu auf den Boden stampfen oder eine Platte auflegen mit entsprechender Musik. Denken Sie aber daran, daß Yang Aktivität bedeutet, Licht, Farben, frische Luft und Klarheit im Raum wie im Geist.

Yang in der Landschaft

Donner, Blitz und hohe Berge sind Anzeichen für Yang. Spitze, kahle Berge und schroffe Landschaften ebenso. Auch tosende Wasserfälle, peitschende Wellen, beißende Winde und sengende Hitze. Tierherden und das Läuten der Kirchturmglocken gehören ebenso dazu.

In der Großstadt sind Lärm und Hektik, ein nicht abreißender Verkehrsstrom, quietschende Räder, hupende Autos und Lichtreklame in leuchtenden Farben Yang-Anzeichen. Die Menschen sind hektisch und nervös. Scheinbar ruhelos, wie Ameisen, gehen sie ihrer Beschäftigung nach. Ablenkungen des Geistes wie Kinos, Theater, Spielhallen und Sportstudios, um nur einige zu nennen, sprechen ebenso für Yang. Beachten Sie, ob Sie in unmittelbarer Umgebung davon wohnen.

Yang im Haus

Das Haus ist von Licht durchflutet. Der Raum ist warm und hell. Große Pflanzen und Bilder mit kontrastreichen Farben sowie Skulpturen und Objekte, die sich bewegen, füllen den Raum mit Yang-Energie. Die Muster an der Tapete sind senkrecht und groß. Säulenmotive und glänzende Stoffe tun ein übriges. Die Bewegungen der Wohnungsinhaber sind eher unruhig, hektisch bis nervös. Es gibt keinen »Schnickschnack« und auch keine Ruheinseln im Raum. Die Fenster gehen bis auf den Boden, Klangspiele und Windspiele sprechen vom Vorhandensein von Yang. Die Luft ist bewegt, sie regt die Gedanken und den Austausch derselben an. Man gibt gern Feste und bewegt sich gern außerhalb des Hauses.

Tauschen Sie die filigranen Möbel gegen solidere aus. Ersetzen Sie die großen Pflanzen durch kleinere. Schaffen Sie Inseln der Ruhe. Drehen Sie die Heizung um ein paar Grad nach unten. Wählen Sie Naturstoffe wie Baumwolle oder Leinen, die nicht glänzen und deren Farben wie Muster sich eher zurückhalten. Sorgen Sie mit Kristallen und einem Paravent für einen umgelenkten, guten Fluß des Chi in der Wohnung. Schaffen Sie mit kühleren Farben und dem sanften Plätschern eines Brunnens eine gute Yin-Atmosphäre. Leise Stimmen und ein gedämpftes Auftreten sind ebenso wirksam. Vielleicht arbeiten Sie selbst an diesem Thema mit, indem sie zu Yoga- oder Tai Chi-Kursen gehen, sich dem Geistigen versöhnlich gestimmt gegenüber sehen und sich die lauten Gäste zunächst ausladen.
Manager japanischer Firmen ziehen sich gern in Klöster zurück, um dem Yang des Alltags zu entfliehen. Es gibt aber auch bereits Hotels, die vollkommen das Gleichgewicht von Yin und Yang hergestellt haben und deshalb als Erholungsoase berühmt sind.

Die Kräfte von Yin und Yang im Haus balancieren

Prüfen Sie zunächst, welches Problem Ihnen am Herzen liegt. Sollte es darum gehen, daß Sie keine Ruhe im Haus finden und Sie sich deshalb immer auf Reisen oder »Achse« befinden, dann könnte es daran liegen, daß Ihnen der Yin-Aspekt in Ihrem Heim fehlt. Sollten Sie sich nicht zurückziehen können, Ihnen ein Ruheplätzchen fehlen und das Drumherum Ihnen zusehends die Kräfte rauben, dann wird es Zeit, sich die Wohnung nach Yin- und Yang-Qualitäten anzuschauen. Nehmen Sie zunächst die Tabelle zu Hilfe, um sich an den Begriffen »Yin« und »Yang« zu orientieren. Wenn Sie so ruhelos sind, wie oben beschrieben, dann werden Sie ein Heim mit vorwiegend Yang-Formen, -Farben, -Materialien oder Yang-Funktion bewohnen.
Vielleicht bewohnen Sie eine Reihenhausendhälfte, die zum Osten und Süden mit Fenstern und Türen versehen ist. Dann werden Sie mit dem Licht des Morgens und des Mittags genährt, welches Yang in Ihr Heim bringt. Der Westeinfluß, der für die nötige Ruhe sorgt, wäre die Wand, die zum Nachbarn hin geschlossen ist.

选择地点

Die Grundstücksauswahl

Gehen Sie am besten folgendermaßen vor: Schauen Sie sich zunächst einmal die Gegend an. Nicht nur das Wohnviertel, sondern auch das dazugehörige Einkaufsviertel. Gibt es dort einen Mittelpunkt, einen Platz, an dem sich die Menschen des Ortes treffen und Feste und Markttage abgehalten werden? Dann hat der Ort ein Herzstück. Ohne eine zentrale »Erdmitte« sind die Aktivitäten der Menschen zu verstreut. Es benötigt aber gerade diesen Punkt der Begegnung für Alt und Jung, für Yin und Yang, um ein ausgewogenes Wohngefühl für diesen Ort zu vermitteln. Erkundigen Sie sich auch nach den Aktivitäten des Ortes. Was kann man dort unternehmen? Kegeln, Fußball spielen, Schwimmen, Wandern, Tennisspielen oder Golfen vielleicht? Das wären Yang-Aktivitäten.
Oder vielleicht kann man dort im Kurbad kuren, saunieren und im Park spazierengehen, in einem nahegelegenen Wald Sauerstoff und Kraft tanken? Vielleicht gibt es Möglichkeiten, den Enten auf dem Teich oder den Schach spielenden Männern im Teehaus zuzuschauen. Alles das wären Yin-Aktivitäten.
Vielleicht ist dieser Ort, den Sie in die engere Wahl ziehen, ja ein Ort der Ausgewogenheit von Yin und Yang? Dann sollten Sie sich weiter informieren. Welchen geschichtlichen Hintergrund hat dieser Ort? Erfüllt Sie diese Geschichte mit Interesse? Dann verfolgen Sie die Sache weiter. Ist der Ort ausgewogen unter dem Gesichtspunkt der vier Tiere? Das heißt, gibt es Hügel (Tiger und Drache), weite, freie Flächen und Wasser (Phönixaspekt), Schutz für den Ort durch einen Wald, höheren Hügel oder Hochhäuser (Schildkröte)? Dann haben Sie einen Ort gefunden, der auch andere Menschen in Zukunft anziehen kann – die Grundstückspreise werden steigen, wenn sie nicht sowieso schon sehr hoch sind. Liegt Ihr anvisiertes Grundstück auf einem Hügel? Ist dieser Hügel von der Sonne verwöhnt und hat eine Traumsicht in die Ferne? Dann werden Ihre Aussichten im Leben auf Glück und Wohlstand sprichwörtlich steigen. Als nächstes sollten Sie sich noch einmal den Ortsnamen auf der Zunge zergehen lassen. Wie wirkt dieser Name? Sie werden diesen Namen tausendfach in Zukunft aussprechen müssen, auf Ihr Briefpapier und Ihre Visitenkarten schreiben und am Telefon nennen. Vielleicht erwerben Sie Eigentum und auch Ihre Kinder werden in diesem Ort verweilen? Deshalb sind die Überlegungen, die Sie jetzt anstellen, auch für die Zukunft entscheidend. Glauben Sie mir, eine gute Lage nach Feng Shui-Kriterien hat immer Gewinnzuwachs und zieht noch viele andere Menschen nach sich. Denn ein gutes Feng Shui zieht Menschen an wie das Licht die Motten. Ein guter Ortsname kann in sich schon hoch energetisierend sein oder eine positive Bedeutung in sich tragen. So macht es zum Beispiel einen guten Eindruck, in »Königstein« oder »Hohenfels« zu wohnen, da das erstere im wahrsten Sinne des Wortes »Könige«,

Holzumgebung

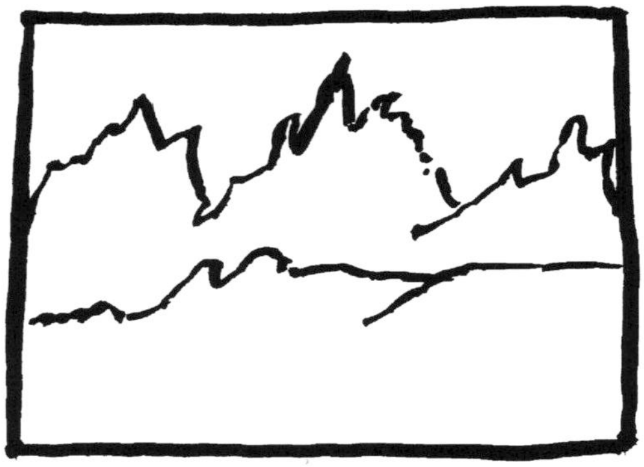

Feuerumgebung

Erdumgebung

Metallumgebung

Wasserumgebung

oder die es werden wollen, anzieht und im zweiten Fall auf einen Beamten von hohen Ehren hinweist. Gehen wir weiter davon aus, daß die vorgenannten vier Tiere gut aspektiert sind, das erwählte Grundstück sich in einer sonnigen Hügellage befindet und der Name des Ortes Sie begeistert. Dann achten Sie auf die Omen, die Sie bei Ihrem ersten Besuch des Grundstückes wahrnehmen. Kräht ein Vogel? Die Krähe bringt Unglück. Begegnen Ihnen kranke oder unfreundliche Menschen? Sind die Zeichen des Zerfalls, der Mutlosigkeit und Apathie in Gesichtern zu lesen? Schreit jemand sein Kind an oder prügelt einen Hund? Schaut das Gesicht da drüben aus dem Fenster übermäßig neugierig und unsympathisch? Dann haben Sie alle Zeichen erhalten, das Projekt neu zu bedenken.
Unlängst bei einer Hausberatung sah ich mich selbst nach diesen Zeichen um. Alle äußeren Umgebungsfaktoren des Feng Shui erschienen günstig, sich dort niederzulassen. Aufmerksam beachtete ich die Zeichen. Zuerst fiel mir ein Mann auf, der sich aus dem Fenster lehnte und der sehr dominant wirkte. Die Kinder auf dem Spielplatz trugen Strumpfmasken über dem Kopf. Ziemlich ungewöhnlich für einen warmen Sommertag. Eine Frau verkroch sich gerade hinter dem Vorhang ihrer Wohnung, und ein Passant schrie einen anderen an. Für mich waren die Zeichen schnell gedeutet: Verwirf schnell den Gedanken!
Ein schlechtes Omen kann auch ein Leichen- oder Krankenwagen sein. Die Sirenen von Polizeiautos hätten tönen und die Wegbeschreibung mich »zufällig« in die Irre zum Friedhof führen können. Vielleicht wäre aber auch ein Unwetter über mich hereingestürmt oder ich hätte mich verletzt. Also kein Tag wie jeder andere!
Für Sie können die Zeichen ganz anders stehen: Sie fragen nach dem Weg und man erklärt ihn nicht nur, man fährt sogar mit Ihnen mit, damit Sie ganz sicher den gewünschten Ort finden. Man bietet Ihnen Hilfe an, für alle Fälle... Man erzählt Ihnen von einer sagenhaften Heilung, und Sie entdecken einen wunderschönen Vogel am Horizont. Oder jemand bittet Sie zu sich herein. Pferde galoppieren vorbei, ein Frosch quakt. Natürlich müssen nicht alle Omen gleichzeitig eintreffen. Sie werden im richtigen Augenblick die Zeichen zu deuten wissen. Öffnen Sie Ihre Kanäle dafür, und Sie werden eine neue Dimension erfahren.
Gehen wir davon aus, daß die Signale günstig waren, dann lassen Sie das Grundstück zunächst auf Störfelder untersuchen. Dies wird Ihr Feng Shui-Experte oder ein von ihm beauftragter Rutengänger seines Vertrauens für Sie tun. Daraufhin untersucht der Feng Shui-Experte das Grundstück mit dem Lo Pan, dem chinesischen Kompaß. Nur so kann er in Erfahrung bringen, welche Einflüsse für Sie günstig sind und welche nicht. Er wird für Sie den Einfluß der *24 Sterne* untersuchen und darauf achten, daß beispielsweise der Einfluß von Elend und Krankheit nicht durch die Fenster- oder Türöffnung Ihrer Haupteingangstür Einlaß findet. Das Schlafzimmer wird er in der nach Ihrem Geburtshoroskop besten Richtung entwerfen und dabei die Richtungsomen beachten. Die himmlischen Stämme wie die irdischen Äste wird er so mit dem Inneren Ihres Hauses in Übereinstimmung bringen, daß Ihr Leben optimal, das heißt in allen Lebensbereichen, unterstützt wird. So wird er mit jedem Raum verfahren. Denn nach Feng Shui-Kriterien zählen nicht nur die in diesem Buch angegebenen Richtlinien, sondern darüber hinaus die Kenntnisse um den

richtigen Zeitpunkt nach den 28 Mondhäusern und den Stunden- und Jahreszeitenzyklen der Elemente.
Es ist zudem auch besser, wenn man mit Hilfe eines Experten auf die Blockaden aufmerksam gemacht wird, die man bisher im Denken und Handeln an den Tag gelegt hat. Was Sie aber auf alle Fälle tun sollten, ist, die Auswahl Ihres Grundstückes ganz nach den obengenannten Kriterien zu treffen und sich auch das Haus Ihrer Wünsche im Vorfeld »auszumalen«. Konkretisieren Sie Ihre Vorstellungen auf einem Blatt Papier. Ändern Sie, wenn nötig, immer wieder Ihren Plan, bis Sie meinen, nun zu einem Ergebnis gekommen zu sein. Möglicherweise wählen Sie die Methode des konstruktiven Träumens und bekommen so Hinweise auf Ihr zukünftiges Haus. Im Traum ist ohnehin das Haus der Spiegel der eigenen seelischen Verfassung, des Empfindens von sich selbst, dem eigenen Ich.
Mit diesen konkreten Vorstellungen und Bedürfnissen wenden Sie sich dann an Ihren Feng Shui-Experten. Nachdem er das Grundstück gesehen und alle Umgebungsmerkmale mit ins Kalkül gezogen hat, wird er Ihnen Vorschläge für die Raumanordnung, Türen- und Fensterpositonen machen, die Eingangstür in die für Sie beste Richtung des Hauses legen, bei der Auswahl der Wand- und Bodenfarben helfen wird, bis hin zu den Stoffen für die Vorhänge, Bettbezüge und Tischwäsche. Sogar welche Klinken aus welchen Materialien für Sie das beste sind, wird er mit Ihnen besprechen. Es handelt sich um eine Arbeit, die ins Detail geht. Der Architekt wird danach den Plan zeichnen. Der Feng Shui-Experte wird jetzt Details hinsichtlich der Proportionen von Fenster- zu Tür- und Raumgröße sowie den Hausaufbau konkretisieren und harmonisieren. Ein Meister seines Faches kann dann bis zur Interieurauswahl und -anordnung befragt werden. Denn er kennt alle Zusammenhänge von Farben, Größen, Materialien und Formen. Jeder Gegenstand, der neu in den Organismus Haus aufgenommen wird, wird seine Energetik verändern.

地皮

Bevor Sie sich für ein Grundstück entscheiden, auf dem Sie die nächsten Lebensjahrzehnte verbringen wollen, sollten Sie sich vergewissern, daß keine störenden Einflüsse vorhanden sind und die Grundstücksform ausgewogen ist. Ansonsten würde das Ganze nicht nur Ihrer Gesundheit schaden, sondern auch Ihr Leben und Ihre Ziele beeinträchtigen. Selbst die Nachkommen sind noch von einer ungünstigen Grundstücksform betroffen. Deshalb ist es hilfreich, von vornherein zu wissen, was man vermeiden und beachten sollte, um Gesundheit und Glück anzuziehen.

Allgemein gute Lage der Häuser zu Berg und Wasser

Bestimmung der vorhandenen Energie eines Grundstücks

Sollte der Rasen grün und üppig sein, so handelt es sich um ein gutes Erd-Chi. Die Bewohner werden es hier leicht haben, reich und angesehen zu werden.

Sind die Bäume der Reihe nach gedreht und krank, dann sollte man Abstand von diesem Platz nehmen. Auch der Mensch wird hier krank!

Da, wo sich Bienen und Ameisen aufhalten, sind Erdstörzonen. Meiden Sie diese Plätze!

Auswirkungen geopathischer Störzonen können sein:

* Gesundheitsprobleme für Menschen und Tiere

* Bienen produzieren mehr Honig

* sensible elektronische Geräte fallen aus

* weiße Ameisen leben gern in diesem Bereich

* Pflanzen und Bäume wachsen schief, verdreht und tragen meist weniger Früchte

* sogenannte Krebsgeschwüre und Pilzbefall treten häufiger an solchen Bäumen auf

* Bäume gabeln sich

Wenn der Boden vergiftet ist, dann sollten Sie Abstand von diesem Grundstück nehmen. Andernfalls werden Sie viel Geld und Zeit verlieren, vielleicht auch die Gesundheit. Sollten Sie schon ein solches Grundstück besitzen, so müssen die Bodenschichten nach und nach abgetragen, entsorgt und mit neuer Erde aufgefüllt werden.

Kriterien für die Lage zur Straße

Vermeiden Sie es, am Ende einer Sackgasse zu wohnen!

Abhilfen:

Pergola, feste Mauer, Eingang verlegen, Schutzbogen errichten oder Bäume.

Vermeiden Sie, an einer T-Kreuzung zu wohnen!

Abhilfen:

Pergola, feste Mauer, Eingang verlegen, Schutzbogen errichten oder Bäume.

Vermeiden Sie es, in einem Haus in einer engen Kurve zu wohnen!

Abhilfen:

Konvexen Bagua-Spiegel zur Kurve hin an der Außenseite des Hauses anbringen.

Den Eingang aus der Kurvensituation heraus verlegen. Auch mögliche Ruhezimmer innerhalb des Hauses, wie beispielsweise das Schlafzimmer, sollten verlegt werden.

Pflanzen, Kristalle und Wächterfiguren können in das Fenster gestellt werden.

Darüber hinaus gibt es einen Ausgleich nach dem Prinzip von Yin und Yang. Die Straßenkurve stellt Yang dar – der Ausgleich wäre dann über Yin zu erreichen. Das könnten Meditationsfiguren, mit Sand und Räucherstäbchen gefüllte Terrakottaschalen oder ähnliches sein.

Vermeiden Sie, an einer stark befahrenen Straße zu wohnen!

Abhilfe:

Verlegen Sie den Eingang Ihres Hauses in den ersten Stock Ihres Hauses.

Sie sollten den Eingang mit Pflanzkübeln oder Bäumen gegenüber der Straße schützen.

Eine, drei oder mehr Stufen, im Halbrund angelegt, sollten zu Ihrer Eingangstür führen.

Schallisolierte Fenster sind hier zur Abschirmung des Lärms das bessere Feng Shui-Heilmittel anstatt der sonst bevorzugten atmungsaktiven Holzfenster.

Über oder vor dem Eingang in das Trottoir angelegte Bögen, in Blumenbeetform oder als Spalierranke angebracht, schützen die Bewohner.

Vermeiden Sie, an einer Straße zu wohnen, von der Sie bergab zu Ihrem Grundstück gehen!

Abhilfen:

Verlegen Sie am besten den Eingang zur Talseite, wenn nur die geringste Möglichkeit bestehen, von einer Parallelstraße hereinzugehen. So entziehen Sie sich auch »Holzpfeilangriffen« von Straßen, die bedrohlich auf Ihre Haustür zielen.

Straßenangriffe auf das Haus

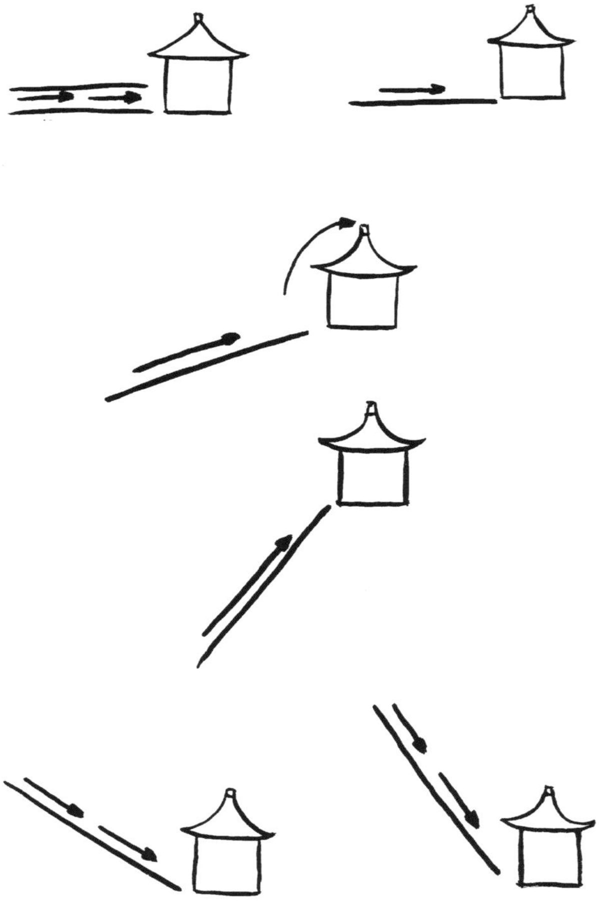

»Holzpfeilangriffe«

An der Talseite Ihres Grundstückes sollten Sie hoch wachsende Bäume oder Sträucher pflanzen, die Ihnen allerdings nicht die Sicht versperren oder im Übermaß Schatten auf den Hintereingang, Terrassen- oder Balkontür werfen dürfen.

An der Talseite kann auch ein Gartenhäuschen mit einer Fahne darauf oder einem Licht auf der Dachspitze ein guter Feng Shui-Ausgleich sein. Ebenso ein Steinhaufen, der, wenn er hoch genug ist, die Schildkröte symbolisieren könnte.

Bringen Sie Licht so an, daß es vom Boden in Richtung Himmel weist.

Es können auch zwei hohe Lampen am talseitigen Ende Ihres Grundstückes stehen, die die Dachspitze Ihres Hauses anleuchten.

Positiv: Wohnhäuser sollten sich an einer weniger befahrenen Straße befinden. Geschäftshäuser stehen am besten in Marktplatznähe oder im Haupt-Yang-Bereich eines Ortes, nicht jedoch an einer breiten, stark befahrenen Straße!

Wohnhäuser liegen am günstigsten in der Nähe von Grünanlagen und Straßen, die gewunden und weniger lang sind und klangvolle Straßennamen haben. Es ist auch günstig, an der Seite der Straße das Haus zu bewohnen, an der Sie bergauf zu Ihrem Eingang gehen müssen.

Wohnhäuser sollten ein angenehmes Licht von der Straße her bekommen, keinesfalls aber blendende Straßenbeleuchtungen oder eine Dauerbeleuchtung von Neonröhren, Blinklichtern oder ähnlichem.

Am günstigsten ist eine Straßenlage, wo Kübelpflanzen und »Zone 30-Schilder« den Verkehrsfluß verlangsamen und einen gewundenen Weg herstellen.

Auch in einer Spielstraße zu wohnen ist aus den oben genannten Gründen ein gutes Feng Shui.

位置

Kriterien für die Lage zum Berg

Vermeiden Sie, an einem Steilhang zu wohnen!

Abhilfen:

Bilden Sie vor Ihrem Eingang eine möglichst flache Eingangsebene. Um so größer der Bereich, der vor Ihrem Haus eben verläuft, um so besser für das Sammeln von Chi!

Pflanzen Sie Sträucher und Bäume so, daß Sie möglichst geschützt sind.

Die Sicht sollte nicht in die Tiefe führen. Deshalb wäre es gut, eine große Terrasse oder einen ausladenden Balkon anzubringen, auf denen Sie genügend schützende Grünpflanzen aufstellen sollten.
Installieren Sie an der niedrigsten Seite Ihres Grundstückes Lampen, um ein ausgewogenes Bild für die Psyche herzustellen.

Vermeiden Sie, von der Bergseite her in Ihr Haus zu gehen!

Abhilfen:

Sie verlegen Ihren Eingang auf die Talseite, was das beste Feng Shui wäre.

Ist das nicht möglich, so verlegen Sie am besten mit einem Vorbau Ihren Eingang so, daß Sie aus einer für Sie günstigen Richtung in das Haus hereinkommen. Damit wäre die direkte Konfrontation mit der Bergseite vermieden.

Vermeiden Sie, zwischen zwei dicht beieinander stehenden Bergen zu wohnen!

Abhilfen:

Sie sollten den Eindruck der Enge möglichst mit Springbrunnen am Eingang zerstreuen.

Schaffen Sie sich mit einer Ummauerung Ihres Grundstückes Ausblicke, die für Ihr Auge angenehm sind. Das könnte zum Beispiel die Atmosphäre wie in einem chinesischen oder japanischen Garten sein. Diese sollte licht und luftig geprägt sein, als Ausgleich zur erdrückenden Natur der Berge um Sie herum. Nachts sorgen Sie am besten für eine, weiche und stimmungsvolle Beleuchtung. Bringen Sie viel Yin in diesen Garten ein: Fleckchen der Besinnlichkeit und Ruhe mit Bänken, einem Pavillon, einem kleinen Teich oder einer »Sandwiese«.

Vermeiden Sie, an kahlen Bergen zu wohnen!

Abhilfen:

Umgeben Sie sich mit Blumen, die die fünf Farben der Elemente aufweisen: Rot, Gelb, Weiß, Blau und Grün.

Verlegen Sie möglichst die Fenster und Türen in die entgegengesetzte Richtung, dem kahlen Berg abgewandt.

Im Innenbereich Ihres Hauses sorgen Sie am besten für reizvolle Ausblicke aus dem Fenster. Das können Sie mit Kristallen, farbigen Seidenstoffen, Pflanzen, Figuren und Fensterbildern erreichen.

Vermeiden Sie, an schroffen, spitzen Bergen zu wohnen!

Abhilfen:

Verlegen Sie die Eingangstür auf die dem Berg abgewandte Seite.

Arbeiten Sie mit Pflanzen im Garten, auf dem Balkon oder der Terrasse im Verfahren des Ausgleiches, d.h. bringen Sie dem starken Yang-Einfluß der Berge Yin entgegen.

Sollte die Bergformation einem gefährlichen Tier oder einem bedrohlichen Gesicht ähneln, so sollten Sie Türen- und Fensteröffnungen in diese Richtung vermeiden!

*

Positiv: Sehr positiv ist es, wenn Sie ein von sanften Hügeln eingerahmtes Grundstück wählen (Lehnstuhlposition) beziehungsweise eine korrekte Ausrichtung zu den vier Tieren des Feng Shui beachten (Norden – Schildkröte, Osten – Drache, Westen – Tiger, Süden – Phönix).

Kriterien für die Beurteilung der Lage zu anderen Häusern

其它房屋的位置

Häuserkanten zeigen auf Ihr Grundstück

Abhilfen:

Verlegen Sie den Eingang weg von dieser Kante.

Auch Fensteröffnungen in direkter Linie zu diesem Einfluß sollten Sie meiden.

Ihr Garten, Balkon oder Terrasse kann bauchladenförmig (einen Halbkreis bildend) zu diesem Einfluß angelegt werden. Mit einem Baum oder Strauch kann der Einfluß abgefangen werden.

Auch ein Spiegel, insbesondere der magische konvexe Spiegel wäre eine Möglichkeit, wenn alle anderen Maßnahmen nicht möglich sind. Er kann in das Fenster innen gestellt werden oder an der Außenwand angebracht werden. Zusätzlich zerstreuen im Fenster aufgehängte Kristalle diesen Sha-Einfluß.

Friedhöfe befinden sich in unmittelbarer Umgebung

Vermeiden Sie, an einem Friedhof zu wohnen, in seiner Nähe Hochzeiten abzuhalten, dort vielleicht die Hochzeitsbilder zu fotografieren oder Gäste zu empfangen.

Verlegen Sie möglichst den Eingang aus der direkten Linie zum Friedhof.

Leerstehende Häuser grenzen an das Grundstück

Verschiedene Probleme können daraus resultieren, wenn Sie in der Nähe eines leerstehenden Hauses wohnen.

Es sammelt nicht nur Yin-Energie, sondern unter Umständen auch Abfall und Unrat. Es könnte deshalb eine Beleidigung für das Auge sein.

Deshalb wäre es ein gutes Feng Shui, wenn Sie gar nicht erst ein Grundstück in dieser Nähe kaufen würden.

Krankenhäuser in Sichtnähe

Kranke Menschen, Notfälle erinnern immer wieder an die Vergänglichkeit des gesunden Organismus. Im Unterbewußtsein läuft diese Information bei jedem Sirenengeheul der Rettungswagen ab. In der Umgebung mancher Krankenhäuser sind auch Verbrennungsanlagen für Mullbinden oder fleischige Teile. Dieser Geruch ist süßlich und weckt die Assoziation an Leichen.
Tip: Bevor Sie sich für ein solches Grundstück entscheiden, verbringen Sie drei Tage und Nächte dort und riechen, beobachten und fühlen Sie es!

Gute Lage am Wasserdrachen

Kriterien für die Lage am Wasser

Die Lage am Innenrand eines Wasserverlaufes ist ein glückbringendes Omen.
Zu nahe am Wasser liegende Grundstücke bedeuten, daß die Gefahr einer Überschwemmung auch den Reichtum der Familie wegschwemmen könnte.
Ein Wassergraben um ein Schloß ist ein gutes Feng Shui, solange das Wasser in Bewegung bleibt und nicht zur Kloake wird. Außerdem muß das Mauerwerk gut isoliert sein.
Grundstück am reißenden Fluß: Gelegenheiten und Geld fließen mit dem reißenden Strom davon. Deshalb ist es wichtig, daß Barrieren zum Wasserstrom geschaffen werden. Das können Statuen, Hecken, Bäume oder Lampenpfosten sein.
Wasser im Westen eines Grundstückes: Sollte ein Teich im Westen eines Grundstückes liegen, dann ist das weniger förderlich, da im Westen das Glück und die Errungenschaften des Lebens liegen und mit dem Wasser getrübt werden könnten. Am besten verkleinert man den Teich, entfernt ihn ganz oder bedeckt ihn mit Seerosen und anderen Grünpflanzen, damit man ihn als Teich nicht mehr wahrnimmt. Das gilt bis zum Jahre 2003. Bis zu diesem Datum ist es besser, die Eingangstür zum Osten zu richten, wenn dort das Wasser vorbeifließt. Die zweitbeste Richtung ist der Südwesten. Ab dem Jahr 2004 ist die beste Richtung der Südosten und die zweitbeste Richtung der Osten. Ab 2023 ändert sich wieder die Richtung, so daß dann der Norden die beste Richtung sein wird und die zweitbeste der Südosten.
Sollten Sie also in den nächsten Jahren bauen und Wasser würde im Südosten fließen, so hätten Sie die nächsten vierzig Jahre Glück, und Sie könnten sich eine goldene Nase verdienen.

Wasser in zu weiter Entfernung, nicht sichtbar
Das Glück ist dann zu weit entfernt. Bringen Sie Spiegel, z.B. den konkaven Bagua-Spiegel, an der Außenseite der Wand an, die in die Richtung des entfernten Wassers weist. Es können auch eine Glasveranda angebaut und ein Brunnen oder Teich in diese Richtung gesetzt werden.

Grundstücke mit einem Blick in ein grünes Tal
Am besten weiden dort noch Schafe, Kühe oder Pferde. Sie bringen ein gutes Chi in die Senke. Feuchte Wiesen und sattes Gras sind ein gutes Indiz für eine Chi-gefüllte Gegend. Vogelgezwitscher und das Rauschen eines Baches runden für die Seele das Bild eines guten Feng Shui ab.

Grundstücke an einem ausgedörrten Flußlauf
Sie bringen Sha mit sich. Die Wasserlinien wirken wie geheime Pfeile. Zur Schneeschmelze sind sie übervoll mit Wasser und im Sommer trocken. So zeigen sie auch für die Bewohner eines solchen anliegenden Grundstückes die Wechselfälle des Lebens an.

Form des Grundstückes

Das ideale Grundstück ist nach Feng Shui rechteckig. Dadurch sind alle Lebensbereiche vorhanden, und es entstehen keine Fehlbereiche im Grundstück, die zu Geldmangel, Kinderlosigkeit oder Familienzwistigkeiten führen könnten.

Das quadratische Grundstück: Es gehört dem Element Erde an und steht für Stabilität und Dauer.

Das dreieckige Grundstück: Es ist einem Fluch gleich. Es stellt in seiner Form das Feuerelement dar. Gleichen Sie das am besten aus, indem Sie durch Hecken, Mauern oder Terrassenflächen und Beleuchtung ein Viereck auf dem Grundstück bilden. Ich habe in meiner langjährigen Praxis erlebt, daß es auf solchen Grundstücken in der Regel Beziehungsprobleme gegeben hat – besonders bei Personen, die im Feuerjahr geboren wurden.

Das lange und schmale Grundstück: Es bringt genauso Probleme mit sich. Es gehört zum Element Holz und entzieht in dieser Form der Erde die Energie. Wird dieses Grundstück durch Parzellierung in einzelne Rechtecke aufgeteilt, dann ist die Energie wieder ausgewogen. Die Lampen ordnen Sie am besten in Zickzackform versetzt an der Längsseite des Grundstückes an. Legen Sie auch gewundene Wege und Brückchen an, um einen guten Chi-Fluß zu Ihrem Haus zu gewährleisten. Ist das Grundstück so schmal, daß es kaum Raum läßt, wie etwa ein Hinterhof, dann können Sie in die Mitte des Hinterhofes ein Labyrinth mit der Öffnung zu einem ungünstigen Einfluß oder auch zu Ihrem Haus hin legen. Sie werden feststellen, daß der Anblick angenehm stimulierend und ausgleichend zugleich auf Ihre beiden Gehirnhälften wirkt und Sie gestärkt wieder an Ihre Arbeit gehen können. Auch im Stadtbild sollten viel mehr Labyrinthe Anwendung finden. So könnten ungünstige Einflüsse der Umgebung harmonisiert werden.

Die L-förmigen Grundstücke: Sie sind ungünstig, da sie ein Rechteck darstellen, dem eine Ecke fehlt. Man bringt sie mit dem Fehlen des Familienoberhauptes in Verbindung, mit frühem Tod und mangelndem Erfolg. Wenn aber eine fehlende Ecke in einer unglücklichen Richtung liegt, so ist ihre Wirkung nicht so schlimm.

Das kreisförmige Grundstück: Der Kreis versinnbildlicht das Element Metall und andererseits den Himmel, so daß es sich am besten für Banken und religiöse Gebäude wie zum Beispiel Moscheen eignet.

Bäume in der Umgebung des Hauses

Befinden sich bei einem bestehenden oder geplanten Haus hohe Bäume gegenüber, so kann das zur Folge haben, daß diese das Yang-Haus (ein Haus der Lebenden) so sehr auslaugen, daß es – energetisch gesehen – schwach wird. In der Folge könnten die Bewohner sich müde und wenig erfolgreich fühlen. Stellen Sie sich vor, daß eine ein Meter hohe Tanne in den Vorgarten gepflanzt wird und wie sie nach dreißig Jahren entwickelt sein wird. Dann nämlich wird sie die Fenster verdunkeln und das Haus überragen. Sie wird den Bewohnern Yang-Energie entziehen.

Deshalb sollte man sich vor dem Setzen eines Baumes zunächst erkundigen, welche Wuchshöhe in welcher Zeit er erreichen wird und ob er ein Tief- oder Flachwurzler ist. Wenn sich seine Wurzeln in der Fläche ausbreiten, so könnten die Terrasse und das Haus darunter leiden. Ein wesentlicher Aspekt des Feng Shui betrifft auch die Wirkung des kahlen Stammes in der Mitte vor Fensterausblicken und Hauseingängen. Den Einfluß von Bäumen und den von in gerader Linie zur Haustür befindlichen Straßenlaternen oder Fahnenmasten kann man mildern, indem man den konkaven Bagua-Spiegel an die Wand des Hauses hängt, die dem Einfluß gegenüber steht.

Beachtung von gegenüberstehenden Hauskanten und Dachangriffen

Ginge es nach Feng Shui, würden in Europa keine Spitzgiebeldachhäuser mehr gebaut, und es gäbe, dadurch bedingt, weniger Aggressionen unter den Mitmenschen. Das ist insbesondere deshalb wichtig, da die Angriffe von Hauskanten das Element Feuer symbolisieren. Feuer wirkt schneidend auf das Haus wie ein vom Schmied frisch bearbeitetes Hackmesser oder Beil. Wen verwundert es da, wenn Bäume nicht die beste Lösung sind, da sie das Element Holz repräsentieren. Besser ist es, wenn Sie am Haus Metallscheiben befestigen, die Sie diesem Einfluß gegenübersetzen. Auch ein Springbrunnen vor dem Haus kann wirksam den Angriff zerstreuen und so das Sha wandeln.

Abhilfen: Am Spitzgiebeldach Kugeln oder runde Bögen verwenden.

私产房

Die Lage des Hauses

Sie haben sich entschlossen, ein Haus oder eine Wohnung mit bestem Feng Shui zu kaufen. Wie gehen Sie nun nach Feng Shui-Kriterien vor, um eine im Wert sich steigernde und mit Chi beladene Wohnung zu finden? Schauen Sie sich zunächst den Ort an, in dem Sie diese Wohnung kaufen wollen. Beachten Sie die oben genannten Punkte der Grundstücksauswahl. Der Name des Ortes sollte wohlklingen und eine positive Aussage haben. Anschließend schauen Sie sich das Wohnungsviertel an, die Lage der Wohnung nach den vier Tieren, und natürlich beachten Sie die Omen.

Gehen wir davon aus, daß bis hierhin alles für die Wohnung spricht. Dann schauen Sie sich das Haus nach den Gesetzmäßigkeiten des Feng Shui an. Wie sieht der Aufbau des Hauses aus? Welchen Eindruck macht sein Äußeres auf Sie? Ist es freundlich, offen, einladend? Oder eher verschlossen, abweisend und dunkel? Ist es eine Art »Liebe auf den ersten Blick«?

Das Äußere des Gesamthauses ist natürlich genauso wichtig wie Ihre Wohnung im Inneren des Hauses. Viele Menschen glauben, daß diese Betrachtungsweise keine Rolle spielen würde, aber dem ist nicht so. Denn das Haus spiegelt Sie selbst wieder, Ihre Wohnung innerhalb dieses Hauskörpers ist erst in zweiter Linie sichtbar. Welche Gedanken auch immer man mit dem Betrachten des Hausäußeren verbindet, man trägt sie in die Wohnung hinein. Vielleicht ist die Wohnungstür dann besonders einladend, die Aussicht wundervoll und die Anlage der Räume nach Feng Shui exzellent. So ist es dennoch wichtig, an dieser Stelle den Experten hinzuzuziehen. Er wird von Ihrem Geburtsdatum ausgehend dem Eingang besondere Bedeutung beimessen.

Wie kommt das Chi bis zur Tür? Ist der Flur hell und breit? Dann kommt das Chi sehr gut zur Wohnungstür. Ist die Treppenanlage steil und zur Hauseingangstür in direkter Linie, dann werden Geld und Möglichkeiten bald wieder dahinfließen. Kein gutes Projekt! Ist der Flur lang, verwinkelt und dunkel? Dann Hände weg, denn das Chi findet den Weg nicht gut zu Ihnen.

Überlegen Sie auch einmal, wie eine Wegbeschreibung zu Ihnen aussehen würde. Wenn es irgendwelche Holpersteine und Hindernisse der Beschreibung gibt, dann ist dementsprechend auch das Chi. Ein Rechtsanwalt aus Frankfurt beispielsweise hatte einen verwinkelten Hauseingang. Dunkle und steile Treppen führten durch ein unwirtliches Treppenhaus zu seiner Wohnung hoch. Diese hatte eine gute Feng Shui-Lage. Trotzdem mußten sich Schwierigkeiten in seinem Leben ergeben. Das Chi fand den Weg kaum in das obere Stockwerk!

Kommen wir zurück zur Tür. Der Feng Shui-Experte hat nachfolgend festgestellt, daß der Eingang beispielsweise zur östlichen und Sie zur westlichen Lebensgruppe gehören.

Falls Sie diese Wohnung trotzdem nehmen möchten, die nicht mit Ihrem physikalischen Körper in Resonanz steht, so ist doch wohl eine geistige Verbindung zu ihr da. Der Experte wird Ihnen dafür Ratschläge erteilen, wenn die Zimmeranordnung für Sie gut ist und ein geeigneter Schlafplatz zu finden ist. Sollte das der Fall sein und nicht etwa der beste Bereich auf dem Balkon liegen oder im Bad, dann wird ein weiterer Experte im Rutengehen und eventuell ein Schadstoffexperte die Räumlichkeiten untersuchen. Damit weiß der Feng Shui-Experte seinerseits Bescheid, welche Plätze in Frage kommen.

Die vier Himmelsrichtungen

Der Süden wird als roter Phönix bezeichnet, der Osten als grüner oder blauer Drache, der Norden als Schildkröte und der Westen als weißer Tiger. Feng Shui redet in Äquivalenten und malt so ein plastisches Bild.
Der Tiger steht für Yin, Weiblichkeit, Alter, Ruhe und links. Befindet sich folglich eine Eingangstür auf der linken Seite einer Hauswand, so würde man ihm »auf den Schwanz« treten und so seine Ruhe stören. Folglich wählt man auf der Tigerseite keine Eingänge. Stellen Sie sich vor Ihr Grundstück und blicken Sie von der Eingangspforte zur Rückseite des Grundstückes. Betrachten Sie die linke Seite. Diese ist die Tigerseite. Legen Sie dort nicht den Zugang zum Grundstück hin, sonst könnten Sie das Unglück an sich ziehen. Auch die Ruhe Störendes wie eine quietschende Gartenpforte oder anderer Lärm können dazu beitragen, den Tiger zu erzürnen.
Auf der Tigerseite sollten keine hohen Gebäude oder Berge stehen, vielmehr sollten sich dort sanfte Formen befinden. Diese sollten niedriger sein als die rechte Seite des Hauses.

Der Drache ist Yang, die Macht, Autorität, Jugend und Aktivität. Auf der rechten Seite des Grundstücks oder des Hauses die Pforte oder Eingangstür zu haben, heißt, mit jeder Bewegung der Tür auch den Drachen zu aktivieren. Mit ihm seine Yang-Eigenschaften. Da Yang Leben bedeutet und Häuser, die belebt sind, auch Yang-Charakter haben, ist es gut, die Tür mittig oder wie in diesem Fall rechtsseitig zu haben. Das gilt erst recht auch für Geschäfte, wenn sie ihre Auftragslage verbessern möchten.
Die Drachenseite kann höhere Formationen, Häuser oder Berge aufweisen, die Yang repräsentieren. Diese Seite sollte aber dennoch niedriger als die Rückseite sein.

Die Schildkröte gehört zur nördlichen Himmelsrichtung. Sie ist Yin, langsam, bedächtig und weise. Sie gibt mit ihrem Panzer Schutz und symbolisiert ein langes Leben.
Die Schildkrötenseite ist die Rückseite des Hauses. Von hier aus braucht das Grundstück Sicherheit und Schutz. Deshalb können hier Berge, Häuser oder höhere Bäume stehen. Sollte aber die Rückseite des Hauses sich nicht im Norden, sondern beispielsweise im Süden befinden, so ist die vorher getroffene Aussage nicht stimmig. Denn die Sonne würde Schatten auf das Haus werfen. Schatten könnten aber das Haus attackieren, indem sie schneidend Türen oder Fenster treffen und dadurch das Glück der Bewohner einschränken.

Die Phönixseite ist Vorderseite des Hauses und entspricht der südlichen Himmelsrichtung. Sie ist Yang und lädt die Energie ein, Platz zu nehmen, um mit jedem Gang zum Haus mitgenommen zu werden. Ist die Phönixseite durch Häuser, Bäume oder Berge blockiert, so kann dort nicht die Energie, das Yang, landen. Da im Feng Shui die Haupteingangsseite auf der Südseite angedacht war, sollte auch diese frei sein und einladend gestaltet. Durch Mülltonnen blockierte Wege, dichte und hohe Bäume, kein freier Rasenfleck u.a. erschweren dem Phönix die Landung!

Ein nach den vier Tieren plaziertes Haus ist seitlich und auf der Rückseite geschützt und läßt die Energie über die Vorderseite des Hauses in dasselbe eintreten. Hügel zu beiden Seiten des Grundstücks und eine höhere Rückseite sind ideal.

Nun haben Sie Ihr geeignetes Grundstück gefunden und möchten Ihr Haus entwerfen. Nachdem Sie Ihre Bedürfnisse in Übereinstimmung mit den Anforderungen der Familie gebracht haben, sollten Sie nachfolgende Grundüberlegungen anstellen, die natürlich auch für schon vorhandene Häuser gültig sind.

Die Harmonie der vier Tiere in der Landschaft

房屋的过去和

Vergangenheit und Zukunft

Stellen Sie sich vor, Sie würden mit dem Gesicht zum Haus stehen. Teilen Sie dann gedanklich Ihr Haus in eine rechte und eine linke Hälfte ein. Dann ist die linke Seite die Seite der Vergangenheit und die rechte Seite die Seite der Zukunft. Betrachten Sie als nächstes, was sich in diesen Bereichen befindet. Auf der Zukunftsseite könnten verfallene Häuser stehen. Das wäre ein sehr ungünstiges Omen für Ihre Zukunft. Sollte sich dort ein schönes Gebäude, ein Wald, ein Park oder gar ein Schloß befinden, so sind die Zukunftsaussichten hervorragend. Es könnte sich hierbei auch um ein neues Monument, eine schöne neuzeitliche oder futuristische Figur handeln.
Auf der Seite der Vergangenheit können alte, würdevolle Gebäude stehen. Vielleicht ein alter Baum, eine alte Bank oder eine alte Figur, die an den Glanz längst vergessener Zeiten gemahnt. Stellen Sie sich Ihr zukünftiges Haus vor und lassen Sie die Informationen der Seiten auf Sie wirken. Die ersten Gedanken, die Ihnen kommen, sind meist schon die richtigen.
Im Inneren des Hauses findet man auf der Vergangenheitsseite nicht selten die alten Bilder der Familie, von Freunden oder ehemaligen Partnern in einer Kiste oder Alben aufbewahrt. Dort sind oft auch abgelegte Akten oder Kleider, alte Gemälde und oft noch ältere Bücher zu finden. Wichtig: Räumen Sie mit der Vergangenheit auf, damit die Zukunft klar und schön wird!

Die rechte Seite, die Seite der Zukunft, braucht freie Flächen und somit Möglichkeiten, damit sich dort Neues niederlassen kann. Ein vollgestopfter Bereich würde die zukünftigen Möglichkeiten stark einengen. Eine Treppe auf dieser Seite verheißt gute Zukunftsaussichten, es sei denn, daß sie geschlossene Stufen aufweist. Sollte das nicht der Fall sein, so wäre es von Vorteil, unter die Treppe je nach Möglichkeit entweder Pflanzen zu stellen, die das Chi nach oben tragen, oder Licht, Spiegel und eventuell einen großen roten Fächer mit der Aufschrift für Glück.

Die Ich-Du-Korrespondenz im Haus

Stellen Sie sich wieder mit dem Gesicht zum Haus. Teilen Sie nun das Haus in eine vordere und eine hintere Seite ein, ziehen also gedanklich eine horizontale Linie durch Ihr Haus, so daß der Eingangsbereich im vorderen Teil und die Rückseite im hinteren Teil des Hauses zu liegen kommen.

Der Ich-Anteil liegt im Eingangsbereich. Die Tür und das Gesicht des Hauses stehen somit in direkter Korrespondenz zu Ihrem Ansehen. Eine einladende, breite Tür, Blumen, die aus der Seele sprechen und ein gut lesbares Namens- und Hausnummernschild gehören dazu. Hier drücken sich Ihr Geschmack und Ihre Einstellung zu anderen aus. Man könnte sagen: »Zeige mir deine Tür und ich sage dir, wer du bist.«
Ein schöner Türkranz, ein selbstgetöpfertes Eingangsschild oder ein Messingschild und hochpolierte Griffe sind Markenzeichen und Visitenkarte der Bewohner. Jeder drückt seine Persönlichkeit auf eine andere Art und Weise aus. Mit dem Eingangsbereich werden bestimmte Gefühle und Gedanken geweckt, die dann auf den Hausbewohner übertragen werden. Der eine Bewohner hat es schwer, den unguten ersten Eindruck wieder ins rechte Licht zu rücken und verbraucht hier unnützerweise seine Energien. Der andere hat sozusagen Vorschußlorbeeren und es somit leichter. Die Ebene des »*Ich*« befindet sich in den Bagua-Bereichen »*Wissen*« und »*Hilfreiche Freunde*«. Das bedeutet, daß die Persönlichkeit, je nach Entwicklungsstand, Freunde und Wissen anzieht. Denken Sie noch an die Zeiten, als Sie Student waren? Der Wissenshunger und die Freunde waren ganz verschieden von dem, was Sie heute anstreben. Nicht nur die Art zu wohnen hat sich geändert, sondern die eigene Einstellung hat auch andere Freunde angezogen.

Die Beziehungen zu anderen, zum Du, befinden sich im hinteren Bereich des Hauses. Vom Bagua her sind dort Reichtum, Anerkennung und persönliche Beziehungen gelagert. Das bedeutet, daß Geld, Anerkennung und eine harmonische Partnerschaft nur durch andere Menschen möglich sind. Das bedeutet, daß, wenn der erste Eindruck über den Bereich des »*Ich*« positiv war sich auch gute Möglichkeiten im »*Du*-Bereich« anbieten werden. Andererseits sind Geld, Anerkennung und eine harmonische Partnerschaft auch Spiegel der eigenen Verfassung. Man kann sich auch fragen, was der Partner einem selbst spiegelt? Warum habe ich soundsoviel Geld zur Verfügung? Warum bekomme ich nur soundsoviel Anerkennung? Das Du spiegelt das Ich. Bringen Sie viel von sich ein und bemühen sich um gute Freundschaften und sorgen dafür, daß der Geist beweglich bleibt und angesammeltes Wissen auch angewandt wird. Das ist der beste Weg zum Erfolg. Darüber hinaus sagt Feng Shui, daß die Tür der Weg zum Leben sei. Eine freie, schöne und anziehend gestaltete Eingangstür und der Weg zu ihr sorgen für die Ihnen zustehende Anerkennung, finanziellen Erfolg und harmonische Beziehungen.

街名声调

Namen ernst nehmen

Ortsnamen

Achten Sie auf die Assoziationen, die mit dem Klang des Ortsnamens verbunden sind. Auch Legenden sprechen ihre Sprache. Wenn Sie beide Aspekte zusammenfügen, so gewinnen Sie einen aussagefähigen Eindruck.
So ist beispielsweise der Ortsname »*Wiesbaden*« geschichtlich gemeint als »*Auf der Wiesi baden gehen«, »Wisibada*« entstanden. Es gibt also schon im Namen Hinweise auf Wasser. Eine Lage am Wasser ist im Feng Shui gut. Es gibt sechsundzwanzig Quellen mit zirka fünfundsechzig Grad heißem Wasser. Wiesbaden ist Kurstadt, die schon die Römer zu Gesundheitszwecken nutzten. Hört man den Namen, so werden Kuren, Quellwasser und herrschaftliches Baden und Flanieren assoziiert.

Oder man schaue den Berliner Stadtbezirk »*Dahlem*« an. Der Name »Dahlem« wird übersetzt mit »*Dol-hem*«, das heißt die Siedlung, die auf dem Berg liegt. Tatsächlich befindet sich Dahlem 59,88 Meter über dem Meeresspiegel auf einem Hochplateau des Teltows. Berge waren vornehmlich im Mittelalter die Sitze von Rittern und Adligen. In diesem Fall war Dahlem Rittergut und durch die Landwirtschaft bis in die heutige Zeit Versorger von Berlin. Wer sich zu diesem Ort hingezogen fühlt, der nimmt auch einen Teil des ehemaligen Adelssitzes ein, möchte es sich gut gehen lassen und sich versorgt wissen. Tatsächlich ist »*Dahlem*« bekannt als Villenvorort von Berlin.

Auch der Name »*Karlsruhe*« hat seine Geschichte. Markgraf Karl Wilhelm von Baden gab den Auftrag zum Bau der Schloßanlage »*Carols-Ruhe*«. Johann Georg, Wirtschaftsminister von Karl Wilhelm, der zuvor in den alchimistischen Diensten des Grafen von Schwarzenberg gestanden hatte, plante die Anlage. So entstand ein perfekt geomantisch ausgerichteter Bau, der den Goldenen Schnitt genauso berücksichtigt wie das Wissen um Kraftlinien der Erde, die Ley-Lines.
Fühlt man sich zu diesem Ort hingezogen, so assoziiert das Unterbewußtsein auch den Glanz alter Zeiten: Herrschaftliches und Königliches, Weite und Macht. Beherrschung und Nutzbarmachung der Gesetzmäßigkeiten der Natur. Wohnt man in Karlsruhe, so sind Kunst, Geschichte und Alchimie ständig gegenwärtig und wirken auf das eigene Leben ein. Steht auf dem Visitenkärtchen oder Briefpapier der Name der Stadt »*Karlsruhe*«, so assoziiert der Empfänger das oben beschriebene Bild.

Der Ortsteilname »*Auringen*« wiederum bedeutet, »*von den Auen umringt*« zu sein. Das Bild von saftigen Wiesen stellt sich ein. Wo und wann auch immer man seinen Wohnort »Auringen« kund tut, wird man damit auch die Assoziation an einen ruhigen Ort verbreiten.

Viele Städte haben den Zusatz »Burg« im Namen, beispielsweise Magdeburg, Isenburg, Ludwigsburg oder Hamburg. Die »Burg« ist hoch gelagert und bedeutet im Feng Shui, daß alle Augen auf sie gerichtet sein werden. Aber daraus resultiert auch eine einsame Lage, eine Art Sonderstellung, ein Sonderstatus. Der Bewohner dieser Burg muß bereit sein, seine Stellung zu verteidigen.

Prüfen Sie die Gedanken, die in Ihnen aufkeimen, wenn Sie folgende Namen hören:

Siegen, Rosenheim, Heilbronn, Adelsheim, Abraham, Amorbach, Angelbachtal, Blumenau, Buchenhain, Birkenhügel, Lindenbach, Ehr, Profit, Obstmühle, Münzenberg.
Oder: Kniepenberg, Betteldorf, Bitterfeld, Bösdorf, Blödelsheim, Morschheim, Moorsiedlung, Nackenheim, Neinstedt, Nesselwang, Niethen, Niedernhausen, Ohne, Pausa.

Einige Namen werden Ihnen recht angenehm vorkommen und Reichtum, Liebe, Zufriedenheit und Schönheit verkünden. Andere wiederum haben einen »bitteren Beigeschmack« von Niedergang, Unheil oder Armut.

Straßennamen

Es ist kein Zufall, daß einige Straßen reiche und berühmte Menschen anziehen und andere wiederum für diese Klientel vollkommen indiskutabel sind. Deshalb prüfen Sie einmal den Namen der Straße, für die Sie sich bei Ihrem nächsten Umzug entscheiden. So ist beispielsweise der Straßenname »*Rote Erde*« unheilverkündend, da im Feng Shui die rote Erde mit der blutenden Erde gleichgesetzt wird. Der Erddrache ist verletzt worden und wird sich rächen, deshalb ist Unheil zu erwarten. Anders, wenn man »*Am Hügel*« wohnt. Der Hügel bedeutet die Schildkröte im Rücken und damit Schutz für den Anwohner. »Die stille Gasse« ist vom Charakter des Namens her Yin und wäre weniger gut geeignet für alle, die mit viel Publikumsverkehr zu tun haben. Alle Namen berühmter Musiker ziehen nicht nur Menschen mit Gespür für Musik an, sondern auch diejenigen, die gern öffentlich anerkannt sein und zu Ruhm und Ehre avancieren möchten.
Sollten die Straßen die Namen berühmter Politiker tragen, so ist man selbst politisch engagiert oder indirekt beteiligt. Es kann hier zu Streitfragen kommen, überkorrekten Nachbarn oder Mißgunst. Man hält sich für etwas Besonderes und kümmert sich um die Gemeinschaft, was diese zu ihrem Wohl oder Wehe bemerkt.
In einer »*Neptunstraße*« beispielsweise kann es vermehrt Probleme mit Drogen oder Alkohol geben. Für Künstler hingegen wirkt dieser Name eher inspirativ.

Lassen Sie sich folgende Straßennamen auf der Zunge zergehen:
Rosenweg, Parkstraße, Erdbeerweg, Diamantenweg, Goldbergweg, Gutenbergstraße, Blumenstraße, Sonnenhof, Am fröhlichen Mann, Beethovenstraße, Brahmsweg.

Oder: *Donnerbergstraße, Diebsteig, Kreuzweg, Brandgasse, Bußallee, Dürrstraße, Gallenklinge, Friedhofstraße, Büßerweg, Wolfsgrube, Distelweg, Reuetal.*

Sollten Sie in einer weniger gut klingenden Straße wohnen, so können Sie dennoch den Namen Ihres Hauses oder Ihrer Wohnung verbessern. Nigel Pennick nennt beispielsweise sein Haus »Das Haus der acht Winde«. Als berühmter Geomant hat er für sich das Chi zu nutzen gewußt. Seitdem er diesen Namen im Briefkopf führt und dieser auf jedem Kuvert steht, das an ihn adressiert wird, ist er auf internationaler Ebene anerkannt und erfolgreich.

Hausnamensgebung

Natürlich gibt es die Möglichkeit, einen ungünstigen Namen des Ortes oder der Straße mit einem schönen, energievollen Hausnamen zu verbessern. Dazu dienen Namen wie:
Haus Schönbrunn, Haus Liliental, Haus Segenreich, Villa Ehrenvoll, Haus Sonnensegen, Lotosblütenheim, Villa Glücksdrache, Haus Quickborn, Villa Güldenstein, Haus Lebensquell, Phönixhaus oder Villa des himmlischen Friedens, Haus des Drachenschweifs.

Auch die einzelnen Zimmer können klangvolle Namen erhalten, denn Namen sind nicht Schall und Rauch, sondern Informationsträger. Durch sie entstehen Bilder vor dem geistigen Auge, die sich zu Energien im Körperlichen manifestieren. Es brauchen nicht Namen wie *»Seidenbrokatzimmer«* oder *»Mandelblütenraum«* hierzulande sein. Es können geläufige Namen wie der »Rote (oder Blaue) Salon«, *»Friedenszimmer«* oder *»Gartenzimmer«* genutzt werden. Darüber hinaus ist es gut, wenn Sie Ihrer Phantasie freien Lauf lassen. Seien Sie kreativ und entwickeln Namen, die den blauen oder grünen Drachen, die schwarze Schildkröte oder den roten Phönix in das Haus holen, um vielleicht den Aspekt eines fehlenden Bereiches auf diese Weise wiederherzustellen. Angenommen, die Südecke des Hauses fehlt, so fehlt die Ecke des roten Phönix. Indem Sie diesen Raum als *»Phönixzimmer«* bezeichnen, wird dadurch der Phönix gerufen. Fehlt der westliche Teil, so könnte der Raum Tigerzimmer heißen. Fehlt der östliche Teil, so könnte man diesen Raum *»Blauen (oder Grünen) Salon«* nennen. Ist der nördliche Teil weniger günstig, und energetisch weniger stark, so könnte dieser Raum als *»Schild- oder Schildkrötenzimmer«* bezeichnet werden.

Räume, die in dunkle oder sich weniger gut anfühlende Bereiche fallen, sollten einen lebensbejahenden Namen erhalten – wie *»Lebensquell«, »Quickborn« oder »Jungbrunnen«*. Namen sind nicht Schall und Rauch, sie sind lebendiges Feng Shui!

房屋的起名

Die gestalterischen Gesetzmäßigkeiten des Feng Shui

Im Nachfolgenden möchte ich Sie mit den gestalterischen Gesetzmäßigkeiten des Feng Shui vertraut machen. Mein chinesischer Lehrmeister, Dr. Li, lehrte sie mich zu berücksichtigen. Sie stellen die »Neun Weisen« dar. Wer mit ihrer Hilfe arbeitet, wird viel Erfolg haben.
Welche Schule auch immer Sie verfolgen, die neun Gesetzmäßigkeiten sind in jedem Fall eine wichtige Voraussetzung, daß Feng Shui wirken kann. Lassen Sie uns gemeinsam diese anschauen:

Stellen Sie Harmonie her! Gleichen Sie Yin und Yang aus! Lösen Sie verfestigende Parameter auf! Binden Sie ungute Energien und verstärken gute im Kreis! Legen Sie Wert auf ein duales Gleichgewicht der Kräfte und schauen Sie, ob das Haus nicht nur über einen Corpus, sondern auch über Seele und Geist verfügt!

Die meisten Gebäude haben zu wenig Seelenelemente, zu wenig Yin. Sie wirken zu aktiv und dominant. Apropos dominant, erkennen Sie, wann es nötig ist, sich selbst mit Spiegeln und Licht gegen diesen dominanten Einfluß zu schützen. Lernen Sie, wenn nötig, das Gleichgewicht wiederherzustellen, wenn es beispielsweise durch herumliegende Kabel gestört sein sollte. Erkennen Sie so den Einfluß des Gesetzes der Entsprechungen und entfernen oder schwächen das angreifend Analoge. Nachfolgend sind die Gesetzmäßigkeiten für Sie auf einen Blick zusammengefaßt.

1. Harmonie
2. Auflösung
3. Verfestigung
4. Bindung
5. Trinität
6. Dualität
7. Dominanz
8. Entsprechungen/Analogien
9. Ausgewogenheit von Yin und Yang

Mit diesen Informationen öffnet Ihnen Feng Shui die Kanäle für die Gesetze der Harmonie und des Einklangs und bringt auch das Gebäude selbst in eine feine Harmonie mit der Umgebung.

和谐定律

Das Gesetz der Harmonie

Alles, was den Gesetzmäßigkeiten der Harmonie entspricht, ist dual aufgebaut, ausgeglichen nach Yin und Yang, den vier Tieren und beinhaltet Seele, Geist und Körperbewußtsein. Das Dach, der Himmel, ist beispielsweise nicht so groß wie der Restkörper des Hauses, der Erde versinnbildlicht. Für einen vor dem Haus Stehendn sind beide Hälften der Hauswand gleich bestimmend: Drache und Tiger befinden sich in Umarmung. Die Rückseite, die Schildkrötenseite des Hauses und die Vorderseite, die Phönixseite, stehen sich in einem ausgewogenen Verhältnis gegenüber. Ob Farben oder Formen – sie ergänzen sich für das Auge auf angenehme Art und Weise.
Ist die Fassade des Hauses in einem Lila-Ton angelegt, so kann der Dachbalken in noch hellerem Lila, den Himmel und der Sockel in einem dunklen Lila, die Erde widerspiegelnd, gestrichen werden. Eine hellgelbe Tür würde komplementär, als Ausgleich von Yin und Yang, dazu passen, wenn die Eingangsrichtung zum Südwesten gehören würde. Auch der Hauskörper selbst, der die Erde verkörpert, braucht Nahrung für die Seele in Form von Pflanzen und Blüten, aber auch Rundungen in der Gartenmauer, runden Balkonen, Pflanzkübeln oder anderen runden Gegenständen, Hausbemalungen oder Wegezugängen.

溶解

Das Gesetz der Auflösung

Sobald man dem Viereck eine Ecke wegnimmt, ist es seiner Form beraubt und kein Viereck mehr im wahrsten Sinne des Wortes. So kommt es, daß ein einziger Strich auch ein neues Gefühl im menschlichen Organismus hinterläßt. Im Feng Shui wird durch Wegnahme von vier Ecken ein Achteck gebildet. Man sagt auch, daß nun die Form in Fluß gekommen sei. (Allein der Winkel entscheidet über die Wirkung!) Das irdische Viereck ist aufgelöst worden, und es entsteht eine höhere vergeistige Form. Folglich: Nimmt man weg – so gewinnt man, nicht an Materie, aber an Geist! Feng Shui sagt sowieso, daß man als Mensch viel zu sehr an den Dingen festhält, dem Geist dadurch Wachstumsmöglichkeiten verstellt.
Baut man nun so, daß die Bagua-Form (Achteck-Form) im Grundriß zu erkennen ist, so baut man bereits mit Geist!

加固

Das Gesetz der Verfestigung

Nichts leichter als das! Waschbetonplatten, Klinkerhäuser, Kacheln auf dem Boden und an den Wänden, Gitter vor den Fenstern und der viereckige Grundriß an und für sich wirken verfestigend. Erde wird betont, vielleicht übermäßig! Damit auch der materielle Aspekt. Viele Menschen, die Halt und Struktur suchen, umgeben sich vermehrt mit den obengenannten Details.

结合

Das Gesetz der Bindung

Ziehen Sie einen Kreis um sich! Sehen Sie, schon haben Sie sich eingebunden! So geschieht das auch, wenn man sich zum äußeren Zeichen seiner Verbundenheit miteinander den Ehering ansteckt. Der Kreis als Bindung: allein ein an der Haustür angebrachter Türkranz kann schon dafür sorgen, daß das ungleichschenklige Kreuz der Tür »gebunden« wird und die negative Auswirkung der Symbolik ebenso.
Oder geben Sie um Ihre Hausnummer »Vier« einen Kreis. Er bindet die negative Wirkung dieser Zahl.

三位一体

Das Gesetz der Trinität

Ein Haus im Äußeren, wie eine Wohnung im Inneren, benötigen den Aufbau der Trinität: Körper, Seele und Geist. Den Körper stellt das Haus durch sein Fundament und seinen Korpus dar. Die Seele wird gebildet durch das Ätherische der Pflanzenwelt, Bilder an der Hauswand, durch einen schön klingenden Hausnamen, das Eingangsschild und Rundungen. Das Dach bildet den Geistaufbau. Daher sollte das Dach eher der Kopfform entsprechen. Spitzgiebeldachhäuser stellen dann ein Feng Shui-Problem dar, wenn man den Boden auch noch als Wohnraum ausbaut. Dann wohnt man unmittelbar unter der Spitze des Daches und kann so unter körperlich-energetischen Problemen leiden. Abhilfe schaffen dann alle zwei Meter aufgehängte Bambusflöten, mit Drachen- und Tigermotiv, die die Energie im Raum wieder nach unten leiten. Eine günstigere Form sind das Walmdach oder das Kuppeldach.

二元性

Das Gesetz der Dualität

Wie rechts, so links und umgekehrt lautet hier das Gesetz. Im Äußeren eines Hauskörpers ist das genauso wichtig wie im Erscheinungsbild des Menschen. Der Homo sapiens ist dual angelegt. Das heißt, er hat zwei Augen, Beine, Hände und Füße. Die zwei Seiten gleichen sich, wenn sie auch nicht identisch sein müssen. Einem Menschen gegenüber zu sein, der nicht so dual angelegt ist, bedeutet, daß sich der Betrachter ständig mit dem Bild des Dualen, Gleichen beschäftigt und auf diese Art und Weise abgelenkt wird von den Worten seines Gegenübers. Alles das, was fehlt, versucht der Verstand zu ergänzen. Alles was zwar da, aber nicht vollkommen ist, beschäftigt den Betrachter dahingehend, daß er versucht, das Idealbild in Gedanken herzustellen. Was auf den Menschen zutrifft, trifft auch auf das Haus zu. Es steht dem Betrachter wie ein Mensch gegenüber. Seine Fenster sind die Augen, seine Tür ist der Mund, sein Dach das Haupt und sein Fundament stellt die Füße dar. Hat es nur einseitig ein Auge oder gar auf der Straßenseite keinen Mund, ist also das Gesicht abgewandt, so fühlt man die Kühle seiner Bewohner. Befindet sich auf der rechten Seite des Hauses kaum ein Fenster, nur eine leere Wand, so sind die Bewohner mitunter zu stark emotional veranlagt. Ist die rechte Seite stärker betont und die linke Seite nicht, so kann das bedeuten, daß die Bewohner sehr kopforientiert sind. Ein gesundes Verhältnis zeigt sich in der dualen Anordnung und somit in der Ähnlichkeit der rechten und linken Seite.
Um ein gutes Feng Shui zu bilden, kann man die Hausaußenwand so anmalen, daß ein künstliches Fenster entsteht.

优势

Das Gesetz der Dominanz

Das dominante Element nimmt dem Schwächeren die Energie weg. So ist es kein Wunder, daß Feng Shui rät, sich gegen ein nebenstehend höheres Haus zu behaupten. So beleuchtet man zum Beispiel von allen Ecken des Daches ausgehend die Spitze des Daches, damit das Haus größer erscheint, als es ist. Vergleichbar wäre beim Menschen das Hochstecken der Haare, das Tragen von hohen Absätzen oder Hüten. Am Dach, dem Kopf, wird eine Erhöhung bewirken, daß man sich gegenüber gewichtigen Persönlichkeiten und größeren Menschen besser zur Wehr setzen kann. Die jetzige Mode rät zu Plateausohlen, wodurch die Jugendlichen einige Zentimeter »wachsen«. Größere Menschen wähnt man auch als erfolgreicher gegenüber kleinen, schmächtigen Personen. Ein großes Haus steht für Ansehen und Prestige, ein kleines für weniger Erfolg und Glück. So rät Feng Shui auch eher mit einem kleineren Haus anzufangen und sich dann langsam – entsprechend dem Erfolg – zu steigern. So daß auch im Äußeren sichtbar wird, was sich auf der Erfolgsleiter des Lebens getan hat. Damit ist nicht gemeint, daß alles im Leben nur nach außen wachsen sollte. Dem inneren Reichtum stehen alle Tore offen. Bei Feng Shui hat jeder ein Recht darauf, reich zu sein. Die meisten sind nicht reich, weil sie es selbst nicht zulassen.

符合

Das Gesetz der Entsprechungen

Das Haus entspricht dem Menschen vollkommen. Es ist wie ein Schneckenhaus, das jeder unsichtbar mit sich trägt. Der Mensch prägt das Haus und das Haus den Menschen, weshalb es vom Standpunkt des Feng Shui aus gesehen von Vorteil ist, den Hauskörper zu untersuchen, um Störungen festzustellen, damit Krankheiten beim Menschen vermieden werden können. Ich erwähnte schon, daß die Fenster den Augen entsprechen. Kleine Fenster bedeuten auch, daß das Fenster zum »Du« klein ist. Die einen haben sozusagen nur Augenschlitze und die anderen weit aufgerissene Augen, das wären die Panoramafenster. Während sich die einen zurückhalten und kleine Fenster haben, sind die anderen sehr »offen« den Betrachtern gegenüber. Einerseits zeigt man sich gern und auch das, was man hat. Andererseits schottet man sich vielleicht ab, indem man nur Fensterschlitze hat.

Der eine hat eine große und breite Tür, die sagt »Kommt herein« und einem großen Mund entspricht. Er wird viel reden und Kontakt im Gespräch suchen, während der andere mit einer kleinen, schmalen Tür sich weniger gern mitteilt, oder? Man beobachte auch das Verhältnis von Mund und Augen, sprich Türen und Fenstern.

Dann schauen Sie sich die Kabel an, speziell die Stromleitungen. Sie entsprechen den Nervenbahnen. Offenliegende Leitungen oder Drähte können Probleme an den Nerven mit sich bringen. Achten Sie auch auf die Computerkabel, die nicht lose auf dem Boden liegen sollten, damit Sie keine Wutanfälle bekommen! Tropfende Wasserhähne entsprechen gesundheitlichen Problemen wie Katarrhen und Unterleibsleiden. Auch Schwierigkeiten in finanziellen Angelegenheiten sind hier zu erwarten. Denn das Geld fließt förmlich davon, zwar subtil, dennoch beständig. Am besten, Sie schauen gleich nach und reparieren gegebenenfalls den Wasserhahn. Schmutz im Haus entspricht Parasiten im Körper. Am besten entfernen Sie gleich allen Schmutz! Der Herd entspricht dem Herzen. Von hier aus werden die Gefühle der Bewohner genährt.

阴阳重量

Das Gesetz der Ausgewogenheit von Yin und Yang

Schauen Sie sich Ihre Wohnung oder Ihr Haus an. Hat es Ruhezonen und gleichermaßen aktive Bereiche? Wechseln sich Yin- und Yang-Farben miteinander ab? Hat es runde und eckige Formen? Überprüfen Sie im Kapitel über Yin und Yang die Eigenschaften und schauen Sie in Ihrem Wohnbereich, ob Sie eine gute Balance erreicht haben.
Fühlen Sie sich eher gedrückt? Ist das Haus, in dem Sie leben, dunkel und von Pflanzen umwachsen? Riecht es alt und muffig? Sind Sie selbst oft übellaunig? Feuchtigkeit wird überhand nehmen und Moos im Übermaß gedeihen. Bäume und Pflanzen könnten krank sein und ihre Äste und Zweige nach Ihrem Haus greifen wie Ertrinkende nach einem Strohhalm. Sicher müssen Sie im Hausinneren sogar tagsüber Licht anlassen, um genügend sehen zu können. Ist das der Fall oder treffen nur zwei der eben genannten Punkte zu, dann handelt es sich um ein Haus mit einem Überschuß an Yin. Entfernen Sie Bäume, die zu nah am Haus stehen und schaffen Sie Luft, indem Sie Äste zurückschneiden und kranke Pflanzen entfernen. Setzen Sie statt dessen Pflanzen mit Yang-Charakter und duftenden, großen Blüten und klaren, hellen Farben. Rot- und Orangetöne können überwiegen. Bringen Sie Lampen an, die helles Licht geben, sowohl zum Boden weisendes wie auch nach oben strahlendes Licht. Letzteres sollte seines Yang-Charakters wegen überwiegen.

入口一生活的大门

Der Eingang – das Tor zum Leben

Der Hauseingangsbereich beginnt an der Gartenpforte, bei Wohnungen an der Haustür. Aber lassen Sie sich nicht verwirren, wenn ich Ihnen jetzt sage, daß dieser Weg schon weit vorher beginnen kann. Beispielsweise auf der Straße, die zu Ihnen führt. Ein Feng Shui-Meister würde auch solche Untersuchungen anstellen, die aber an dieser Stelle zu weit führen könnten. Dennoch läßt sich an dieser Stelle einiges Verbindliche als Hilfe zur Selbsthilfe Ihnen mit auf den Weg geben. Ist der Weg dunkel, mit unangenehmen Gerüchen und von Abfall übersät? Stellen Sie sich einige Yankee-Viertel in Brooklyn vor! Sind die Menschen düster und grau in dieser Gegend oder die Häuser hell und freundlich gestaltet? Je positiver Ihr Eindruck ist, um so lebenswerter ist diese Gegend. Sind die Gärten gepflegt, die Menschen zuvorkommend, hilfsbereit und freundlich? So werden auch Sie es leicht haben, dort Freunde und Helfer zu finden. Ist der Weg zum Haus leicht zu erahnen, oder muß man ihn suchen? Schon allein der Weg zum Haus zeigt, ob das Chi hier einladend ist. Auch der Besucher sollte den Eindruck haben, willkommen zu sein. Besonders Blumen können diesen Eindruck vermitteln. Der Weg sollte sich in gewundenen Bahnen bewegen, so wie ein Bach durch die Landschaft. Je länger der Weg ist, um so länger die Lebensaussichten derjenigen, die diesen Weg gehen. Auch eine Auffahrt zu einem Haus ist ein günstiges Feng Shui. Je länger die Auffahrt, um so mehr Anerkennung fließt dem Bewohner zu, um so erfolgreicher wird seine Karriere sein. Ist der Weg allerdings lang und steil, so werden auch die Wechselfälle des Lebens ihr ständiges Auf und Ab nehmen. Pflanzen Sie Bäume zu beiden Seiten, um das Chi den Berg hinauf zu bewegen.
Der Weg sollte so angelegt sein, daß die Rundung des Weges nicht wie ein Bogen auf das Haus weist, es sei denn, es handelt sich um eine Auffahrt. Ein Springbrunnen mittig oder rechts vom Eingang kann übles Sha zerstreuen, das von ankommenden Autos genauso ausgehen kann wie von höher gegenüberliegenden Gebäuden und Eingängen. Das Ansehen der Bewohner wird zudem gesteigert, wenn sich Wasser vor dem Haus befindet. Sollte das bei Wohnungen nicht möglich sein, so könnte rechts neben Ihrem Eingang ein Wasserbild im Treppenhaus hängen.

Die Haustür ist nicht nur der Mund des Hauses, sondern auch Energieaufnahmequelle für den gesamten Hauskörper. Die Tür wird mehrmals am Tag geöffnet, ob durch die Eltern, Kinder, den Postboten oder die Freunde. Jedes Betätigen der Tür führt zu neuer Aktivierung des Chi-Flusses. Deshalb ist es nicht unwichtig, in welche Himmelsrichtung die Tür aufgeht, welche Farben, Formen und Omen sich dort befinden. Zunächst aber achten Sie am besten darauf, daß Sie sich nirgendwo anstoßen können, der Weg nicht durch Pflanzkübel und ähnliches eingeengt ist. Entfernen Sie alles, was kaputt ist und nach Zerfall aussieht. Die Tür ist der Weg zu Ihrem Ich!

Alle Menschen, die durch diese Tür gehen oder vor ihr verweilen, tragen zudem ihre Gedanken mit in den Hauskörper. Untersuchen wir einmal, welche Faktoren bei der Beurteilung der Haustür wichtig sind.

Die Lage der Haustür

Sollte eine Straße in direkter Linie auf die Haustür zuführen, so wird die Gesundheit der Bewohner darunter leiden. Deshalb sollten Sie die Haustür am besten auf die Seite verlegen. Sie können auch eine Hecke pflanzen, einen konvexen magischen Spiegel über der Mitte der Haustür anbringen oder ein Mäuerchen setzen, das nicht höher als die Fensterbrüstung sein darf. Bei Mauern gilt, daß sie möglichst begrünt werden sollten und hier und da einen Durchblick in die Ferne gewährleisten, um den Aspekt der Tiefe freizugeben.

Laufen zwei Straßen v-förmig auf die Eingangstür zu, so werden Erkrankungen beide Partner treffen und es können finanzielle Schwierigkeiten entstehen. Kommt aber die Straße von der rechten, der Drachenseite auf die Haustür zu, dann wird die Erkrankung den Mann oder die männlichen Personen des Hauses beziehungsweise das Haus selbst

betreffen. Kommt die Straße von der linken der Tigerseite, dann werden die weiblichen Bewohner gesundheitliche Probleme bekommen können.
Am besten verlegt man den Eingang aus diesem Einflußbereich oder verfährt wie oben beschrieben.

Liegt die Haustür zwei sich gabelnden Straßen gegenüber, so sind die Bewohner besonders unfallgefährdet. Auch in diesem Fall sind die oben erwähnten Maßnahmen durchzuführen.

Schaut eine Haustür auf den Scheitelpunkt einer Straßenkurve oder gar auf den Scheitelpunkt einer Hochstraße, dann ist die beste Maßnahme, einen magischen konvexen Spiegel über der Haustür aufzuhängen, die Hauswand begrünen zu lassen und die Fenster mit Vorhängen zu verhängen. Anderweitig könnten starke finanzielle Einbußen eintreten und die Bewohner sich Verletzungen zufügen.

Liegt der Hauseingang an einer Schnellstraße, so kommen die Bewohner »auf keinen grünen Zweig«, das Geld rinnt ihnen quasi durch die Finger. Am besten verlegt man die Eingangstür auf die Seite oder verfährt wie oben beschrieben.

Auch das Haus, das keinen Ruhepol hat, weil es ringsherum von Straßen umgeben ist, bringt seinen Bewohnern kein Glück. Am besten zieht man aus oder bringt an allen vier Häuserwänden einen magischen konvexen Spiegel an und zerstreut mit Rosenkugeln vor den Hausecken den negativen Einfluß. Auch Pflanzungen in den Blumenkästen und die Begrünung der Hauswand tragen dazu bei, das Chi zum Haus hin zu sammeln. Wenn möglich, ummauert man das Haus und legt einen kleinen Feng Shui-Garten zwischen Mauer und Haus an, um das Chi zu verbessern. Die Mauer trägt dazu bei, den zerstreuenden Chi-Einfluß der Straßen fernzuhalten. Setzen Sie aber die Mauer nicht höher als den Fenstersims und in Ausnahmen nicht höher als die Fensteroberkante des Erdgeschosses.

Besonders förderlich ist es, wenn man an einer Spielstraße, Anliegerstraße, einem Park gegenüber, an einer s-förmigen Straße oder seitlich einer hufeisenförmigen Straße seine Hauseingangstür hat. Aber auch an einem Verkehrskreisel zu liegen zieht Glück, Geld und Ansehen an.

Ungünstige Lagen der Haustür

Ein Friedhof

Er ist Yin und das Haus Yang. Beide Energien kollidieren miteinander. Lassen Sie Tag und Nacht ein Licht nahe der Haustür brennen, auch in den Zimmern gegenüber des Friedhofes. Die gelbe Farbe ist besonders für die Innenräume zu empfehlen, eine aufrecht stehende Acht und die Lebensrune. Stellen Sie eventuell Ihr Auto als Barriere zwischen sich und den Friedhof. Hängen Sie den magisch-konvexen Spiegel als Hausbeschützer über Ihrer Eingangstür auf. Am besten aber verlegen Sie die Tür seitlich, um dem Einfluß möglichst gänzlich zu entkommen.

Gegenüberliegende Hauskanten

Hier könnte es zu gesundheitlichen Problemen und Familienzwistigkeiten kommen. Hängen Sie auf alle Fälle einen magisch-konvexen Spiegel über die Eingangstür und stärken Sie die Bereiche in und um das Haus, die mit Familie und Gesundheit zu tun haben, vor allem aber den Ostbereich des Hauses.

Ein nahe gelegener Berg

Erschwert das Vorwärtskommen der Familienmitglieder. Verlegen Sie möglichst den Eingang auf die Talseite des Grundstücks, und alles wird besser.

房门不合理位置

Die Haustür im Verhältnis zum Haus

Auch die Breite der Haustür spielt eine Rolle. Ist sie zu breit im Verhältnis zum Haus, so kann man sie mit Pflanztrögen und Blumenampeln optisch verkleinern. Ist sie zu schmal, müssen alle hemmenden Gegenstände aus dem Türbereich eliminiert werden. Aber auch die eigentliche Größe der Tür kann eine Rolle spielen. Ihr Feng Shui-Experte klärt Sie über solche Einzelheiten gern auf. Er wird auch den Zeitpunkt untersuchen können, zu dem die Tür gesetzt worden ist. Es kann durchaus helfen, die Tür auszuhängen und zur Stunde der Ratte wieder einzuhängen, um den Haussegen zu retten.

Achten Sie darauf, daß der Hintereingang nicht gegenüber der Hauseingangstür liegt. Denn das würde bedeuten, daß der Besucher und das Chi gleichermaßen wieder hinaus geleitet werden. Darüber hinaus verläßt das eintretende Chi zu schnell die Räume, bevor es seinen Segen über die Bewohner ausgegossen hätte. Verschließen Sie in solch einem Fall die Hintertür und hängen einen Vorhang davor oder stellen einen Garderobenschrank quer. Besser ist es, den Hinterausgang im rechten Winkel zur Eingangstür zu integrieren.

Auf alle Fälle sollte die Eingangsdiele einladend aussehen, gut beleuchtet sein und eine angenehme Atmosphäre verbreiten. Denn hier sammelt sich das Chi, um dann den Weg weiter durch das Haus zu nehmen.

Alle Spitzen und Kanten, die geheimen Pfeile, die sich im Bereich des Eingangs befinden könnten, sollten Sie schnellstens eliminieren. Das können Kakteen sein, moderne dreieckige Garderobenständer oder Figuren, die aus dem Haus hinausweisen, statt öffnend die Arme zum Empfang auszubreiten. Schauen Sie sich einmal in aller Ruhe die einzelnen Gegenstände an, die Sie dort plaziert haben. Entfernen Sie lieber mehr als weniger. Auch einen Spiegel in gerader Linie zur Eingangstür sollten Sie vermeiden, damit der Eintretende nicht verwirrt seinem eigenen Bild gegenüber steht. Spiegel ziehen das Chi an und reflektieren es!

Die Haustür sollte sich nach innen öffnen, um das wohltätige Chi in das Haus einströmen zu lassen. Sollte sich die Tür nach außen öffnen, so würden gute Einflüsse das Haus verlassen, ohne ihren Segen im Haus zu verbreiten. Außerdem würde man so den Chi-Strom jedesmal abbremsen, bevor er den Weg hinein nimmt.

Sollte sich die Tür zu einer Wand hin öffnen, so wird jedesmal der Kraftstrom blockiert. Damit rennt man buchstäblich jedesmal gegen Wände, und die Chancen im Leben werden geschmälert.
Wenn sich zwei Türen gegenüberliegen, so sollten sie auf der gleichen Seite angeschlagen sein.

Allgemeine Ansichten über Türen

* Verstellen Sie nie eine Tür! Verstellte Türen bedeuten verstellte Wege im Leben!
* Sitzen Sie nie mit dem Rücken zur Tür. Es sei denn, Sie stellen eine Pflanze, einen Paravent, eine Regalwand oder ähnliches zwischen sich und die Tür.
* Schlafen Sie nicht mit den Füßen oder anderweitig in direkter Linie zur Tür. Das würde wie ein Angriff auf den Schlafenden wirken und könnte seine Ruhe stören.
* Beim Arbeiten und in Meditationshaltung sollten Sie jederzeit die Tür sehen können.
* Sorgen Sie dafür, daß die direkte Linie zur Tür nicht durch einen Baum oder Pfahl attackiert wird, wie durch eine Laterne o.ä.
* Achten Sie darauf, daß die Treppe nicht in gerader Linie zur Tür weist. Das Geld könnte Ihnen sonst über die Treppe aus dem Haus rollen!

屋内外楼梯

Treppen

Die Treppe ist ein Abbild der persönlichen Entwicklung. Eine breite, einladende Treppe bietet dem Menschen breit gefächerte Möglichkeiten in seiner Entwicklung. Weder Stolperstufen noch zu steile, zu wenig tiefe oder unregelmäßige Stufen sind für ein gutes Feng Shui dienlich. Die Treppe im Haus geht in den Keller wie in das Dachgeschoß und verbindet so das Fundamentale mit dem Geistigen. Ist kein Keller vorhanden, so scheint das Haus unvergleichlich schwer den Hauptgewichtspunkt nach oben zu verlagern. Es fehlt der Gegenhalt, die Erdung, die Verbindung nach unten. Hierzulande bevorzugen die meisten Menschen eine Ausrichtung der Treppe nach oben und meiden das Dunkle des Kellers. Dabei würde ein Baum, der sich nur nach oben entwickelt und nicht fest verwurzelt ist, bei dem nächsten Sturm zu Fall kommen. Steigen Sie deshalb in alle Ihre Etagen, falls vorhanden, gleich gern und auch nach unten in den Keller. Der Keller sollte deshalb so eingerichtet sein, daß Sie auch gern hinuntergehen. Der Gang in den Keller hat etwas mit der eigenen Psyche, mit im Unterbewußtsein vorhandenen Ängsten zu tun.
Treppen sind auch ein Symbol für das finanzielle Fortkommen. Geschlossene Stufen sorgen für ein gutes Feng Shui und dafür, daß das Geld nicht wie Sand durch offene Treppenstufen rinnt und das Haus verläßt. Sind sie zudem noch in direkter Linie zur Eingangstür gelegen, dann rollt das Geld förmlich aus dem Haus.
So wie Chi gewundene Wege gehen sollte, so ist das auch mit der Anlage der Treppe. Eine schön geschwungene Treppe, die möglichst im rechten Winkel zur Tür angelegt ist, entspricht dem Idealbild des Feng Shui. Sehen Sie nun, was Sie tun können, damit Sie das Geld am Fortgang aus dem Haus hindern:

Hängen Sie ein Klangspiel zwischen Tür und Treppe auf

Stellen Sie einen Paravent oder hängen Sie einen Vorhang zwischen Treppe und Haustür.

Bauen Sie eine Zwischentür ein.

Verlegen Sie den Eingang.

Was Sie bei offenen Treppenstufen tun können

Eine Pflanze unter die Treppe stellen, da sie ihr Chi nach oben entwickelt.

Ein Licht unter die Treppe stellen und nach oben leuchten lassen.

Schwere Möbel unter die Treppe stellen.

Fächer so an der Wand anbringen, daß sie wie eine Hand nach oben zeigen.

Spiegel an den Treppenabsatz anbringen. Achten Sie nur darauf, daß der Spiegel nicht Ihren Kopf »abschneidet«. Verwenden Sie keine Spiegelkacheln.

Hängen Sie Vorhänge vor den Treppenaufgang.

Treppen symbolisieren die geistige wie auch die körperliche Beweglichkeit. Deshalb wählen Sie nicht zu enge Treppen und sorgen Sie für eine mehr als ausreichende Beleuchtung.
Im Traum begegnet man oft Treppen. Dort wird eine Fülle von unbewußten Vorgängen in der Art der Treppe sichtbar gemacht. Hier zeigt sich, wie man das Leben nimmt, ob man schwer eine Treppe hinaufkommt oder ob man leicht und beschwingt geht. Manchmal ist es anstrengend und ängstigend, dann wieder problemlos, voranzukommen. Treppen zeigen aber auch neue Möglichkeiten auf. Geht man eine große, breite Treppe hinauf, dann erwartet den Voranschreitenden Großartiges.
Im Schloßhof in Bad Mergentheim ist eine alte Renaissancetreppe, deren mittlerer Innenrand wie eine Schlange geformt ist. Im Feng Shui ist die Schlange, der Lo Shu-Zahl Fünf gleichzusetzen! Geht man die Treppe hoch, so erreicht man den Strahl der goldenen Sonne und sieht sich von zahlreichen Sternen umgeben.
Ob Ägypter, Mayas, Azteken oder Mesopotamier, sie alle bauten Stufentempel, die Himmel und Erde zusammenführen sollten. Große Treppen wie von alten Justizgebäuden oder Schlössern machen den eintretenden Menschen klein. Die Vatikantreppe bringt das Gebäude nicht näher, sondern scheinbar weiter weg. Reiche Leute haben große, breite, mit Teppich belegte Innentreppen und breit ausladende Außentreppen. Für Wohnhäuser gilt eine allgemeine Stufenhöhe von 18 Zentimetern, für Bahnhöfe von 16 und für Schulen von 14 Zentimetern, währenddessen die Römer 28 Zentimeter hohe Stufen hatten. Die Stufenanzahl sollte ungerade sein. Man sagt nicht umsonst: »Eins, zwei, drei.« Feng Shui ist im Sprachgebrauch fest verwurzelt. Spricht man von einem plötzlichen beruflichen Aufstieg beispielsweise, so sagt man, daß derjenige »die Treppe hinaufgefallen« sei. Beamte klettern Stufe für Stufe zum nächsthöheren Dienstgrad hinauf. Übrigens kommt das Wort Dienstgrad aus dem Lateinischen und bedeutet wieder Stufe! Das Leben selbst geht mal treppauf und mal treppab. Eine Treppe besagt aber auch, daß alles in der Schwebe ist und man sich stets entscheiden kann, in welche Richtung man geht. Man kann auch fallen und wird vielleicht wieder aufgefangen. Es gibt sogar eine Gesellschaft für Treppenfor-

schung, die Scalalogen, in Konstein, Bayern. Experten aus zehn Ländern erforschen dort die kulturellen, physiologischen und soziologischen Hintergründe der Treppen.
Abgesehen davon sollte sich die Treppe eher seitlich im Haus und nicht in der Mitte befinden. Denn die Mitte ist der Erdbereich, und die Treppe stellt einen Fluß, Wasser, dar. Sollte dennoch bei Ihnen die Treppe in der Mitte des Hauses liegen, so gibt es mehrere Möglichkeiten des Ausgleichs. Eine Feng Shui-Maßnahme ist die, daß Sie zu beiden Seiten des Aufganges Steinfiguren, zum Beispiel Löwen oder Flußsteine, hinlegen. So verstärken Sie das Element Erde und kontrollieren die Energie des Wassers, der Treppe.

房号

Die Bedeutung von Hausnummern

Zahlen werden im Feng Shui des Ostens hintereinander gelesen. Nicht wie in der Numerologie des Westens, wo die einzelnen Zahlen addiert werden. Wohnen Sie im Haus Nr. zwölf beispielsweise, dann lesen Sie die Bedeutung der Eins und dann die der Zwei.

一

Die Eins

Die Zahl der untrennbaren, göttlichen Einheit, die für Einsamkeit und Autorität steht. Sie bedeutet auch »Ich bin« und steht für die Kraft des Yang.

Wer in ein Haus mit dieser Hausnummer einzieht, wird gebeten, eine führende Rolle zu übernehmen. In einer »Eins« wird man um Rat gefragt. Wichtige Entscheidungen können hier getroffen werden. Die Eins ist an und für sich stark und aktiv. Sie ist die göttliche, unteilbare Zahl im Feng Shui. Einheit, Klarheit und Vollkommenheit sind ihre weiteren Merkmale. Im ungünstigsten Fall kann es hier zu Streit und Starrköpfigkeit kommen.
Im Feng Shui ist die Eins zudem die Zahl der Ehre, des Nordens und des Elements Wasser.

二

Die Zwei

Sie ist die doppelte Eins und bedeutet Zusammenhalt. Sie steht auch für Opferbereitschaft und sagt »Du bist«. Ihre Energie ist Yin.

Sie ist eine gute Ausgangsbasis, um in einem Haus mit dieser Hausnummer Ruhe und Zweisamkeit verwirklichen zu können. Schaffen Sie eine fröhliche Atmosphäre und vermeiden Sie mißverständliche Situationen! Von Natur aus ist die Zwei eher passiv, sanft und auf Harmonie ausgerichtet. Sie entspricht dem Mond und ist stark gefühlsbetont. Ihre positiven Eigenschaften bezieht sie vor allem aus ihrer Symmetrie und der Bedeutung, als Zahl für doppeltes Glück zu fungieren. So ist sie eine äußerst positive Zahl.
Im Feng Shui ist die Zwei die Zahl des Südwestens, des Yin der Erde und damit der Fürsorge, Nachgiebigkeit und des Verzeihens.

三

Die Drei

Die Drei ist ein Symbol für Leben und steht in westlichen Ländern für Vater, Mutter und Kind, Josef, Maria und den Jesusknaben. Die Drei besteht aus der Zwei und der Eins. Da Yin und Yang sich zusammen finden, entsteht die Einheit, das Tao.
Die Drei ist eine äußerst positive Zahl und gibt auch einen Hinweis auf Kommunikation und Nachkommenschaft. Sie verkörpert »Wir sind«. Manchmal bedeutet sie auch Streit. Es kann daran liegen, daß Yin wie Yang aus ihrer Einheit mit sich selbst gefallen sind.

Die Drei ist im allgemeinen nützlich und von gutem Einfluß. Lassen Sie sich genügend Zeit für das Familienleben, die Erziehung Ihrer Kinder und die Zweisamkeit. Überfordern Sie den anderen nicht und seien Sie auf ungewöhnliche Anrufe gefaßt.
Die Drei bedeutet auch Kreativität, Kommunikation und Ausdruck. Sie verkörpert das Kind, welches sich aus Vater, Yang, und Mutter, Yin, entwickelt. Die Drei ist darauf bedacht, Freunde um sich zu scharen und zu glänzen.
Im Feng Shui ist die Drei die Zahl des Holzes und des Frühlings. Sie gehört zum Osten und spricht für den Neubeginn, die Jugend, das Wachsen und Verändern. Das Wort Drei klingt auch wie lebendig, die Drei ist als Hausnummer sehr willkommen.

四

Die Vier

Die Vier klingt im Chinesischen wie das Wort Tod. Nun könnte man leicht in die Annahme verfallen, daß das nichts mit uns Europäern zu tun hat. Aber über die Vernetzung der Gedanken sind wir an diese Energie angeschlossen. Machen Sie doch einmal einen kinesiologischen Armtest und ermitteln Sie die Wirkung der Vier auf sich, indem Sie sie anschau-

en! Vielleicht ist es auch die europäische Aussage, die besagt, daß alles was begonnen wurde, auch vollendet werden sollte und daß dies nicht selten mit »harter Arbeit » verbunden ist.
Tests mit Patienten ergaben in China wie in Europa, daß der Thymus schwach reagierte, was bedeutet, daß sich die Abwehrkräfte stark reduziert zeigten. Wenn Sie nun tagtäglich auf Ihre Hausnummer zulaufen, sie schreiben und aussprechen, wird sich eine gewisse Auswirkung langsam manifestieren. Gehen Sie von einem Zeitraum von nicht mehr als drei Jahren aus und Sie erleben die Wirkung der Vier auf sich. Jede Zahl, die mit der Vier endet, sollten Sie neutralisieren, indem Sie in ihrer Nähe etwas Rotes plazieren und die Vier grün streichen. Die rote Farbe wird die Energie der grünen Vier reduzieren. Außerdem können Sie auf Ihre Haustür auch die Doppelacht kleben, um das doppelte Glück hereinzuziehen. Schließlich können Sie auch einen roten Kreis um die Vier malen und so die Wirkung der negativen Kräfte verbrennen.

Im Haus der Vier können aber auch praktische Begabungen entwickelt werden. Richten Sie Ihr Leben auf Harmonie aus und durchkreuzen Sie die Pläne des Nachbarn nicht! Im Gegenteil, seien Sie freundlich und hilfsbereit. Vielleicht tauschen Sie ein paar Worte und erfreuen den Nachbarn mit etwas Selbstgemachtem.
Die Vier ist kämpferisch veranlagt und braucht im Gespräch immer einen Gegenpart. So kann das Haus mit der Nummer Vier durchaus ein Haus der handwerklich Begabten wie auch der Kontroversen sein. Darüber hinaus ist die Vier im Lo Shu die zweite Zahl des Elementes Holz.
In China, Hongkong und natürlich auf der ganzen Welt, wo Feng Shui-Experten leben, werden ganze Stockwerksbezeichnungen ausgelassen oder auch Hausnummern, wenn es um die Vier geht. Neben der Zahl Vier sind auch die Dreizehn, die in der Quersumme eine Vier ergibt, und die Vierzehn, die ebenso die Vier enthält, nicht erwünscht. Eine Ausnahme ist die Zahl fünfundvierzig. Sie besteht aus einer glückbringenden Kombination. Bei Zahlenkombinationen kommt es immer auf die letzte Zahl an, ob sich die Bedeutung zum Positiven oder weniger Positiven wendet. In diesem Fall steht die Fünf hinter der Zahl Vier und wandelt deshalb die ungünstige Vier in eine glückbringendere Zahl. Für Unternehmungen, die Glück bringen sollen, würde man die Vier auslassen. Vermeiden Sie vor allem die Vier in Ihrer Fax- oder Telefon- wie Kontonummer. Sie würde zu unnötigen Verlusten führen!
Oft werde ich gefragt, was denn Menschen erwartet, die in ihrem Geburtshoroskop die Vier haben. Seien Sie zunächst unbesorgt. Sollten Sie sich dafür näher interessieren, dann lassen Sie ein ausführliches Horoskop erstellen. Das chinesische Horoskop ist äußerst genau und korrespondiert mit dem europäischen. Oft lassen sich Übereinstimmungen und Zusatzinformationen daraus entnehmen.

五

Die Fünf

Die Fünf steht für die fünf Elemente. Sind alle fünf Elemente repräsentiert, so ist eine innere und äußere Harmonie erreicht. Verwechseln Sie nicht die hier besprochene Fünf mit der Unglückszahl Fünf der Fliegenden Sterne!

Die Fünf ist auf Philosophie, Religion und Mystik ausgerichtet. Finanzielle Vorhaben sind im Zusammenhang mit dieser Zahl positiv zu sehen, außerdem steht die Fünf für Kommunikationsfreude. Mit der Fünf setzt häufig eine Glückssträhne ein.
Die Fünf ist auch die Zahl der Bewegung, des Sportlichen und der Intuition. Als Zahl der Mitte vereint sie Yin und Yang gleichermaßen. In Kombination mit der Acht und Sechs ist sie doppelt so glückbringend, nämlich als fünfundsechzig, sechsundfünfzig, achtundfünfzig und fünfundachtzig.
Chinesen bezahlen sehr viel Geld, wenn man ihnen als Geschäftsadresse die Nummer 555 gibt, eine absolut glücksverheißende Hausnummer, da sie die Zahl der fünf Elemente und der Harmonie ist.

六

Die Sechs

Im Feng Shui verheißt diese Zahl zukünftigen Reichtum. In Europa werden mit ihr Schönheit, Harmonie und Liebe verbunden. Suchen Sie ein friedliches Heim und wünschen Sie sich Familienbande, so ist die Wahl der Hausnummer Sechs recht beglückend.
Im Feng Shui ist die Sechs die Zahl des Metallelementes und der Himmelsrichtung Nordwesten. Da Metall mit Geld gleichgesetzt wird, ist die Sechs eine willkommene Zahl. Da sie gleichklingend wie die Worte Wohlstand und Hirsch im Chinesischen ist, ist sie äußerst glückbringend.

七

Die Sieben

Die Sieben steht für »sicher«. So besagt eine Kombination wie die Zahl 47: Der Tod ist sicher. Oder die Kombination 87: Reichtum ist sicher. 278 sagt, daß es leicht und sicher ist, reich zu werden.
Die Sieben ist die Zahl des Eremiten und des Mystikers. Viele Einzelgänger findet man in Häusern mit der Zahl Sieben. Man muß sich damit abfinden, daß man in diesem Haus geheimnisvolle Andeutungen per Telefon erhalten und als Seelentröster für andere dienen wird. Macht man seine spirituellen Erfahrungen hier nicht, dann werden einige kleinere Mißgeschicke und Unfälle den Weg einleiten.
Im Feng Shui gehört die Sieben zum Element Metall und zur westlichen Himmelsrichtung.

八

Die Acht

Sie ist die Erfolgszahl im Feng Shui. Denken, Ordnung und Geduld werden mit ihr verbunden. Sie erinnert an die Doppelhelix des Menschen und an das Ewigkeitsprinzip des Universums, ist sie doch ohne Anfang und ohne Ende. Die Acht bedeutet auch doppelten Segen an Söhnen. Wenn Sie also einen reichlichen Segen an Söhnen wünschen, dann wäre diese Hausnummer die richtige für Sie! Aber auch geschäftlicher Erfolg erwartet Sie hier, weshalb die Chinesen gern zwei oder drei Achten hintereinander als besonders erstrebenswert erachten.
Im Feng Shui gehört die Zahl Acht zum Element Erde und zur Himmelsrichtung Nordost.

九

Die Neun

Im Abendland ist die Neun die Zahl der Vollendung.
Hier strebt man einerseits nach Erleuchtung und Vollkommenheit, und andererseits sucht man die Ruhe nach einem langen Weg des Helfens. Leute in der Hausnummer Neun beklagen sich häufig, daß sie zu sehr von Freunden und Bekannten ihrer Hilfsbereitschaft wegen gefordert werden.

Im Feng Shui ist die Zahl Neun die Zahl des langen Lebens, sie wird der südlichen Himmelsrichtung zugeordnet und dem Element Feuer.

生日星相

Geburtshoroskopund Ming Kwa-Zahl

Es gibt mehrere Möglichkeiten der Berechnung für das persönliche Geburtselement. Die Ming Kwa Zahl ist eine Möglichkeit. Seien Sie deshalb nicht verwirrt, wenn Ihr Feng Shui-Experte darüber hinaus noch andere Parameter aus Ihrem Geburtsdatum gewinnt und diese mit in die Beratung einbezieht. Die Ming Kwa-Zahl ist die Lebensaufgabezahl. Sie steht mit irdischen Belangen in Kontakt. Das Element Ihres Geburtsjahres steht mit den spirituellen Grundsätzen Ihres jetzigen, irdischen Lebens im Zusammenhang. Wenn man als Mensch den Sinn des Lebens sucht, so unterstützt die Ming Kwa-Zahl den eigenen Weg. Sie gibt die besten Richtungen an, die Sie in Ihrem Leben unterstützen und Ihnen das Vorwärtskommen auf dem Weg zu Ihrem Ziel eröffnen.

Mit der Ming Kwa-Zahl ereicht man eine Zuordnung des eigenen Geburtsdatums zu der östlichen oder westlichen Lebensgruppe.

Die Zahlen 1, 3, 4 und 9 gehören zur östlichen Lebensgruppe.
Die östliche Lebensgruppe ist die Yang-Gruppe. Sie ergreift die Initiative und steht für Beginn. Dieser Prozeß entspricht den Elementen Wasser, Holz und Feuer. Es wird eingeatmet und Energie angehäuft.

Die Zahlen 8, 2, 7 und 6 gehören zur westlichen Lebensgruppe.
Die westliche Lebensgruppe ist die Yin-Gruppe. Sie setzt das um, was andere begonnen haben. Dieser Prozeß entspricht den Elementen Erde und Metall.

明快

So berechnen Sie Ihre Ming Kwa-Zahl

Frauen rechnen:

Zu den letzten zwei Zahlen des Geburtsjahres werden fünf dazugezählt. Das Ergebnis wird durch neun geteilt. Der Rest ist die gesuchte Lebensaufgabezahl, die Ming Kwa-Zahl. Sollte kein Rest bleiben, so ist Neun gültig. Wenn Sie als Ergebnis die Fünf erhalten, dann ist

Acht die gesuchte Zahl für Frauen und Zwei die gesuchte Zahl für Männer, da Fünf die Zahl der Mitte ist und eine männliche wie auch weibliche Komponente in sich trägt.

Berechnungsbeispiel für eine Frau

z.B. 30.8.1957 = 57 + 5 = 62
62 : 9 = 6, das heißt,
da 9 mal 6 = 54,
Rest von 54 bis 62 = 8

Die gesuchte Zahl ist die Acht. Damit ist die Lebensaufgabezahl oder Ming Kwa-Zahl Acht, Ken, der Berg. Günstig sind für sie Nordosten, Westen, Südwesten und Nordwesten.

Männer rechnen:

Die letzten zwei Ziffern des Geburtsjahres werden durch Neun geteilt und der Rest wird von Zehn abgezogen, ab 2000 von Neun.

数字

Berechnungsbeispiel für einen Mann

z.B. 29.7.1964 = 64 : 9 = 7, das heißt,
da 9 mal 7= 63,
Rest von 63 zu 64 = 1
10 – 1 = 9

Die gesuchte Zahl ist die Neun. Damit ist die Lebensaufgabezahl oder Ming Kwa-Zahl, Li, das Feuer. Günstig sind für ihn Süden, Südosten, Osten und Norden.

Damit haben Sie die bestimmende Zahl für die Haustür, die Schlafzimmertür, die Blickrichtung von Ihrem Schreibtisch, die Herdausrichtung und die Kopfplazierung in Ihrem Schlafzimmer gefunden. In unserem obigen Beispiel wäre für die Frau, die zur westlichen Gruppe gehört, eine Ausrichtung nach Nordosten für ihre Eingangs-, Schlafzimmer- und Herdtür am geeignetsten. Ihr Kopf würde am günstigsten nach Nordosten liegen. Die beste Arbeitsausrichtung wäre, vom Schreibtisch aus in Richtung Nordosten zu blicken. Ist das nicht möglich, so kann aus der Westgruppe auch der Südwesten, Westen oder Nordwesten empfohlen werden.

Für das obige Beispiel des Mannes gilt, daß eine seiner besten Positionen die ist, von seinem Arbeitsplatz aus nach Süden zu schauen. Eingangstür, Schlafzimmertür und Herdöffnung wären ebenso idealerweise nach Süden gerichtet, oder in eine seiner anderen kompatiblen Richtungen.

Was bewirkt diese Ausrichtung entsprechend seiner Ming Kwa-Zahl?

Wer mit dem »Himmel«, seiner Himmelsrichtung, lebt, hat es leichter, seine Lebensaufgabe nicht nur zu finden, sondern auch Hilfen auf seinem Weg zu bekommen. Es steht mehr Energie im körperlichen und geistigen Sinne zur Verfügung. Das bewirkt eine gute Ausstrahlung und damit Anziehungskraft für den eigenen Weg, dadurch wird vieles leichter erreicht, was viel Mühe erfordern würde.
Man sagt auch: »Der hat es aber leicht. Es fliegt ihm nur so zu.« Meistens hört man das von Leuten, die sich eines neidischen Untertones nicht enthalten können, da ihr Leben scheinbar so schwergängig läuft. Mit Feng Shui macht man es sich im wahrsten Sinne des Wortes leichter.

Die Bedeutung der einzelnen Elemente im Geburtshoroskop

Kommen wir an dieser Stelle zu der Bedeutung der einzelnen Elemente in Ihrem oben errechneten Geburtshoroskop. Jedes Element stellt besondere Lebensaufgaben dar und kann unterstützt werden. Finden Sie auch heraus, was das Element eventuell zu stark behindert, um »Steine« aus dem Weg räumen zu können.

Die Zahl Eins des Nordens und des Wassers

Wasser ist ein Lebenselexier. Ohne Wasser kann der Mensch nicht existieren. Wasser kann vielfältige Formen annehmen. So ist auch der Wassermensch anpassungsfähig. Die Aufgabe besteht darin, sich nicht zu isolieren und zurückzuziehen. Denn Wasser verlangt nach Kommunikation und möchte einen Partner oder Mitmenschen, der ihn reden, reden und nochmals reden läßt. Denn sich mitteilen steht an oberster Stelle. Ist das nicht möglich, so können Unklarheiten (verschmutztes Wasser) und geistige Verwirrtheit auftreten. Beachten Sie dazu Ihre Umgebung! Wasser in der Nähe ist gut. Wenn aber dieses Wasser sich so stark verzweigt, mäandert, daß man vielen Wegen, aber nicht einem konkreten folgt, so kann das die Verwirrung noch zusätzlich unterstützen. Verschmutztes Wasser kann zu den oben genannten Unklarheiten führen.
Unlängst erlebte ich den Fall einer Apotheke, die neben einem stark verschmutzten Teich gelegen war. Die Apotheke hatte ihren Eingang ausgerechnet zu diesem Teil des Sees hin ausgerichtet. Damit strömten Sha, nicht lebensförderliche Energien, in den Bereich der Gesundheit,

die Apotheke, ein. Die Folge sind unklare Geschäftspraktiken, Krankheiten für die Angestellten und die Unternehmensleitung. Die Geschäfte können zudem stark rückläufig werden. Menschen mit der Ming Kwa-Zahl Eins haben dann schlechte Träume, steife Gelenke oder sexuelle Probleme, wenn sie sich sträuben, das Boot des Lebens zu benutzen, einzusteigen und mitzufahren. Ich vergleiche gern diese Situation der Eins mit einem Boot, das auf einem ruhigen Fluß dahingleitet und aus dem man zu jeder Zeit aussteigen kann, um innezuhalten.

Manche Menschen mit der Zahl Eins sprudeln nur so über vor Wasser. Sie scheinen soziale Kontakte anzuziehen und haben scheinbar alle Möglichkeiten des Lebens offen. Für sie sind Pflanzen recht gut, um das vielleicht übermäßige Wasser sanft zu beruhigen und runde Steine, über die das Wasser sanft plätschert.
Zu stille Wasser sind eher aufgefordert, von sich aus wieder einmal die Initiative zu ergreifen und jemanden anzurufen, zu schreiben oder einzuladen. Wasser muß fließen!
Da Wasser auch mit dem Geldfluß assoziiert wird, ist Wasser als Ming Kwa-Zahl sehr günstig, um zu Geld zu gelangen. Das Omen der Vitalität liegt auf diesem Bereich. Begünstigt sind auch Ruhm und Anerkennung sowie die Gesundheit. Sollten Probleme auftauchen, so können sie im psychischen, sexuellen und Unterleibsbereich auftreten. Rükkenschmerzen und kalte Extremitäten können sich vermehrt bemerkbar machen. Das geschieht erst recht dann, wenn man selbst die »Kanäle« für allen geistigen Unrat seiner Mitmenschen offen hat. Den anderen ist eine gute Gesundheit gewährt. Besondere Aufgaben der »Einser« sind im zwischenmenschlichen Bereich zu finden. Es heißt, »die Liebe lernen«, sei eine der vordringlichsten Aufgabenstellungen. Die Partner werden in jungen Jahren häufig gewechselt, und es stellen sich auch Probleme mit den Freunden ein, beziehungsweise problematische Freunde. Neue Projekte können immer wieder behindert sein und bedürfen besonderer Vorsichtsmaßnahmen. Sichern Sie sich gründlich nach allen Seiten hin ab, bevor Sie in etwas Neues investieren. In jungen Jahren wird man häufig Erfahrungen machen, die das Vorgenannte bestätigen. Es heißt, einen kühlen Kopf zu wahren und sich in sexuellen Angelegenheiten auf sein Gefühl zu verlassen und nicht gleich »Feuer und Flamme« in eine Beziehung zu stürzen. Warten Sie lieber sechs Wochen ab, bevor Sie Ihre sexuellen Energien austauschen. Ist dann immer noch das Verlangen sehr groß und das Herz sagt »Ja«, dann sollten Sie nicht länger zögern.
Viele, die ihr Wasser bislang zu sehr zügelten, haben mitunter eine dünne Stimme, leicht kalte Füße und sind weniger unternehmungslustig. Sie wirken wie ein stilles Wasser, das dunkel und tief zugleich ist. Stellen Sie einen Springbrunnen auf, den Sie immer sauber halten und assoziieren Sie damit springlebendige, kraftvolle Freude! Diese Ming Kwa-Zahl fordert auch auf, sich im kommunikativen Bereich, der Werbung, den Künsten und im Bereich der menschlichen Angelegenheiten eine Aufgabe zu suchen. Häufig ist es so, daß man mit der Zahl Eins auch gleichzeitig einen Beruf aus diesen Bereichen wählt. Denn die Zahl Eins ist auch mit der Karriere oder überhaupt den Karriereberufen gekoppelt. Ihr Drang danach, Karriere zu machen, ist groß.

Die Zahlen Zwei und Acht des Südwestens und der Erde

Die Zwei ist eine Ming Kwa-Zahl der westlichen Gruppe. Die Energie ist ruhig und zentriert. Menschen mit dieser Zahl müssen lernen, verläßlich zu sein. Geborene Diplomaten sind sie ebenfalls nicht. Ihre Liebe zu allen Dingen dieser Erde wird immer wieder auf die Probe gestellt. Erst in späteren Jahren, wenn sich die Jugend langsam verabschiedet, werden sie die gesammelten Erfahrungen nutzbringend in ihr Leben einbringen und zu Erfolg gelangen.
Menschen mit der Zahl Zwei sind im ausgeglichenen Zustand sehr geradlinig, standhaft und zuverlässig. Sie haben sich Grundlagen geschaffen, auf denen sie aufbauen können und genügend materielle Sicherheiten zugelegt, um den Stürmen des Lebens standhalten zu können. Zuviel Erde kann Geiz bedeuten. Man hält fest, fest an allem. Daher kann man auch zuviel an Gewicht zunehmen. Es besteht die Tendenz nicht nur an materiellen, sondern auch an geistigen Gütern festzuhalten. Zuwenig Erde zu besitzen bedeutet hingegen, alles leicht wegzugeben, zu verschenken und ohne oder nur mit geringen materiellen Ressourcen durch das Leben zu gehen. Ein Mensch mit wenig Erde kann sich auch haltlos wie eine Feder im Wind fühlen und sollte sich mit Terrakotta, Erde, Ziegelsteinen und Quadraten umgeben. Die Zwei als Ming Kwa-Zahl zu haben, kann alle vorgenannten Aspekte einschließen und Sie sollten sich an dieser Stelle selbst überprüfen. Denn mit der Zwei sind Aufgaben verknüpft, die diese Bereiche anbelangen. Vielleicht ist man aufgefordert, mehr zu geben, vielleicht aber auch, etwas sparsamer zu sein. Die einen haben viel zuviel Phantasie, die anderen zuwenig. Suchen Sie Ihre Mitte zwischen diesen Extremen, und Sie werden Ihr Leben als angenehm leicht empfinden!

Die Zahl Acht ist im Erdelement eine Ausnahme. Für sie gültig sind alle vorgenannten Aspekte. Die Himmelsrichtung aber ändert sich. Hier handelt es sich um den Nordosten, die männliche oder Yang-aspektierte Erde. Menschen mit dieser Ming Kwa-Zahl sind sehr hilfsbereit gegenüber anderen oder werden in ihrem Leben zumindest damit konfrontiert, hilfreich in Erscheinung zu treten. Menschen suchen Hilfe bei der Acht und werden sie auch erhalten. Sie wirken wie Berge, an die man sich anlehnen kann. Sie müssen lernen, mit Geld umzugehen und haben es leichter, zu Ruhm und Anerkennung zu kommen.
Die besten Richtungen für die Eingangstür, die Schlafzimmertür, den Backofen und die Blickrichtung vom Schreibtisch aus sind: Westen, Südwesten, Nordwesten und Nordosten.

Die Zahlen Drei und Vier des Ostens und des Holzes

Menschen mit diesen Zahlen haben ein ausgeprägtes Streben nach Fortschritt und Innovation. Sie können sehr erfinderisch sein und halten einmal gegebenen Versprechen ein. Menschen mit der Ming Kwa-Zahl Drei haben ihre besonderen Aufgaben gerade im Umgang mit Freunden und Geschäftspartnern sowie im partnerschaftlichen und speziell im Ruhm- und Anerkennungsbereich. Auch sollten sie lernen, vorsichtig mit Geld umzuge-

hen. In partnerschaftlichen Beziehungen scheinen sie nicht immer den nötigen Durchblick zu haben. Deshalb wird hier die Aufgabe bestehen, ja die Notwendigkeit geradezu, Klarheit im Leben über das zu erlangen, was man sich von einer Partnerschaft erhofft. Die Auswahl der Freunde kann immer wieder von Störungen in der Kommunikation betroffen sein und scheinbar kleine Hindernisse können sich zu großen Problemen anhäufen. In diesem Zusammenhang ist es wichtig, sich eine gewisse Großzügigkeit im privaten wie auch im beruflichen Bereich anzueignen.
Ein Mensch, der ständig hin und her schwankt und unglaubwürdig wirkt, hat die Aufgabe sich mit dem Thema Holz zu beschäftigen. Spaziergänge im Wald und die Freizeitarbeit im Garten oder in der Hobbywerkstatt sind von Vorteil. Auch können im Wohnraum integrierte Pflanzen Stabilität, Vertrauenswürdigkeit und Liebe fördern.
Wenn man die Drei als Ming Kwa-Zahl errechnet hat, dann sollte man als Blickrichtung vom Schreibtisch aus, für Eingangstür, Schlafzimmertür und Herdöffnung folgende Richtungen vorziehen: Osten, Süden, Südosten und Norden.

Menschen mit der Ming Kwa-Zahl Vier haben eher die Aufgabe, in Familienangelegenheiten Klarheit zu schaffen und neu begonnene Projekte zu einem guten Abschluß zu bringen, statt sie zu lange aufzuschieben, bis sie schließlich unerledigt liegenbleiben. Zu viele unerledigte Arbeiten machen erst zornig, dann schließlich schwindet die Energie. Besonders gute Richtungen für die Haustür, die Schlafzimmertür, die Kopfrichtung im Bett und die Blickrichtung vom Schreibtisch aus sind: Südosten, Osten, Süden und Norden.

Die Zahlen Sechs und Sieben des Metalls

Wenn Sie die Ming Kwa-Zahlen Sieben oder Sechs haben sollten, dann gehören Sie zur westlichen Lebensgruppe. Sie sollten sich weder zu gedankenlos äußern, noch zu wortkarg sein. Wenn alle Aufgabenstellungen in diesem Element ausgeglichen sind, dann sind Sie ein guter Denker, rechtschaffen, reden, wo es angebracht ist und schweigen, wo nötig. Sie sind wegen Ihrer innovativen Gedanken bekannt und für Ihr messerscharfes Denken. Wegen Ihrer Gradlinigkeit und Urteilsfähigkeit werden Sie gelobt und um Rat gefragt. Sie können mit Geld umgehen.
Da die Ming Kwa-Zahlen die Lebensaufgabe aufzeigen, ist es in der Regel so, daß die vorgenannten Qualitäten noch nicht vollständig ausgeprägt sind. Vielmehr geht es darum, sich diese anzueignen. Prüfen Sie selbst, an welchem Punkt Sie stehen. Das Leben ist Entwicklung und man bräuchte diese Erde sicher nicht, wenn man schon perfekt wäre!
Für die Sechs liegen besondere Aufgaben im Bereich der Finanzen, der Partnerschaft, der Karriere und der Anerkennung. In finanziellen Angelegenheiten sollten sich Menschen mit der Ming Kwa Zahl Sechs nur auf klare schriftliche Abmachungen einlassen, da ihr Problem sein könnte, zu unklare Vereinbarungen in der Vergangenheit getroffen zu haben. Diese Unklarheiten könnten schließlich dazu führen, daß zu große Hemmnisse auf dem Weg zu Ruhm und Anerkennung auftreten. Manchmal fehlt es wohl einzig und allein an dem nötigen

Wissen über eine Sache, um den Durchbruch zu schaffen. Schauen Sie, was es ist! Schaffen Sie sich Klarheiten über das, was Sie nicht wissen, gemäß Einstein: »Ich weiß, daß ich nichts weiß!« Treffen Sie klare finanzielle Absprachen und ergründen Sie, was Sie von einer guten Partnerschaft erwarten und was Sie in Zukunft selbst dafür tun können.
Als nächstes schauen Sie sich den nach Osten gerichteten Bereich Ihres Hauses näher an. Entfernen Sie dort alles, was nach Unordnung oder Schmutz aussieht! Schauen Sie sich in diesem Zusammenhang auch einmal die dort befindlichen Bilder an. Vielleicht hängt dort ein Bild, das wie verwaschen, ohne klare Konturen wirkt. Entfernen Sie auch abstrakte Darstellungen, bei denen man oben und unten nicht unterscheiden kann. Klarheit schaffen bedeutet, sich allein mit allen vorhandenen Einrichtungsgegenständen kritisch auseinanderzusetzen.
Menschen mit der Ming Kwa-Zahl Sieben haben ähnliche Aufgaben. Bei ihnen liegt ein Schwerpunkt im Bereich der zukünftigen Projekte. Wie ein Schleier scheint manchmal alles im zukünftigen Sumpf der Unklarheiten zu liegen. »Alle Unklarheiten beseitigt?« könnte man fragen. Ein Hin- und Herschwanken, ein zu langes Zögern können letztendlich dazu führen, daß nicht die richtigen Entscheidungen für die Zukunft getroffen werden. Daraus entstehen in der Regel Konflikte mit der Familie.
Um nun klar sehen zu können, können Sie folgendes tun: Räumen Sie im westlichen Bereich Ihrer Wohnung oder Ihres Hauses auf! Schaffen Sie Klarheit! Entfernen Sie alles Alte, wie alte Briefe und Bilder. Auch kranke, abgestorbene Blätter Ihrer Pflanzen müssen weg. Werfen Sie den Trockenstrauß weg und verbrennen Sie alte Papiere. Lassen Sie Licht in Ihr Leben und beleuchten so, was bisher Ihre Zukunftsprojekte erschwerte.
Für die Menschen mit der Ming Kwa-Zahl Sechs oder Sieben sind besonders die Richtungen Westen, Nordwesten, dann Südwesten und Nordosten günstig. Richten Sie Herdöffnung, Eingangstür und Arbeitsplatz entsprechend aus. So können Sie Ihr Lebensthema unterstützen und die am Anfang genannten Eigenschaften leichter entwickeln.

Die Zahl Neun des Südens und des Feuers

Eine gute Portion Enthusiasmus und Feuereifer gehören zum Element Feuer. Man ist leicht zu begeistern, ist schnell entflammt und brennt lichterloh für eine Sache oder Idee. Feuer-Menschen tragen ihr Herz auf der Zunge und sind beliebt, weil sie mit Worten loben und schmeicheln können. Zuviel Feuer zu haben bedeutet, eine Tendenz zu Launenhaftigkeit und Streitsucht, mit Worten zu verletzen, statt zu streicheln. Menschen mit dieser Zahl sind aufgefordert, in ihrem Leben bewußter zu überlegen, was und wie sie es sagen. Eine schöne Aufgabe kann beispielsweise darin bestehen, seinen Geist immer wieder so zu lenken, daß nette, freundliche und verbindliche Worte über die Zunge gleiten.
Worte haben Macht und sind als solche nicht zu unterschätzende Energien im Umgang mit Menschen. Ein einziger Satz kann Wunder bewirken. So auch, als ich einmal zu einem Patienten sagte:»Ich weiß, daß dies nur ein vorübergehender Zustand bei Ihnen sein wird und Sie mit Leichtigkeit selbst da herausfinden werden, so, wie Sie es schon viele

andere Male getan haben.« Jahre später hörte ich diesen Mann diesen Satz wiederholen, als er sich bei mir für meine damalige Hilfestellung bedankte. Er sagte, daß ihm ein Licht aufgegangen sei und er sich seitdem immer wieder in ähnlichen Situationen daran erinnere und so keine Schwierigkeiten mehr habe, damit umzugehen. Oder erinnern Sie sich der Tatsache, daß auch Ihre Eltern einmal gesagt haben dürften: »Du bist ein gutes Kind!« Aus dem Wunsch dieses Lob wieder zu hören, entsteht Wohlverhalten. Oder jemand sagte zu Ihnen, daß Ihnen die roten Haare ganz besonders gut stehen würden, seitdem färben Sie sich immer wieder die Haare rot.

Lob wirkt wahre Wunder, setzt ungeahnte Energien frei und hilft auf dem Weg ein wahrer Mensch zu werden, der den anderen schätzt und anerkennt, mit Worten liebevoll und achtsam umgeht und sich bewußt ist, daß alles, was er ausspricht, eine zehnfache Rückwirkung auf ihn selbst haben wird. Alle, auch nur dahin gesagten Worte haben Wirkung. Ausgesprochene Worte wirken um ein Vielfaches mehr als der reine Gedanke. Mein Vater sagte zum Beispiel immer: »Da kriegste doch 'nen Klaps!« Er bekam einen Hirnschlag! Andere sagen: »Ich dreh bald durch«, und sie drehen durch. Wieder andere sagen: »Ich will meine Ruhe. Mir ist alles zuviel«. Sie bekamen überaschend viel Ruhe, mehr als sie dachten. Sie verloren Haus und Hof, Mann und Kinder und standen allein da. Jetzt hatten sie ihre Ruhe, oder? Sie hatten zumindest das erhalten, was sie sich wünschten. Oder ein Geschäftsmann, der sagte: »Ich wünschte, daß ich nichts zu tun hätte und mich in Ruhe um meine Oldtimersammlung kümmern könnte.« Er bekam seinen Wunsch erfüllt. Die Firma brandte ab und er konnte sich sehr bald nur noch um sein Hobby kümmern.

Wenn nun Worte solch eine Macht haben, dann ist es natürlich von besonderem Wert, wenn man sie positiv nutzt. Sagen Sie beispielsweise, wie gut es Ihnen geht, daß Sie sich von Tag zu Tag besser fühlen, immer schöner und immer reicher werden. Loben Sie vor anderen Ihren Mann und Ihre Kinder und tragen kleinere Dispute lieber unter sich aus. Klagt jemand über die Schlechtigkeit der Welt, dann stimmen Sie nicht in das Lied mit ein. Denn Jammern ändert nichts. Wohl aber verstärkt sich die negative Energie und Sie werden nach einer solchen »Gesangsstunde« völlig erschöpft sein.

Sie sehen, daß das Element Feuer es in sich hat. Denn Feuer ist auch Geist. Geist ist Licht und dieses muß angezogen werden, um geistige Klarheit zu erhalten. Wohnen Sie in hellen Räumen mit guter Sonneneinstrahlung, und Sie werden sehen, daß sich nicht nur das Gemüt aufhellt. Die besondere Aufgabenstellung liegt im Bereich der Freunde. Unklare Abmachungen können hier – wie im Geschäftsleben – zu Uneinigkeiten und Konflikten führen. Um beste Feuerenergie anzuziehen, wäre es besonders gut, die Eingangs- und Schlafzimmertür, die Blickrichtung vom Schreibtisch aus und die Herdöffnung nach Süden zu legen. Ist das nicht möglich, so kommen noch der Südosten, der Osten und der Norden, die Richtungen der östlichen Lebensgruppe, in Frage.

厨房

Die Wohnbereiche des Hauses

Die Küche

Es gibt eine Reihe von Maßnahmen, den Bereich der Küche mit Chi, wertvoller Lebensenergie, anzureichern. Man benötigt zunächst gute Luft (Feng) und Wasser (Shui), um vor Kochbeginn den nötigen Sauerstoff bereitzustellen. Abgestandene Luft ist ein Chi-Alptraum! Deshalb benötigt man ein Fenster und keine Position, wo nur mit der Dunstabzugshaube gearbeitet werden könnte. Hier können Sie die Pflanzen für die Luftreinigung einsetzen, so zum Beispiel die Grünlilie und die Gerbera.
Die Wasserhähne sollten in Ordnung sein. Sie sollten wissen, daß tröpfelnde Wasserhähne empfindlichen Schaden im Portemonnaie anrichten können. Auch abgestandenes Wasser in Blumenvasen und Untertöpfen sollten Sie schnell durch frisches ersetzen. Bewahren Sie die Reste einer Mahlzeit nicht länger als nötig auf, da sonst unsichtbare Schimmelpilze und Bakterien die Oberhand gewinnen könnten. Aus umwelttechnischen Erwägungen heraus sollten Sie keine Alufolie verwenden.
Als nächstes bedenken Sie Ihre Gedanken beim Kochen! Ihre Gedanken lassen sich schmecken, riechen und sehen! So tragen der Koch oder die Köchin zum Gelingen des Tages in erhöhtem Maße bei. So schmecken Omas Powidldatscherl und Sauerbraten mit Klößen immer besser als ein schnell gezaubertes Essen nach dem gleichen Rezept, weil sie mit Liebe gekocht sind! Auch Beten und Singen verleihen der Mahlzeit eine wundervolle Energie! Deshalb essen Sie nicht schnell zwischendurch, sondern trinken Sie stattdessen lieber einen Schluck Wasser. Nehmen Sie sich Zeit zum Essen und warten lieber eine halbe Stunde länger mit der Mahlzeit, als direkt nach Hause zu kommen und mit gestreßtem Körper das Essen in sich hineinzuschlingen.

Falls Sie noch einen Mikrowellenherd besitzen, so wird es spätestens jetzt Zeit, darüber nachzudenken. Energetisch gesehen ist das Essen aus der Mikrowelle kaum noch brauchbar, weil die Zellstruktur der Lebensmittel zerstört wurde. Vitamine und Mineralien sind eben nicht alles. Die alten Chinesen hatten damit kein Problem, denn es gab noch keine Mikrowelle. Sie bewahrten ihre Lebensmittel in Erdlehmschichten oder in Gewölben auf und kochten frisch. Der Duft erfüllte damit den Raum, regte die Geruchszellen und den Speichelfluß an, was einer guten Vorverdauung entsprach.
Ist der Ofen an, dann wird der Raum mit Leben – dem wundervollen Chi – erfüllt. Bei den Chinesen ist die Stellung des Herdes mit der des Herzens im menschlichen Körper vergleichbar. Von hier aus wird die Familie genährt. Wird sie gut ernährt, das heißt gesund

und ausgewogen, dann ist sie auch leistungsfähig und wird im Leben weit vorankommen. Wird der Herd aber kaum benutzt, so fehlt es der Familie an innerer Wärme. Die Gefühle kühlen ab und die Emotionen eskalieren. Eine Wohnküche wird immer Freunde wie Gäste und die eigene Familie dort versammeln. Die Kinder machen gern ihre Schularbeiten dort, weil die Mutter den Raum mit sich und Kochgerüchen und Geräuschen erfüllt. Es brutzelt, dampft, zischt und blubbert vor sich hin. Hier ist Chi, die kosmische Energie, aktiviert. Früher wurde sie mit Holz erzeugt, heute betreibt man den Ofen mit Strom. Der Unterschied ist, daß Strom verfestigend auf das Zellsystem wirkt. Wenn Sie nicht wieder mit Holz feuern möchten, dann greifen Sie zu Gas oder legen sich gleich zwei verschiedene Herde zu. Bei vielen wohlhabenden Leuten traf ich diesen Kompromiß an.
Die Küche gehört zum Element Erde, das Kochen zum Element Feuer und das Feuer wird mit Holz geschürt. Holz, Feuer und Erde befinden sich in einem aufbauenden Zyklus. Glänzt die Küche und enthält viel Metall, so ist das der Erdenergie nicht förderlich, die die Küche repräsentiert. Allerdings sind kupferne Kuchenformen oder ähnliches an der Wand ein gutes Omen für den Reichtum der Familie!

Ohne Feng Shui

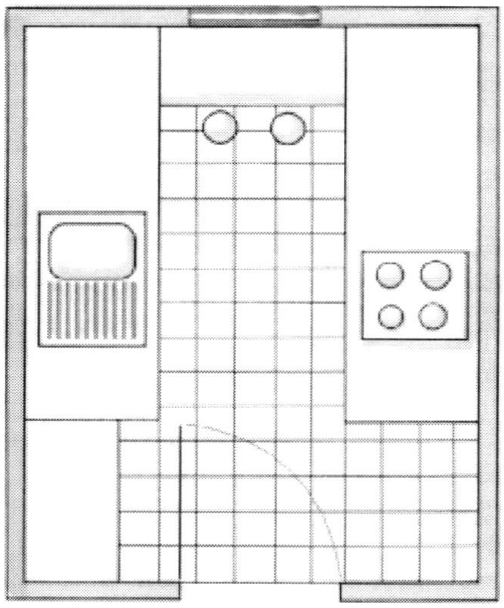

Mit Feng Shui

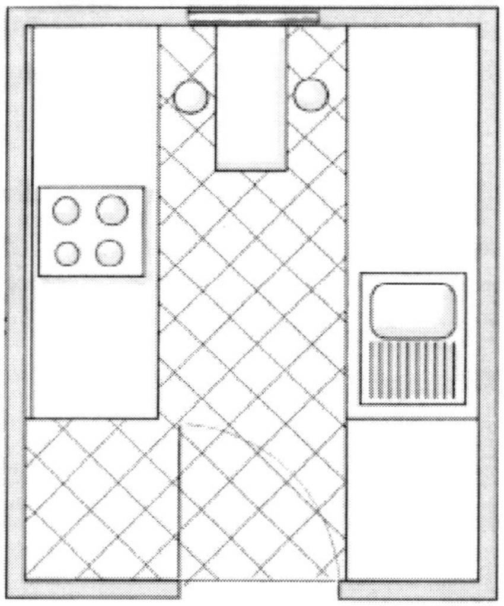

Eine Dunstabzugshaube gehört auch zum Element Metall. Bedenken Sie bitte, daß diese möglichst nicht hochglänzend sein sollte, um den Metalleffekt nicht zu verstärken. Denn gerade in diesem Bereich stehen die Köche mit ihrem körperlichen Energiefeld ganz dicht vor dem Metall. Das ist ungünstig für die Gesundheit! Auch die Höhe der Dunstabzugshaube kann ein Problem darstellen, denn zu niedrig angebracht, stört sie mitunter das kreative Kochen, weil man sie direkt vor der Stirn – dem intuitiven Chakra – hat. Das kann auch zu Schwierigkeiten im Nasennebenhöhlen-Bereich und zu Kopfschmerzen führen. Mitunter können Sie ja ganz auf sie verzichten. Die alten Chinesen kannten auch keine!

Sorgen Sie dafür, daß der Arbeitsplatz hell und sauber ist. So können Sie kreativ und schöpferisch kochen. Nichts sollte Sie behindern, die Arbeitsflächen sollten also nicht eingeengt sein und an den Wänden die Bilder und Gegenstände zum Küchenthema passen. Die Herdstellung wird im Feng Shui von einem Feng Shui-Meister mit dem Lo Pan nach dem Geburtshoroskop ermittelt. Er wird auch bestimmen, an welchen Tagen der Herd aufgestellt oder repariert werden kann.

Sie können bereits die Ihnen bekannte Ming Kwa-Zahl einsetzen, um Ihr Leben zu unterstützen. Sie können auch ein zunächst einfaches Mittel des Feng Shui benutzen, um Gutes anzuziehen: Stellen Sie hinter die vier Platten einen Spiegel oder hängen ein Metalltablett dahinter. Statt vier Herdplatten haben Sie auf diese Art und Weise acht Platten! Vier bedeutet Widerstreit und harte Arbeit. Acht aber ist die Zahl des Erfolges und Glücks. So bringen Sie gute Ausgangsenergien in Ihre Küche. Sorgen Sie auch für nicht an der Wand sichtbare, aber dennoch scharfe Messer. Denn ein glatter, sauberer Schnitt mit dem Messer zeigt Klarheit und Ordnung des Kochenden an, während die stumpfe Schneide harte Energie in die Mahlzeit einbringt.
Wenn Ihr erster Blick beim Nachhausekommen auf die Küche fällt, dann werden Sie sich sehr viel mit Kochen und Essen beschäftigen. Das kann nicht nur zu Übergewicht, sondern auch zu Verlagerung des Lebensthemas in Richtung Ernährung führen. Hängen Sie am besten ein Klangspiel zwischen Tür und Küche. Auch ein Bild eines Wasserfalls an der Küchentür kann den gleichen Zweck erfüllen. Sollten Sie eine Glastür zur Küche haben, dann hängen Sie davor ein Bambusbild, welches es mit den Motiven des Berges und auch des Wassers zu kaufen gibt. Wenden Sie sich diesbezüglich gern an die Adresse des Feng Shui-Institutes Moogk.
Alle Küchengeräte sollten funktionieren – Feng Shui lehrt ja grundsätzlich, daß alles schnellstens repariert werden muß, was kaputtgegangen sein sollte. Alle elektrischen Geräte bringen Yang-Energie in die Küche ein und sind nicht immer nur von Vorteil. Sie stören förmlich wörtlich genommen die Ruhe der Bewohner und machen hektisch und nervös. Das unausgeglichene Temperament kann sich sehr schnell auf das Essen übertragen.
Die Küche sollte natürlich gutes Licht haben und Tageslicht durch ein Fenster erhalten. Vermeiden Sie Neonröhren in der Küche. Sie sind nicht nur der Gesundheit abträglich, sie lassen auch die Eßwaren in ungünstigem Licht erscheinen. Künstliches Licht darf weder blenden noch zu »funzelig« sein. Vermeiden Sie auf alle Fälle Kunststoffröhren und offene Steckdosen. Es gibt Stecker, die Sie auf die offenen Dosen setzen können, um dem Elektrosmog nicht immer ausgeliefert zu sein. Stellen Sie zum Beispiel eine Lampe mit einem gelben Schirm in der Küche auf. Das wird Ihnen die Erdenergie in der Küche verstärken und wohltuend wirken.
Gute Frischluftzufuhr ist ein gutes Feng. Die Luft kann zusätzlich mit Bogenhanf, Grünlilie und Gerbera gereinigt werden.
Die Küche sollte zudem einen regelmäßigen Grundriß aufweisen und hell, frisch und geräumig sein. Hervorstehende Ecken bilden Sha und sollten durch eine Pflanze oder einen

Dreißig-Millimeter-Kristall ausgeglichen werden. Fehlt ein Bereich, ist der Grundriß unvollständig, so können Sie an den entsprechenden Stellen Spiegel anbringen. Spiegel können auch einen schönen, grünen Ausblick von außen nach innen ziehen. Fangen Sie sich nie durch Spiegel den Anblick und die Bedrohung von Sha ein!
Sollten Sie zum westlichen Typus Mensch gehören und Ihr Herd in die östliche Richtung mit der Öffnung weisen, dann geben Sie gelbe oder Terrakottatöpfe und Schalen zum Herd. Stellen Sie auch eine Metallplatte hinter den Herd.
Ist aber Ihre Richtung östlich gelagert und die Herdöffnung westlich, dann sollten Sie grüne Gegenstände zum Herd hin plazieren. Diese könnten auch aus Holz sein, wie Koch- und Rührlöffel, Frühstücksbrettchen oder eine grüne Schale mit Obst und Gemüse.

客厅

Das Wohnzimmer

Das Wohnzimmer war seit alters her *der* Mittelpunkt der Familie. In ihm wurden und werden Familiengeist und Status sichtbar. Ob in der Familie Harmonie und ein guter Hausgeist herrschen, ist in der Hauptsache abhängig von der Gestaltung dieses Raumes. Hier sollte ein mildes und gesundes Chi seinen Fluß nehmen. Behaglichkeit, Entspannung, Vitalität, Freude und Gastlichkeit sollten nach Möglichkeit diesen Raum erfüllen. Andererseits würden Zwist, Unruhe und Zerstreutheit in der Familie wirken. Die Familienmitglieder könnten lieber außerhalb statt im Haus nach dem suchen, was sie im Haus nicht finden.
Da das Wohnzimmer eine zentrale Rolle spielt und an Bedeutung nicht hoch genug eingeschätzt werden kann, sollte es ein gutes Feng Shui haben.
Die günstigste Richtung ist Südwest oder Südost, wobei der Süden die zu bevorzugende Hauptrichtung ist. Sollte das Wohnzimmer erst am Nachmittag genutzt werden, so ist eine Lage nach Südwesten günstig – denn für das körperliche Wohlbefinden ist es von hohem Wert, wenn man seine Tätigkeiten mit dem Sonnenlauf in Einklang bringen kann. Ruhe und damit ein geneigtes, sanftes Chi erreicht man, indem die Lage der Türen in einem ausgewogenen Verhältnis zur Lage der Fenster steht.
Als Prinzip gilt: Die Eingangstür zum Wohnzimmer sollte mittig sein bzw., wenn dieses nicht möglich ist, dann so weit wie möglich weg vom Fenster mit Anschlag zur Wand. Es ist ungünstig, wenn sich hinter der Tür Gegenstände befinden, die das Öffnen der Tür behindern. Dementsprechend würden die Möglichkeiten der Hausbewohner in beruflicher wie privater Hinsicht eingeschränkt werden. Die der Tür gegenüberliegende Wand sollte möglichst glatt sein, ungebrochen und einen schönen Anblick liefern.
Die Fenster sind im günstigsten Fall rechtwinklig zur Tür angeordnet. Es sollten sich aber dennoch nicht mehr als drei Fenster in einer Reihe befinden. Sind sie zu groß, so kann das Chi den Raum zu schnell verlassen. Abhilfe schaffen hier Kristalle, Achatscheiben, Spiegel oder Windspiele vor den Fenstern. Auf keinen Fall aber sollten sich Fenster und

Türen gegenüberliegen, was eine instabile Raummitte zur Folge hätte. Wenn der Blick aus dem Fenster ein ungünstiger ist, z.B. auf eine Fabrik, eine Wand, einen Hinterhof etc., so wird das Fenster mit Seidentüchern, Vorhängen, Kristallen, Pflanzen, Figuren oder einem Rundbogen gestaltet, um das Sha nicht eindringen zu lassen.
Der heute so übliche offene Kamin im Wohnzimmer ist nach chinesischer Auffassung ein für das Chi im Raum eher nachteiliger Aspekt, weil er durch seine Öffnung das Chi zu schnell aus dem Raum entweichen läßt. Abhilfe bringen ein Spiegel, der über dem Kamin angebracht wird und Pflanzen, die vor der Öffnung stehen. Es gibt aber auch geradezu willkommene Bereiche innerhalb des Hauses, die eines Kamins bedürfen. Ihr Feng Shui-Meister wird diese finden.
Spiegel sind im Feng Shui grundsätzlich ein geeignetes Mittel, um Chi zu leiten. Allerdings sollten sie dann so hoch hängen, daß sich der größte Hausbewohner darin in voller Größe sehen kann. Hier gilt aber die gleiche Regel wie bei Türen und Fenstern: Sie sollten sich nicht gegenüberliegen.

Die Formen, die in einem Raum vertreten sind, sind ein wesentlicher Bestandteil des Feng Shui. Denn alle Formen sind im Körper abgespeichert und rufen auf der psychoemotionalen Ebene verschiedenste Wirkungen (z.B. Aggression, Stagnation, Sicherheit, Kommunikation etc.) hervor.
Der **viereckige Grundriß** eines Raumes vermittelt Stabilität und stellt einen Bezug zu den vier Himmelsrichtungen dar. Wird aber das Viereck im Raum überbetont, dann wird die Intuition und die Kreativität der Bewohner gehemmt. Das könnten Sie mit gerade verlegten rechteckigen Fußbodenplatten genauso bewirken wie mit Sprossenfenstern und Brauntönen in Kombination mit rechtwinkligen Möbeln ohne Verzierungen und Aufsätze.
Das **Dreieck** hingegen darf nicht für die Grundfläche einer Wohnung verwendet werden, wohl aber schon in aufstrebenden Formen wie Vasen, der Anordnung von Kerzenleuchtern und von Bildern. Das Dreieck vermittelt nicht nur die Erinnerung an die Dreieinigkeit Vater, Sohn und Heiliger Geist, sondern darüber hinaus das geistige Prinzip, welches allem anderen übergeordnet ist. Am Anfang kommt die Idee, dann steht der Wille und letztlich die Umsetzung in die Tat. Menschlich gesehen ist das Dreieck aber unvollständig. Weshalb es den Geist nicht ruhen läßt, der ständig bemüht ist, das Fehlende zu ergänzen, um eine vollständige Form zu entwickeln.
Der **Kreis** hebt sich von beiden dadurch ab, indem er direkt die Seelenebene eines Menschen anspricht, für Harmonie im und zwischen den Menschen sorgt. Von daher sind ein runder Teppich oder ein runder Tisch besondere Harmoniebringer. Außen am Haus kann man halbrunde Blumenkästen anbringen, einen Bogen über der Tür, runde Erker oder abgerundete Fensterläden integrieren.
Einer der wichtigsten Grundsätze im Feng Shui ist der, möglichst die Ecken im Raum aufzulösen, um das Bagua-Symbol, das glückbringende Achteck zu bilden (beispielsweise durch Schrägstellung der Möbel).
Sollte der Raum nicht viereckig sein, dann wird das Viereck dadurch erzielt, daß Pflanzen als Raumteiler oder ein Paravent so aufgestellt werden, daß beispielsweise eine L-Form in

Vierecke aufgeteilt wird. Zu diesem Zweck können Sie Regale quer stellen, Vorhänge aufhängen oder große Pflanzen.
Alle Gegenstände im Raum haben eine Beziehung zueinander und zu den Bewohnern. Sie sollten grundsätzlich mehrere Funktionen erfüllen: Ruhe und Kommunikation, Gesundung und Anregung. Letzteres wird im Feng Shui durch Bilder erreicht, auf denen Wasser – in welcher Form auch immer – dargestellt ist. Die Blickrichtung auf ein solches Bild von den einzelnen Sitzpositionen aus ist sehr wichtig. Für Bewohner der östlichen Gruppe kann auch Wasser in Form eines Zimmerbrunnens benutzt werden.
Ein im Raum stehender Sessel, der beispielsweise mit dem Rücken zur Tür gestellt wurde, kann unruhig und damit nervös machen. Also alles andere als entspannend! Das gilt auch für die Sitzgruppe. Der Rücken sollte weder zur Tür noch zum Fenster zeigen. Beides würde die Bewohner auf Dauer krank machen. Störungen im Nervensystem wären die Folge, das Vegetativum könnte, für das Auge noch unsichtbar, die ersten Fehlregulationen einleiten. Der Sitzplatz sollte beispielsweise durch eine Pflanze geschützt und nicht in direkter Linie einsehbar sein.
Darüber hinaus gibt es im Feng Shui abgerundete Gegenstände, welche für ein sanft fließendes Chi und damit für Wohlstand und Reichtum sorgen.
In China gibt es die drei Hüter des Hauses: eine Figur für den Reichtum, eine für die Gesundheit und eine für das Glück auf dem sogenannten Hausaltar.
In unseren Breitengraden können es Figuren sein, die uns eine persönliche, wichtige Botschaft vermitteln und ähnliche Aussagen beinhalten wie die drei Chinesen. Ein dicker, lächelnder Buddha zieht beispielsweise das Glück ins Haus, eine Mutter Maria mit ihrem Kind den Kindersegen. Muscheln fördern die Weiblichkeit und die Intuition. Sie verschaffen sich einen Ort der Kraft innerhalb des Wohnraumes, wenn Sie Energie auf einen Punkt konzentrieren. Das könnte ein Sideboard sein, auf dem Blumen, Obst und Gemüse stehen, ein Buddha oder eine andere hochenergetische Figur. Tägliches Räuchern, Meditieren und das Anzünden von Kerzen helfen durch Erneuerung der Handlung und Hinwendung zu diesem Platz einen Ort der Kraft zu schaffen.
Die Farbe Rot bringt Glück und hält Unglück fern, so daß es hier und da Gegenstände in dieser Farbe geben sollte. Ob dies ein Telefon ist, ein rotes Band oder ein roter Spiegelrahmen, Hauptsache ist, daß Rot im Raum nicht fehlt.
Grundsätzlich sollte im Wohnraum, der nach Südwesten ausgerichtet ist, die Farbe Orange Priorität haben. Sie gibt Energie, befreit von Depressionen und entspricht der südwestlichen Sonnenfärbung der untergehenden, sich zur Ruhe begebenden Sonne.
Als Komplementärfarbe wird Blau verwendet, um in der Gegensätzlichkeit von Yin und Yang die Harmonie wieder herzustellen.
Pflanzen, schöne Bilder und Glücksbringer sollten also demnach in keinem Wohnzimmer fehlen.
In unserem Bildbeispiel (siehe Seite 143) wurde der vorherige rechteckige Teppich gegen einen runden ausgewechselt. Der Schrank bekam die Ecken abgeschrägt, und eine Pflanze links neben der Tür wurde als Puffer und Sichtschutz zur Sitzgruppe verwendet. Der Ruhesessel bekam Schutz von der Schrankwand und gleichzeitig durch seine schräge Lage im

Raum einen Bezug zur Sitzgruppe. Der Sessel, der zuvor mit dem Rücken zur Tür stand, ist nun aus dem Bereich der Tür gerückt worden, um Ruhe im Raum einkehren zu lassen.

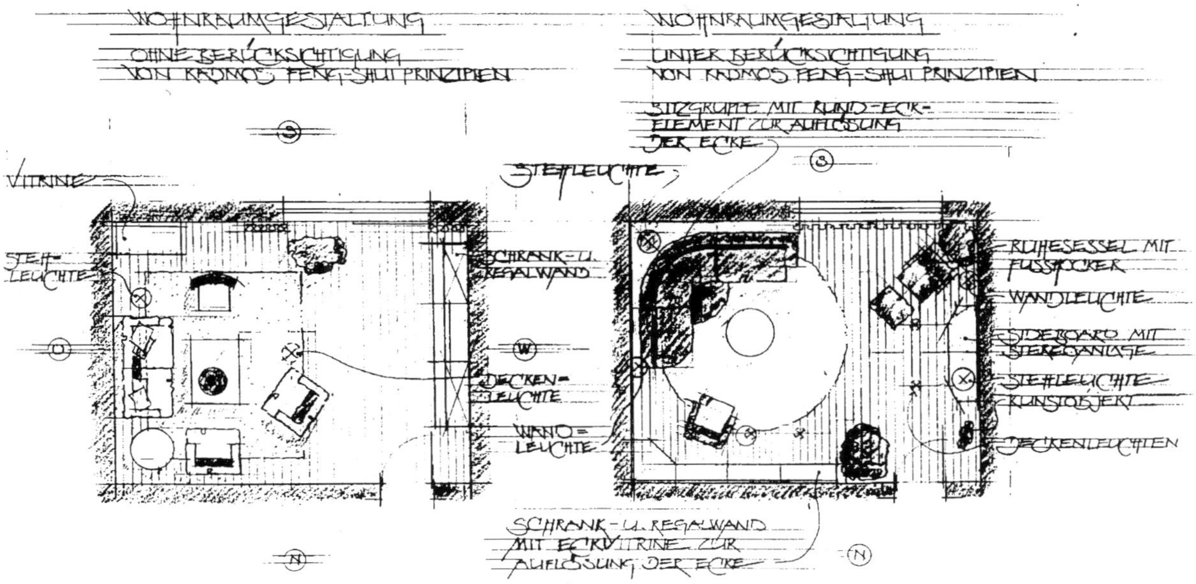

All diese Maßnahmen sind essentiell vonnöten, um den Energiefluß, das Chi, zu verbessern und damit auch die Gesundheit, das Wohlbefinden und die finanziellen sowie familiären Glücksumstände. Nicht auf der Zeichnung zu sehen sind die Blumen auf dem Tisch, das »Wasserbild« sowie die Kerzen und die Früchte, die auf keinem Tisch im Wohnzimmer fehlen sollten. Sie spenden der Seele, dem Geist und dem Körper entsprechende Energien.
Im Feng Shui sind dies alles bedeutungsvolle Arrangements. Gerade die Arbeit im und am Detail ist für den Chinesen wichtig. Nichts ist Zufall oder wird diesem gar überlassen. Gesundheit oder Krankheit, Tod oder die Geburt eines neuen Erdenbürgers hängen vom guten Feng Shui genauso ab wie das berufliche Vorwärtskommen und der familiäre Zusammenhalt.
Schauen Sie sich in Ruhe im Raum um. Gibt es irgendwo scharfe Kanten, die vielleicht auf die Sitzplätze der Betreffenden weisen? Stellen Sie großblättrige Pflanzen mit runden Blättern davor! Oder haben Sie zu viel Fensterfront? Dann hängen Sie Kristalle in das Fenster und stellen Pflanzen davor. Sie können auch nach chinesischer Manier Schiebefenster aus Holz und Papier vor die großen Fensterflächen schieben. Das Licht kommt nach wie vor durch und Sie können selbst nach Lust und Laune bestimmen, wie weit Sie die Fenster »zuziehen«. Schauen Sie sich um! Vielleicht entdecken Sie Balken, unter denen Sie sitzen. Sie können ein paar Flöten aufhängen, um das Sha sanft abzuleiten. Benutzen Sie dazu entweder die Originalflöten mit Phönix und Drachenmotiv, die Hohlkörper sind, oder ein westliches Äquivalent.
Feng Shui wirkt, ob bewußt oder unbewußt eingesetzt. Das Glück läßt sich also durch so einfache Mittel wie Türen und Fensteranordnungen, Blumen, Licht, Windspiele und Spiegel geneigt machen.

臥室

Das Schlafzimmer

Das Schlafzimmer zählt zum wichtigsten Teil eines Hauses. Hier sollen Kraft und Gesundheit getankt werden. Im Schlafzimmer verbringt man in der Regel acht Stunden und mehr. Bei Feng Shui wird die bestmögliche Lage des Schlafzimmers nach Berechnung des Geburtshoroskopes der Bewohner ermittelt. Grundsätzlich wird in China für die Lageberechnung das Familienoberhaupt herangezogen. Im Abendland hat sich diese Regel zugunsten der Frau verschoben. Hier wird für beide Partner, die oft gleichberechtigt tätig sind, die Berechnung vorgenommen. Danach ergibt sich die bestmögliche Himmelsrichtung, in der das Schlafzimmer liegen sollte. Diese Ausrichtung nach den Gestirnen ist für die Energiebelebung der Bewohner wichtig. Der Osten eignet sich am besten für die Ausrichtung eines Schlafzimmers, da von dort die Morgensonne mit ihren ersten Strahlen den Körper mit neuer Energie anreichert. Das Bett selbst sollte jedoch nicht von den Sonnenstrahlen getroffen werden. Ein nach Norden hin ausgerichtetes Zimmer bringt zwar viel Ruhe in den Raum, ihm fehlt aber die Anreicherung mit Sonnenenergie, die wichtig für die Erneuerung der Zellenergie ist. Wenn das Schlafzimmer eher im Westen liegen sollte, so eignet es sich besonders für Kranke und Erholungsbedürftige, wohingegen die Lage im Süden wenig Vorteile bringt, da man sich zur Mittagszeit kaum im Schlafzimmer aufhalten würde und eher zu Hyperaktivität durch zu große Sonneneinstrahlung neigen könnte.
Der Blick aus dem Schlafzimmerfenster sollte möglichst ruhig, entspannend und angenehm sein. Alles, was draußen erblickt wird, wirkt auch nach innen, in und auf das Innere eines Menschen ein.
Selbst das, was sich unter und über dem Schlafraum befindet, ist von Bedeutung, denn nichts ist zufällig. Eine Garage unter dem Schlafzimmer, ein Gerümpel- und Lagerraum oder ein Raum mit schlechter Durchlüftung wirken auf das Raum-Chi ein. Das liegt nicht nur an der Abgasbelastung, die von einer Garage ausgeht, sondern auch von der Brandgefahr und den schlechten Gerüchen. Streichen Sie in einem solchen Fall die Garage grün. Grün steht für aufstrebende Energie und erfüllt so das Schlafzimmer.
Nach Feng Shui-Regeln sollte das Bett im günstigsten Fall von der Tür aus am weitesten entfernt stehen. Am besten eignet sich die Diagonallage im Raum, die Tür gut im Blickfeld, wenn auch nur durch einen Spiegel. Es gibt eine Besonderheit: Die Füße dürfen keinesfalls zur Tür hin gerichtet sein. Denn in China trägt man nur Tote mit den Füßen zuerst zur Tür hinaus! Der Kopf gehört in den Norden und die Füße in die Südposition. Es sei denn, Sie unterstützen Ihr Leben durch die Ming Kwa-Zahl. Dennoch darf über dem Kopf kein Fenster sein. Das würde nicht nur Zugluft, sondern auch Unruhe für den Schläfer bringen.
Unbedingt vermieden werden sollte die Lage des Bettes unter einem Balken oder einer Schräge. Welche Körperteile auch immer unter einem Balken liegen sollten, sie erkranken

nach alter traditioneller Auffassung der Feng Shui-Experten. Balken sollen Lasten tragen und geben diese auch an die unter ihnen liegenden Personen ab. So kann ein Balken über dem Kopfende Kopfschmerzen hervorrufen, in der Magengegend zu Magen- und schließlich im Unterleib zu entsprechenden Geschwüren führen. Balken über dem Fußende schränken die Mobilität der Bewohner ein, was bei Geschäftsleuten zu deutlicher Verminderung des Umsatzes führen kann. Sollte die Stellung des Bettes unter dem Balken nicht verändert werden können, so kann Abhilfe durch einen Betthimmel oder durch mit roten Bändern umwickelte Bambusflöten geschaffen werden, die in Bagua-Form in der Mitte des Balkens aufgehängt werden. Die Bagua-Form ist die eines angedeuteten Achtecks.
Wenn man sich für einen Betthimmel entscheiden sollte, so sind Seidentücher in Aprikotfarbe besonders wertvoll, da somit auch für die Haut und das psychische Gleichgewicht gesorgt wird. Man sollte den Betthimmel allerdings nicht mit einer Stange zwischen den beiden Schläfern gestalten, denn das könnte zur Trennung der beiden Partner führen, emotional wie räumlich. Es besteht darüber hinaus die Möglichkeit, runde, geschliffene Kristallkugeln über der Mitte der Balken aufzuhängen.
Im Schlafzimmer selbst sollte in der Südwestecke ein Altar gestaltet werden, der mit Kerzen, Blüten, Früchten, Symbolen der Liebe und des Schutzes sowie mit Bildern der und des Liebsten versehen sein könnte. Ist kein Platz dafür vorhanden, so kann man ein Delphinpärchen oder zwei Mandarinenten auf den Schrank stellen, eine Drachen- und Phönix-Karte auf den Nachttisch plazieren und einen Sechzig-Millimeter-Kristall in die Südwestecke hängen. Natürlich kann auch Ihr Hochzeitsbild dort an der Wand mit roten Herzen oder anderen Liebesdingen versehen, hängen. Wer sich Kinder wünscht, der ist gut beraten, wenn er im Schlafzimmer die Mutter Maria mit dem Kind oder ein ähnliches Motiv aufstellt. Nach Feng Shui-Tradition steht für den Kinderwunsch der Kinderbuddha.

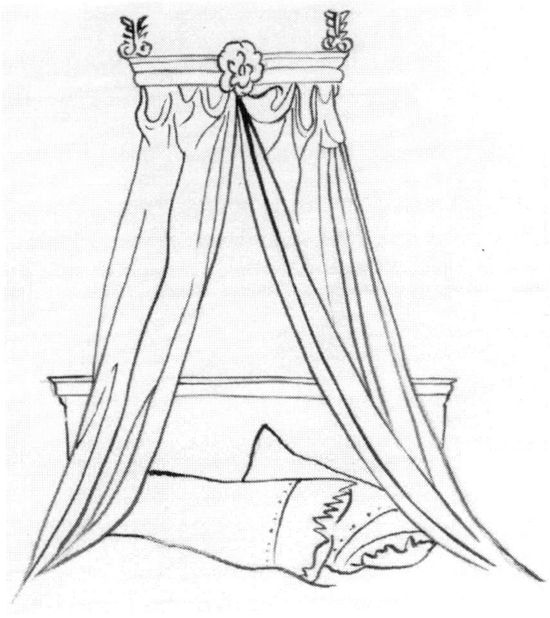

Wer einen Partner an seiner Seite wünscht, der ist gut beraten, hier das Bild Josefs, eines Buddhas oder eines Jünglings aufzustellen.
Darüber hinaus sind häufig Spiegel im Schlafzimmer des Abendlandes anzutreffen. Nicht nur Rutengänger berichten über die schädliche Wirkung von Spiegeln im Schlafzimmer, sondern auch die alte Feng Shui-Tradition hat ihre Einwände. Die ersteren sagen, daß Menschen mit Amalgamfüllungen durch die Wirkung von Spiegeln im Raum besonders krank werden können. Feng Shui-Experten sagen, daß wenn sich ein Spiegel am Fußende eines Bettes befindet, die Schläfer keine Ruhe finden. Ihr Zweitkörper, der während der Nacht den stofflichen Körper verläßt, würde sich bei seiner Wanderung und Entfernung vom Körper erschrecken, wenn er sich im Spiegel erblickte.
Das Bad, das sich oft bequemerweise hinter einer angrenzenden Wand des Schlafzimmers befindet, ist nicht gesundheitsförderlich. Schlafzimmer und Bad sollten sich möglichst gegenüber und durch einen Korridor getrennt liegen. Wenn dies nicht möglich sein sollte, so müßte man einen Schrank oder einen Paravent zur Badwand stellen und das Kopfende des Bettes auf die gegenüberliegende Seite.
Einen möglicherweise vorhandenen Spiegel am Schlafzimmerschrank sollten Sie nachts durch einen Vorhang verdecken. Dies bringt den nächtlich ruhenden Körper in seelisch-geistige Balance und beugt Unruhe und Unkonzentriertheit am nächsten Tag vor.
Eine Pflanze am Eingang kann als Sichtschutz dienen, denn der Schläfer sollte den Eintretenden im Auge haben können, aber nicht in direkter Linie konfrontiert werden. Vermeiden Sie auch Kakteen oder große Pflanzen im Schlafzimmer.
Bücher können Sie überall lesen, nur nicht im Schlafzimmer. Haben Sie dort Bücher stehen, dann ziehen Sie nachts einen Vorhang davor. Auch Schreibtisch und Computer gehören nicht in diesen Bereich. Das Schlafzimmer ist Yin, und die Arbeit ist Yang. Sie vertragen sich nicht miteinander. Selbst noch im Schlaf könnten Sie Zahlenkolonnen addieren! Vermeiden Sie auch Lampen über dem Bett, die gesundheitliche Störungen verursachen können. Das Licht sollte sanft, ganz Yin sein. Für die Liebe Anregendes kann dort punktuell integriert werden. Aber auch der Geist sollte in Schönheit und Sanftmut gebettet werden.
Das Kopfende des Bettes spielt auch eine Rolle. Zunächst sollte es keinesfalls zum Bad weisen, wo sich Toilette und Waschbecken befinden. Ist das Kopfende des Bettes flach, so gehört es zum Element Erde und paßt für Menschen des westlichen Typus, mit den Ming Kwa-Zahlen Zwei und Acht. Ist das Kopfende geschwungen, so repräsentiert es das Element Metall und hilft allen Menschen mit den Ming Kwa-Zahlen Sechs und Sieben. Ist der rückwärtige Kopfteil wie eine Wasserwelle geformt, dann paßt es gut zu Menschen mit der Ming Kwa-Zahl Eins. Ragt das Kopfteil säulenförmig nach oben auf, dann unterstützt es alle Holzmenschen mit den Ming Kwa-Zahlen Drei und Vier. Ist es dreieckig, dann entspricht es den Feuermenschen mit der Zahl Neun. Trotzdem ist von Dreiecksformen im allgemeinen abzuraten, obwohl sie noch eher von Erwachsenen, als von Kindern vertragen werden. In den meisten Fällen sind Dreiecke der »Stachel des Streites«.
Dieses ist nicht nur für die seelisch-geistige Ausgewogenheit von Bedeutung, sondern auch für das Gedeihen der Familie, das berufliche und finanzielle Vorwärtskommen. Kleinigkeiten mit großer Wirkung!

Sollten Sie umgezogen sein, so ist die erste Investition ein neues Bett. Bevorzugt steht das Holz der Birke nach keltischem Brauchtum hoch im Kurs. Es ist das Symbol für den Neuanfang, wachsende Kräfte und Reinheit. Sollten Sie sich kein neues Bett leisten können, so ist zumindest eine durchgehende Matratze ein gutes Omen für eine gemeinsame glückliche Zeit. Bettritzen sind wie eine Barriere. Vermeiden Sie auch offene Steckdosen neben jeglichem elektronischem Gerät. Verwenden Sie auch keine Radiowecker, keine elektrisch betriebenen, verstellbaren Betten und auch keine Heizdecken. Achten Sie darauf, daß sich keine Satellitenschüssel an der Wand zu Ihrem Haupt befindet. Unter Ihrem Bett sollten keine Kabel durchlaufen und auch keine Metalle und kein PVC im Schlafzimmer sein. Achten Sie auf Naturmaterialien, Ihrer Gesundheit zuliebe. Für das elektromagnetische Problem gibt es eine gute Lösung: Vermeidung! Darüber hinaus gibt es Spezialstecker zu kaufen, die das aus der Steckdose austretende elektromagnetische Feld gering halten. Am besten, Sie haben einen Netzfreischalter für Ihr Schlafzimmer, dann sind Sie diesbezüglich am besten geschützt.

Vermeiden Sie auch großblumige Tapeten und Bettwäsche mit aufdringlichen Mustern. Sie haben Yang-Charakter, was für den guten, gesunden und ruhigen Schlaf von Nachteil ist.

Integrieren Sie nichts, was Ihrem Partner nicht gefällt! Manche Menschen müssen sich sogar noch im Schlafzimmer durchsetzen. Dabei sagt Feng Shui eindeutig, daß dies ein Ort des Yin, der Ruhe und der liebevollen Umarmung sei. Seien Sie wie ein Bambus: stark und nachgiebig!

Die früher üblichen und modernen Bettüberbauten mit Neonleuchten wirken wie Balken. Der Schläfer könnte Kopfschmerzen bekommen. Am besten, Sie entfernen sie kompromißlos! Bettkästen sind ein anderes Feng Shui-Problem. Sie werden meist mit alten Sachen oder Büchern vollgestopft. Bei einer meiner Beratungen fand ich folgende Situation vor: Das Schlafzimmer war durch und durch voll mit Büchern – das Ehepaar rein körperlich getrennt. Seit die Bücher in einem separatem Zimmer sind und nur noch ein oder zwei schöngeistige Bücher der Liebe im Nachtkästchen liegen, ist man sich wieder näher gekommen.

Tierfelle oder Geweihe gehören ebenfalls nicht ins Schlafzimmer. Auch ein Bild eines Pharao könnte eher eine Grabkammer aus Ihrer Ruhestätte machen.

Die Kraft im Nichtstreiten

Tiefverwurzelte Kraft zu besitzen
heißt, wie ein neugeborenes Kind zu sein.

Giftige Insekten stechen es nicht,
wilde Bestien reißen es nicht,
Raubvögel schlagen es nicht.

Seine Knochen sind biegsam,
seine Muskeln sind entspannt,
sein Zugriff ist fest.

Den Einklang zu kennen heißt das Absolute.
Das Absolute zu kennen heißt Einsicht.
Das Leben zu steigern heißt Glück.
Des Einflusses sich bewußt zu sein heißt Stärke.

aus dem Tao-te-King

儿童室

Das Kinderzimmer

Kinder benötigen ein ruhiges Umfeld. Zu viele Farben machen sie hektisch, nervös und überaktiv. Denn jede Farbe regt auf ihre Art und Weise das Kind an, vergleichbar mit der Situation, wenn viele Stimmen gleichzeitig durcheinander sprechen. Um eine gute Unterstützung für die kindliche Entwicklung zu geben, muß man sich zunächst am Alter des Kindes orientieren. Kinder bis zu sieben Jahren benötigen Pastelltöne und ein geborgenes Umfeld. Gab es Schwierigkeiten in der Schwangerschaft oder bei der Geburt, dann kann diese »Einrollphase« noch andauern. Wenn Sie für diesen Zweck ein Himmelbett ins Kinderzimmer stellen, dann denken Sie daran, daß Sie auch hier keinen »Galgen« oder »Balken« produzieren. Am besten ist ein runder Kranz über dem Kopf des Kindes, eine Art »Heiligenschein«-Situation, in die der »Himmelsstoff« eingearbeitet wird. Seide eignet sich am besten für die zarten Geschöpfe. Denn Kinder haben selbst noch zarte Schwingungen und reagieren sehr sensibel auf ihre Umwelt. Seide ist ihnen – neben anderen Naturstoffen – am nächsten. Achten Sie darauf, daß im Kinderzimmer nichts Spitzes, keine Dreiecksmuster und keine Figuren und Bilder mit schrecklichen Szenen zu sehen sind. Orientieren Sie sich an Harmonie, an Sanftheit und Hingabe. Möglich sind auch Bilder und Figuren mit religiösem Inhalt.

Die Umgebung, die Sie schaffen, beeinflußt maßgeblich das heranwachsende Kind. Ist es noch ein Baby, so sollten auch die Motive eher den Wolken, Geist, entsprechen. Mit zunehmendem Alter werden dann die Motive erdverbundener. Was allerdings in keinem Kinderzimmer sein sollte, sind Motive der Gewalt, des Hasses und der Aggression. Das betrifft auch Figuren, die mit Schwertern und Speeren in der Hand die Kinderseele im Schlaf attackieren. Alles, was um das Kind herum ist, wird zur lebendigen Realität! Kinder unterscheiden zunächst nicht. Der Teddy, mit dem man reden und schmusen kann, ist genauso real wie Papa oder Mama. Das Kind braucht Platz für seine Phantasien. Ein Raum richtet sich nach seiner Größe und seinen zunehmenden Bedürfnissen. Ein Baby erfaßt seine Umwelt zunächst nur in der Distanz einer Armlänge und wird, wenn es läuft, schon um einige Meter sein Umfeld ausgedehnt haben. Mit zunehmender Ausdehnung und Wachstum muß auch seine äußere Haut, das Zimmer, mitwachsen.

Räumen Sie alles Spitze und Unnötige weg! Das Chi soll auch hier gewundene Wege gehen können. Beachten Sie hier wie auch im Schlafzimmer, daß das Kopfende des Bettes nicht an der Badezimmerwand steht. Wenn sich das nicht vermeiden läßt, dann wenigstens an der Seite, wo sich keine Armaturen von Waschbecken und Toilette befinden. Auch die Außenwand eignet sich wegen ihrer Tendenz zur Feuchtigkeit weniger gut. In jedem Fall aber benötigt das Kind eine Wand am Kopfende! Diese gibt zusätzlich zum Himmelchen über dem Bett den nötigen festen Halt. Dennoch rücken Sie das Bett nicht auf den Zentimeter genau an die Wand. Die Aura, das bioenergetische Feld des Kindes, ist recht groß im Verhältnis zum kleinen Körper und benötigt Platz zum Ausdehnen.
Stellen Sie das Bett auch nicht unter ein Spitzgiebeldach. Denn das Kind könnte sich unwohl fühlen, wenn über ihm eine Höhe von einigen Metern ist. Zudem wird das Chi in die Spitze nach oben getragen und so vom Kind weggezogen. In einem mir bekannten Fall schlief das Kind statt im Bett jede Nacht neben dem Schrank auf dem Boden. Das Bett stand unter einer Höhe von 5,10 m und unter einem Balken! Das Kind war hyperaktiv und kränklich. Nach Verrücken des Bettes und Anbringen eines Betthimmels schlief das Kind jede Nacht in seinem Bettchen!
Jegliche offene Steckdose und umherliegende Kabel sollten Sie nicht nur mit einer Kindersicherung sichern! Ein Netzfreischalter sollte das Kinderzimmer vor elektromagnetischen Strömen schützen. Kaufen Sie statt einer Federkernmatratze eine aus Latex oder Stroh. Denn bekanntermaßen laden sich die Federkerne elektromagnetisch auf, und das Kind würde nachts in diesem Feld ruhen – das Immunsystem damit unnötig geschwächt. Offene Steckdosen können Sie zudem mit Spezialsteckern versehen, die dazu beitragen, daß, wenn der Strom fließt, das austretende elektromagnetische Feld nicht über einen Meter hinausgeht. Telefone und Fernseher gehören auch nicht in ein Kinderzimmer. Ziehen Sie Holzspielsachen denen aus Plastik vor. Ein geölter Holzboden ist natürlich neben Linoleum PVC-Boden vorzuziehen. Haben Sie schon einmal einen frisch verlegten PVC-Boden gerochen? Der Gestank ist neben seiner Umweltunverträglichkeit zum Leidwesen des Kindes im Raum. Das betrifft natürlich auch Teppichböden, die häufig durch ihre Färbung unverträglich sind, obwohl das Material beispielsweise Naturwolle ist. Riechen Sie

doch mal daran! Das Kind hat seine Sinne offen. Stößt es aber auf naturfremde Gerüche und Stoffe, so zieht es sich zurück. Es entzieht sich, um die Natürlichkeit in sich zu bewahren. Die einen sind dann sehr introvertiert, die anderen werden aggressiv. Auf der körperlichen Ebene können Schadstoffe, die in den Materialien enthalten sein können, zu Konzentrationsmangel, Hyperaktivität, Unlust, Frustration und schulischen Mißerfolgen bis zu Immunschwächen führen. Bevor Sie also beginnen, Feng Shui-Maßnahmen in Form von Dreißig-Millimeter-Kristallen im Fenster einzusetzen, um Chi anzuziehen, ist die erste Maßnahme, Schadstoffe zu vermeiden und natürliche Farben und Materialien vorzuziehen. Das betrifft auch die Wandfarben. Nirgendwo ist es wichtiger als hier, Pflanzenfarben und natürliche Grundmischungen wie Kreide einzusetzen. Die Kinder sind unsere Zukunft! Ein helles Gelb unterstützt im allgemeinen die geistige Entwicklung des Kindes. Blau dient der Konzentration, als Schreibtischauflage oder Bild.

Das Feng Shui vor 5000 Jahren brauchte keine Hinweise hinsichtlich Naturmaterialien zu geben. Es kannte diese Problematik nicht. Es besagt aber nach wie vor, daß wir unser Leben im Einklang mit Mutter Natur gestalten sollten.

Das Schulalter ist die Zeit, in der die Kinder einen Schreibtisch benötigen. Er sollte möglichst stabil sein und nicht wackeln, um das Chi des Kindes nicht ins Wanken zu bringen. Richten Sie den Schreibtisch so aus, daß das Kind nicht zu nah an der Tür sitzt, um nicht immer »flüchtig« zu werden. Auch sollte das Kind nicht auf die Wand schauen, da es sonst immer einen Berg von Arbeit vor sich sieht und resigniert. Der Blick in die Ferne vom Schreibtisch aus gesehen, ist auch nicht zu bevorzugen, da er die Sehnsucht des Kindes, nach draußen zu gehen, verstärkt und zum Träumen anregt. Am besten schaut das Kind in den Raum hinein, am weitesten von der Tür entfernt, mit der Möglichkeit auch einen schönen, inspirativen Anblick an der Wand zu genießen. Auf diese Weise fördern Sie die Konzentration Ihres Kindes, und es wird schnell mit den Schularbeiten fertig sein.

Spielsachen sollten prinzipiell zum Schlafen in Schränke und Kästen einsortiert werden, vor den Blicken des Schläfers verborgen. Sie erzeugen Unruhe und Spannungen, denn sie gehören zu den Realitäten des Lebens.

Jugendliche haben ganz andere Bedürfnisse und verbringen einen großen Teil ihrer Zeit draußen. Sie benötigen auch in ihrem Zimmer Freiraum, den sie sich nach Belieben selbst gestalten können. Sie definieren sich über die Poster an der Wand und die Musik, die sie hören. Greifen Sie nur dann in das Gesamtgeschehen ein, wenn es notwendig scheint. In erster Linie kann die Notwendigkeit darin bestehen, daß Sha-Einflüsse eliminiert oder gemildert werden müssen, wie hervorspringende Mauern und Ecken, Spitzen von Gegenständen, Unordnung und Schmutz. In der Pubertät brauchen Sie sich nicht zu wundern, wenn der Jugendliche nicht aufräumen möchte. Er sträubt sich, sucht Widerstände, um sich selbst zu definieren. Leben Sie Ordnung vor! Der Jugendliche ist selbst innerlich durcheinander und sucht seinen Weg. Erklären Sie ihm ruhig und ohne Vorwürfe, was Feng Shui dazu meint (nicht Sie selbst!). Er wird es verstehen. Denn selbst wenn der Weg noch unklar ist, so gibt doch die äußere Ordnung mehr Klarheit. Zuviel Schwarz kann in Abgründe ziehen. Jedoch muß Schwarz nicht gänzlich vermieden werden. In der Gesamtentwicklung wird auch Schwarz als Farbe gelebt. Nur bleiben manche Menschen in einer Phase ihrer Entwicklung stecken. Meist dann, wenn ihnen verboten worden ist, diese oder jene Farbe zu leben. Sie sehen ja an Ihrer eigenen Entwicklung und Einrichtung, daß hier ein himmelweiter Unterschied zu der Zeit von vor dreißig Jahren besteht, oder?

浴室

Das Badezimmer

Hier ist der Ort, in dem Sha-Energien produziert werden. Dieses Bad unterscheidet sich von jenem der Kleopatra, das nur der Schönheit dienlich war. Unsere Bäder sind meist dazu da, sich dort zu reinigen. Schließen Sie zuächst immer den Deckel der Toilette, damit Chi, das vom Wasser angezogen wird, nicht den Raum verläßt. Die Farbe Weiß ist besonders förderlich, da Weiß dem Element Metall entspricht und Metall im Anregungszyklus dem Wasser vorausgeht. Spiegel regen in diesem Bereich den Fluß des Chi an. Alles, was Sie vor den Spiegel stellen, wird verdoppelt. Deshalb sollten Sie nur schöne Dinge vor den Spiegel stellen und nicht die alten Zahnbürsten.

Die Badewanne sollte so gerichtet sein, daß Sie den Eintretenden beim Baden sehen können. Sollte das nicht möglich sein, dann kann ein Spiegel den Blick zur Tür ermöglichen. Die Badewanne sollte sich nicht neben der Toilette befinden. Ist das dennoch der Fall, so kann man einen Handtuchhalter zwischen beide stellen. Meist genügt es auch schon, wenn sich auf dieser Seite der Toilettenpapierhalter befindet. Das beste Feng Shui allerdings erreichen Sie erst dann, wenn Sie sichtbar Bad und Toilette trennen. Die beste Möglichkeit besteht in der Anlage zweier getrennter Räume.

Das Waschbecken stellen Sie am besten so, daß es sich im rechten Winkel zur Tür befindet und Sie nicht mit dem Rücken zur Tür stehen. Läßt sich das nicht vermeiden, so sollten Sie über den Spiegel die Kontrolle der Tür haben.

Natürlich ist ein Fenster im Bad das beste Feng Shui. Im alten China war der Toilettenbereich so angelegt, daß die drei Winde durch ihn hindurch wehen konnten. Die Toilette befand sich am weitesten von der Haustür entfernt und war wie ein Erker an das Haus angebaut. Davon abgesehen war ein Haus auch eher eine Anlage. Die Bäder und Toiletten befanden sich in einem Extratrakt und wurden nicht mit den Wohnräumen in Verbindung gebracht. Bis vor kurzem gab es auch bei uns noch eine ähnliche Situation, als man die Toilette eine Treppe tiefer auf dem Flur hatte. Eine wahrlich vorteilhafte Situation, wenn auch nicht die bequemste. Zu nah am Eingang gelegene Toiletten konfrontieren nicht nur das eintretende Chi mit der Energie des Sha, sondern ziehen auch das nützliche Chi zur Toilette, gerade dann, wenn der Toilettendeckel offensteht. Keinesfalls aber sollten sich die Naßeinrichtungen in der Mitte des Hauses befinden, da dort der Erdbereich ist. Ziehen Sie aus oder stellen Sie in diesem Bereich einen großen Kristall auf, wie zum Beispiel eine Amethystdruse. Insgesamt gesehen sind alle Maßnahmen, die einen Gartencharakter inszenieren, von Vorteil. So nutzen Sie das Sha und ziehen Gewinn, Chi, in die Situation. Damit sind Sie eine Art Lebenskünstler. Indem Sie sich Steine und Pflanzen in diesen Bereich stellen, Kristalle aufhängen und die Farbe Rot in Form von Handtüchern und Accessoires einbringen, machen Sie aus der Not eine Tugend.

Toiletten sollten gut funktionieren, sonst steht es mit der Gesundheit der Bewohner weniger gut. Keine tropfenden Wasserhähne oder andere Verfallszeichen sollten in diesem Bereich das Feng Shui trüben. Denn das gäbe starke finanzielle Einbußen! Befinden sich die Toiletten im Ehebereich oder im Bereich der Familie, dann kann es erheblichen Ärger geben. Natürlich muß die Toilette einen Platz erhalten. Am besten entscheiden Sie selbst, welcher Lebensbereich Ihnen weniger wichtig ist. Bedenken Sie, daß im Chinesischen immer in Äquivalenten gedacht wird. Das Haus wird als ein lebendiger Organismus angesehen, weshalb sich die Toilette auch da befinden sollte, wo sich beim Menschen der Darm-

ohne Feng-Shui

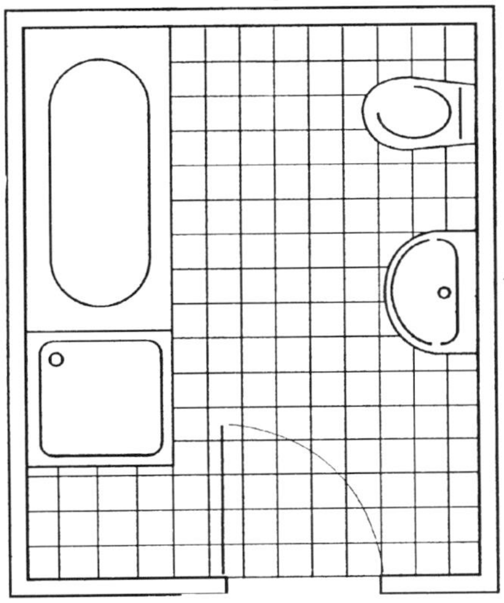

mit Feng-Shui

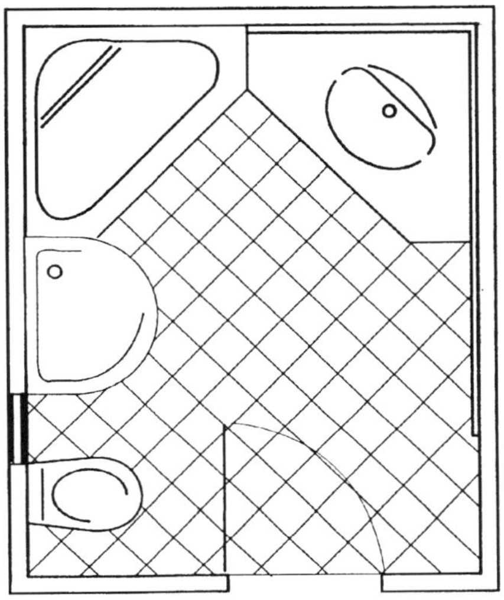

ausgang zeigt, nämlich hinten und nicht gerade an der Tür, dem Mundbereich. Der Nordbereich des Hauses ist der Bereich des Wassers und eignet sich deshalb für die Anlage von Wasser. Achten Sie zudem auch darauf, daß man das Bad nicht gleich schon von weitem, vielleicht beim Eintreten in das Haus sieht, auch nicht am Ende eines Flures. Verstecken Sie es möglichst!

Achten Sie zunächst darauf, daß der Badbereich immer gut belüftet und beleuchtet ist.

Lassen Sie immer die Badezimmertür zu! Sonst wabert Ihnen das Sha schleichend, als Atem des Unglücks, durch die Wohnung. Ein an der Innenseite der Tür angebrachter Achteckspiegel kann dazu beitragen, das Sha im Badbereich zu halten. Hängen Sie einen Spiegel auch außen an die Tür, vorzugsweise einen Achteckspiegel, um Chi am Eindringen in den Raum zu hindern. Wenn sich der Tür gegenüber ein Fenster befindet, dann hängen Sie einen Kristall ins Fenster. Auch Klangspiele können Sie aufhängen. Achten Sie darauf, daß die Röhren hohl sind. So ist der Chi-Fluß verbessert.

书房

Das Arbeitszimmer

Zunächst gilt für dieses Zimmer wie auch für alle anderen Sitzpositionen, daß Ihre Körperenergie am besten arbeitet, wenn Sie eine Wand im Rücken haben und am weitesten weg, mit Blick zur Tür, sitzen. Wenn Sie den Nordwesten zum Arbeiten gewählt haben, dann haben Sie die männliche Sitz-und Machtposition inne. Befinden Sie sich im Südwesten, dann ist es die weibliche.

Die besten Farben für diesen Raum sind Gelb und Blau. Sollte Ihr Feng Shui-Experte etwas anderes geraten haben, dann hat das seine Gründe.
Gelb regt den Geist an und sollte nicht zu warm, ins Orange gehend, verwendet werden, denn sonst würde der Appetit angeregt. Es könnten deshalb die Pausen größer werden als die Arbeitsmoral.
In einer Anwaltskanzlei traf ich üppige Obst-Stilleben an. Aber auch gerahmte Kochrezepte. Das führte dazu, daß die Angestellten immer ans Essen dachten und lange Kaffeepausen einführten.
Blau dient der Konzentration und bringt den Geist zur Ruhe. Beide Farben sind Komplementärfarben und ergänzen sich im Yin-Yang-Verhältnis.

Ihr Arbeitszimmer sollte nicht zuviele Fenster haben, damit Ihre Gedanken nicht zu oft schweifen. Einen Blick in die Zukunft werfen Sie dann, wenn Ihr Blick zur rechten Seite der Wand fällt. Sollten Sie immer auf die Seite der linke Wand schauen, so kann es durchaus sein, daß Sie sich sehr stark mit der Vergangenheit beschäftigen, vielleicht sogar mit Archäologie, Geschichte oder testamentarischen Angelegenheiten zu tun haben. Blicken Sie gegen eine Wand, so werden Sie im übertragenen Sinne einen Berg von Arbeit vor sich sehen und sich leicht erschöpft fühlen. Schauen Sie von Ihrem Schreibtisch aus in gerader Linie in ein gegenüberliegendes Fenster, so kann es durchaus sein, daß Sie sich stärker mit den Angelegenheiten anderer beschäftigen als mit Ihren eigenen. Grundsätzlich aber wirkt ein gegenüberliegendes Fenster wie ein Sie ständig beobachtendes Auge. Das kann Unruhe mit sich bringen. Stellen Sie dann Pflanzen in das Fenster, ziehen eine Jalousette oder Lamellen vor, hängen einen Kristall in das Fenster oder ein Fensterbild.

Vom Standpunkt des Feng Shui aus gesehen ist es auch wichtig, daß es keine Sha-Einflüsse von außen auf Ihren Arbeitsbereich gibt. Meistens sind es Straßenlaternen, die tagsüber mit ihren Schatten schneidend auf Ihr Fenster wirken können – mitunter auch bis zu Ihrem Schreibtisch. Allein ihr Anblick kann den Blick teilen und die Gedanken »schneiden«. Die Gesundheit und die Erfolgsaussichten könnten darunter leiden. Nachts können die Lampen sogar relativ stark blenden.

Ein an der äußeren Hauswand angebrachter magischer, konvexer Spiegel kann für Abhilfe sorgen. Sie können auch verspiegeltes Fensterglas nehmen. In Hongkong werden regelrechte »Spiegelkriege« ausgeführt, da möglichst jeder Sha zurückspiegeln möchte. Die Fenster lassen leider aber auch dann nicht mehr die nützlichen Chi-Ströme passieren, erst recht nicht, wenn die Räume voll klimatisiert sind.

Der Ausblick sollte im günstigsten Fall zur Seite hinausgehen können und auf Grünes, nämlich den grünen Drachen, fallen. In zweiter Linie ist es für das Chi nützlich, wenn Sie die Eingangstür im Auge haben und einen weiten Blick in den Raum. Sitzen Sie zu nah an einer Wand oder ist der Raum recht klein, dann sind Ihre beruflichen Aussichten eingeschränkt. Dennoch sollte der Blick wohlwollend den Raum durchstreifen können!

Benutzen Sie erstklassige Schreibutensilien. Hochwertige Gegenstände reflektieren das Ansehen Ihrer Person. Sie werden allgemein anerkannt sein. Brieföffner und ähnliche Gerätschaften sollten nicht mit den Klingen auf Sie weisend liegen, sondern vielmehr in einem Schaft stecken oder in der Schreibtischschublade aufbewahrt werden.

Achten Sie auf Bilder über und neben sich. Das Bild, das über Ihrem Sessel hängt, sollte nach Möglichkeit etwas mit Ihrem Beruf zu tun haben. Abstrakte Darstellungen sind weniger zu empfehlen, da sie einen harmonischen Eindruck stören. Bewohner der östlichen Gruppe hängen am besten das Bild eines Wasserfalles auf. Die Bewohner der anderen Gruppe eine Berglandschaft ohne Wasser.

Licht ist ein entscheidender Faktor. Achten Sie darauf, daß das Licht nicht blendet und daß es mehrere gut verteilte Lichtstützpunkte im Raum gibt. Sie müssen die Möglichkeit haben, sich zurückzulehnen und nachzudenken, aber auch konzentriert am Schreibtisch zu arbeiten.

Sollten Sie vorwiegend am Computer arbeiten, dann stellen Sie sich am besten eine »Happy-Buddha-Figur« neben den Bildschirm, die Sie immer wieder lebensbejahend anlacht.
Natürlich kann das auch eine andere Figur mit hoher Lebensenergie, eine Figur des westlichen Kulturkreises sein. Eine Salzkristallampe soll die Luft negativ ionisieren, und Rosenquarzsteine sollen harmonisierend wirken. Im Feng Shui ist auf alle Fälle darauf zu achten, daß der Stein abgerundet ist, damit Sie Sha-Einflüsse von vornherein verhindern, Sie nicht aggressiv und spitzzüngig werden. Regelmäßige kalte Abspülungen des Steines sind dringend anzuraten.

Vermeiden Sie, in der geraden Linie von Tür und Fenster zu sitzen, der sogenannten »Durchzugsituation« von Chi. Läßt sich das aufgrund der kleinen Größe des Raumes nicht vermeiden, dann hängen Sie in das Fenster Fünfzig-Millimeter-Kristalle und eventuell ein Klangspiel in die Mitte des Raumes.

Der Schreibtisch ist für sich gesehen noch einmal ein interessantes Feng Shui-Erfolgsobjekt. Setzen Sie sich auf Ihren Stuhl vor den Schreibtisch! Teilen Sie sich nun Ihren Schreibtisch in neun gleiche Teile ein. In der obersten linken Ecke ist der Reichtum. Stellen Sie dort Blumen auf oder legen Sie einen schönen, runden Gegenstand hin. Das kann auch ein Buddha sein. Die vordere Mitte des Schreibtisches ist das Hier und Jetzt. Dort liegt Ihre Arbeit. In der Mitte darüber ist der Ruhm-Bereich. Sollte es daran fehlen, dann legen Sie einen roten Gegenstand dorthin. Ist er mit Aktenstapeln gefüllt oder mit einer Stiftschale blockiert, dann enfernen Sie das Übel! Wenden Sie sich dem vorderen rechten Bereich zu, dann sind dort meist die erledigten Sachen. Sie liegen im Bereich der hilfreichen Freunde. Möchten Sie hilfreiche Geister anziehen, dann reinigen Sie allabendlich mit einem feuchten Tuch den gesamten Schreibtischbereich und sehen Sie zu, daß dieser Bereich frei ist. Arbeiten Sie die Dinge wirklich ab und legen Sie sie nicht etwa auf die andere Seite!

Die 9 Bagua-Bereiche des Schreibtisches

Reichtum Fülle	Ruhm Anerkennung	interne Beziehungen Zusammenarbeit
Erbe Geschäftsgründer	Zentrum	Kreativität Projekte
Wissen Selbstverwirklichung	Karriere	Hilfreiche Menschen Geschäftspartner

Stuhl

Jeden Bereich, den Sie aktivieren möchten, räumen Sie zunächst frei, säubern ihn mit einem feuchten Tuch und stellen in den östlichen Bereich Pflanzen, in den westlichen Steine, in den Norden etwas Blaues und in den Süden etwas Rotes. Für den Norden können Sie auch Wasserschalen oder das Bild einer Lotosblüte verwenden. Statt etwas Rotem können Sie auch räuchern und Kerzen brennen. Sehen Sie das nebenstehende Schreibtisch-Bagua an.

Das Telefon sollte im Bereich des Reichtums stehen, wenn Sie damit Ihr Geld verdienen. Aber auch im Bereich der Geschäftspartner und hilfreichen Menschen kann es Ihnen sicher gute Dienste leisten. Steht es im Bereich des Ruhmes, so werden Ruhm und Anerkennung folgen. Im Bereich der Partnerschaft ist es besonders gut, wenn Sie einen Partner zum Arbeiten oder Leben suchen. Natürlich eignet sich diese Position auch für ein Ehe-vermittlungsinstitut.
Die Telefonschnur sollte nicht zu sehen sein, das Kabel nicht quer über den Arbeitstisch reichen. Dafür gibt es Kabelaufroller, die Sie hierfür benutzen könnten.

Wählen Sie einen Tisch, der stabil ist. Ein wackliger Tisch ist gleichbedeutend mit unsicheren Geschäften. Ein durchsichtiger Glas- oder Acryltisch drückt schwer auf Ihre Oberschenkel. Die Last der Arbeit ist kaum noch erträglich!
Wer analytisch arbeiten muß, der sollte einen viereckigen Schreibtisch bevorzugen. Künstler, Kreative und kommunikative Berufsgrupen sollten sich für einen weich geschwungenen Tisch entscheiden, der Metall und Wasser symbolisiert.

Für Schreibtische eignet sich eine Breite von 126, 132, 153, 169, 174, 190 oder 196 Zentimetern und eine Höhe von 76 oder 83 Zentimetern. Die Tiefe kann 67, 83 oder 88 Zentimeter betragen. Dies sind sehr erfolgversprechende Maße und können schon allein dafür verantwortlich sein, daß Sie zu finanziellem Reichtum gelangen, zu Ruhm und Anerkennung.

Die Blickrichtung sollte zwar mit den oben beschriebenen Formschulen-Parameter übereinstimmen, aber auch mit Ihrem Geburtshoroskop. Gehören Sie zur westlichen Lebensgruppe, so empfiehlt sich der Blick nach West, Südwest, Nordost oder Nordwest. Gehören Sie der östlichen Lebensgruppe an, dann ist der Blick Richtung Süden, Norden, Osten oder Südosten zu bevorzugen. Darüber hinaus kann Ihr Feng Shui-Experte auf den Grad genau die für Sie beste Sitzposition herausfinden.

书房

Das glückbringende Bagua für alle Lebenssituationen

Immer wieder werde ich gefragt, ob sich die Maßnahmen im Bagua nach der Himmelsrichtung richten oder nach dem feststehenden Bagua. Meine Lehrer und meine Erfahrungen bestätigen, daß beide Bereiche »übereinander« zu lesen sind. Befinden Sie sich beispielsweise im vorderen rechten Bereich Ihres Hauses, so ist dort der Bereich der Helfer und Freunde. Die Himmelsrichtung ist aber z.B. Südosten. Die »himmlische Richtung« ist gefüllt mit der Information »Geld und Segen«. Auf der Ebene der menschlichen Handlungen werden die Helfer und Freunde Einfluß nehmen auf den Segen und die finanziellen Angelegenheiten der Familie. Richten Sie Ihre Maßnahmen immer auf die himmlischen Einflüsse aus. Nehmen Sie aus den nachfolgenden Empfehlungen den Bereich Südosten zu Hilfe und verwenden Sie für Ihr Heim großblättrige Pflanzen, Ikebana-Arbeiten und legen Sie grüne Tischsets für die Bewirtung Ihrer Freunde auf.

		S		
SO	**Geld**	**Anerkennung**	**Partnerschaft**	**SW**
O	**Familie**	**Tai Chi**	**Kinder**	**W**
NO	**Wissen**	**Eingang**	**Geschäftliche Beziehung**	**NW**
		N		

Der Osten – der Bereich der Gesundheit und des Wohlbefindens

Um Gesundheit und Wohlbefinden anzuziehen, ist es günstig, im Osten Ihres Heimes grüne Pflanzen aufzustellen. Grün und Holz bedeuten Wachstum, Genesung und Veränderung. Wer krank ist, benötigt einen Prozeß der Änderung seines Denkens und seiner Gewohnheiten. Pflegen Sie die Pflanzen in diesem Sektor besonders gut. Sprechen Sie mit ihnen! Gießen und düngen Sie sie genauso gut, wie Sie sie vom Staub befreien, ihnen gute Luft und Licht angedeihen lassen. Stirbt eine Pflanze, so hat sie einen Teil Ihrer Krankheiten und Gewohnheiten aufgenommen. Danken Sie ihr und ersetzen Sie sie durch eine neue.
Wasser in diesem Bereich sollte bewegt, am besten sprudelnd sein. Je reiner und sprudelnder das Wasser, um so klarer die Gedanken und um so gesünder der Organismus. Auch Bilder von Wasserfällen oder klaren Seen wären hier angebracht. Die Lebensrune in diesem Bereich würde ebenso Ihre Gesundheitskräfte auf Vordermann bringen. Ob als Bild oder in Holz geschnitzt, ist gleichgültig. Natürlich sollten nur Bilder mit Sonnenaufgängen oder aufbauendem Charakter hier zu finden sein.
Schaffen Sie die geistige Grundlage für den Energiestrom zur Gesundheit. Dazu benötigen Sie die Kraft der Vergebung. Schaffen Sie ein Vakuum, indem Sie Ihre Einstellungen zu Menschen und Dingen überprüfen. Hegen Sie jemandem gegenüber Groll oder Ablehnung? Ärgern Sie sich immer noch? Gibt es eine Situation, die Ihnen immer noch, wenn Sie daran denken, den Magen zuschnürt, die Kehle trocken und die Hände schweißig werden läßt? Dann sollten Sie den Weg des Verzeihens gehen. Sich selbst und anderen verzeihen, schafft Platz für neue Lebensenergie. Das ist genauso, als ob Sie einen Schrank voller unmoderner, zu enger und von den Motten zerfressener Kleidung besäßen und Sie diese nun einmal zunächst ausrangieren müßten, bevor Sie neue Kleidung kaufen.

Achten Sie darauf, daß sich hier keine spitzen Gegenstände und geheimen Pfeile, eventuell auch von außen, befinden. Antiquitäten können eher Ärger verursachen. Wenn Sie nicht wissen sollten, woher sie stammen, so können auch Sie eventuell das Schicksal der Vorbesitzer erleiden.
Legen Sie Pfirsiche in eine Schale oder hängen Sie ein Bild von Pfirsichen an die Wand. Bei Rückenschmerzen können Sie zudem eine Schale mit Kreide unter das Bett legen. Ein Mittel von Lin Yun.

In diesem Bereich sollten keine fauligen Dinge liegen, kein abgestandenes Wasser sein und auch keine Bücher von und über Krankheiten. Abstrakte Bilder hängen Sie besser ab. Ähnlich ist es mit Skulpturen. Fehlen ihnen Teile, so reflektieren sie möglicherweise Krankheiten. Der fehlende Arm eines Apollo kann beispielsweise zu Armverletzungen bei den Bewohnern führen. Vermeiden Sie Unrat und Schmutz, kaputte Gegenstände und scharfe Kanten.

Affirmation:
Ich bin eins mit der liebenden, heilenden Kraft des Universums. Ich lasse jeden Gedanken an Krankheit los. Das schafft ein Vakuum für Heilungsenergien. Von allen Seiten strömen sie in mich ein und heilen mich jetzt. Strahlendes, helles Licht und liebevolle Gedanken durchfließen mich jetzt und lassen mich dankbar für Heilung sein, die geschieht. Freudig löse ich mich von meiner Vergangenheit und schaffe Raum für Veränderungen. Das Leben liebt mich, und ich liebe das Leben. Ich bin eins mit der universalen Kraft des Lebens, dem Universum und dem Fluß des Lebens. Heilung durchdringt jetzt jede Zelle meines Körpers. Heilung ist mir willkommen, und ich entscheide mich jetzt, meinen Körper, meinen Geist und meine Seele wieder heil werden zu lassen.

Der Südosten – Bereich des Geldes und des göttlichen Segens

Um Geld und Segen anzuziehen, braucht es einen aufgeräumten, hellen und weiten Platz im Südosten. Großblättrige Pflanzen und rote Bänder sorgen für gute Geldmittel. Hier kann auch eine Messingschale mit Münzen stehen – am besten aus verschiedenen Ländern, wenn Sie nicht nur aus dem Inland Ihr Geld beziehen möchten. Ein roter Geldbriefumschlag und ein Geldbuddha sorgen genauso für den Reichtum wie ein Aquarium mit acht roten und einem schwarzen Fisch. Ein Wasserfallbild und/oder ein Bild mit Fischen und Münzen sorgen ebenso für Glück in allen finanziellen Angelegenheiten. Ein rotes Spruchband mit der Aufschrift »Göttlicher Geldsegen« wird den materiellen Aspekt verstärken.
Für die Brieftasche verwenden Sie am besten Geldpulver, da es magisch Ihre Taschen füllen wird und räuchern einmal wöchentlich oder nach Bedarf in der Geldecke mit der Geldräucherung. Die keltische Rune Fehu kann darüber hinaus geschnitzt, als Amulett getragen oder als Bild an der Wand den Segen verstärken.
Eine Pflaumenblütenpflanze oder ein Bild von ihr sind nach chinesischer Auffassung ideal. Aber auch große Blüten, schön und üppig anzusehen, stehen für gute Geldgeschäfte.

钱和上帝保佑的
领域

Vermeiden Sie Kakteen, spitze Gegenstände, insbesondere solche aus Metall, und vertrocknete Pflanzen im Geldbereich. Auch das Aquarium sollte stets sauber sein.

Affirmation:
Ich wähle Reichtum und Fülle in meinem Leben. Ich akzeptiere Gesundheit, Erfolg und Glück. Ich bin wie ein Magnet und ziehe den reichen Segen und Überfluß des Lebens an. Es ist mein Geburtsrecht, reich und glücklich zu sein. Ich bestimme hier und jetzt in Übereinstimmung mit dem göttlichen Segen, die reichen Gaben anzunehmen. Ich erfreue mich der Geschenke und danke dafür.

Legen Sie diese Affirmation in die Geldecke und meditieren Sie täglich zirka fünfzehn Minuten darüber. Auf rotem Papier mit goldener Schrift geschrieben, wird Ihnen der Segen im roten Geldbriefumschlag gewiß sein! Sie können ihn sich zusammen mit Geldpulver auch in das Portemonnaie legen.

Der Süden – der Bereich von Ruhm und Anerkennung

Ruhm und Ansehen erreichen Sie, indem Sie in diesem Sektor die Farbe Rot bevorzugen, Ihre Urkunden aufhängen oder ein helles Licht aufstellen. Großblättrige Pflanzen und die Farbe Grün wirken in diesem Bereich förderlich.

名誉和认可

Sie sollten hier kein Wasser aufstellen, es sei denn, ein Aquarium als Heilmittel, da es in sich ein geschlossener Organismus ist. Es besteht nicht nur aus Wasser, sondern auch den Fischen, Feuer, den Steinen, Erde, und den Pflanzen, Holz.
Sollte sich hier eine Abstellkammer befinden, dann lassen Sie dort ein Dauerlicht brennen und räumen diesen Bereich auf. Es gibt einige Glückspapiere für den Ruhm und die Anerkennung, die Sie in die Kammer hängen können.
Auch Skulpturen von Pferden oder solche in natura auf dem Grundstück im Südbereich verstärken die Anziehung von Ruhm und Anerkennung.

Affirmation
Ich weiß, wer ich bin, und bin von Freude und Dankbarkeit erfüllt, bei allem, was ich tue. Mein Leben ist ruhm- und segensreich. Ich bin mir und anderen willkommen. Ich gebe mein Bestes und finde die Welt wunderbar. So ist mein ganzes Sein ein Magnet für Ruhm und Anerkennung! Mein Leben ist erfolgreich!

Der Südwesten – der Bereich der Ehe und Partnerschaft

Um das Eheglück anzuziehen, sollten Sie in Ihrem Schlafzimmer in der von der Tür aus gesehen rechten hinteren Ecke einen kleinen Ehealtar aufstellen. Geeignet ist ein runder Tisch, auf den Sie ein Paar rote Kerzen stellen. Achten Sie darauf, daß es nicht drei sind, sonst gibt es bald einen Rivalen in Ihrer Beziehung. Das bezieht sich nicht nur auf Kerzen, sondern auch auf andere Gegenstände, die auf einem Fleck stehen. Spiegel können natürlich auch aus zwei Gegenständen vier machen. Deshalb vermeiden Sie Spiegel. Sie sind auch gute Beobachter. Wenn Sie dennoch nicht ganz auf sie verzichten können, dann hängen Sie sie nachts mit einer Jalousie oder einem Vorhang zu. Sie können natürlich auch eine Art japanische Wand davor schieben. Auf dem Ehealtar könnte auch ein Delphinenpaar stehen, die sich im Kreis umeinander drehen. Auch ein paar Enten, eine weibliche und eine männliche, sind ein günstiges Omen. Ist die Frau zu »schnattrig«, entfernt man lieber die Enten aus dem Bereich der Ehe. Stellen Sie auch runde Steine in diesem Bereich auf. Das können schöne herzförmige Rosenquarze sein, eine Salzkristallam-

pe oder Flußsteine. Liebesbriefe, der Buddha der Ehe oder Jesus und Maria aus unserem Kulturkreis sind wunderbare Elemente für einen gelungenen Ehealtar. Aus dem keltischen Bereich stammen die Runen. Die Eherune über dem Bett und das Bett aus Birkenholz tragen zum Partnerglück das Ihrige bei. Die Birke steht für die Reinheit und den Neubeginn und ist ein gutes Omen, wenn man eine Partnerschaft neu starten möchte.
Sollte Ihre Toilette im Südwestbereich liegen, dann sollten Sie am besten Ihre Toilette hier nicht mehr benutzen. Vielleicht haben Sie ja eine Ausweichmöglichkeit. Sollte es nicht anders möglich sein, dann geben Sie rote Glückssymbole in die Toilette: den doppelten Glücksknoten für die ewige Treue der Liebenden, Bilder mit Drache und Phönix in Umarmung, stellen die Glückskarte der Liebe als Altar auf, benutzen rote Handtücher und Waschlappen und schließen den Stöpsel des Waschbeckens und den Deckel der Toilette.

婚姻与之关系

Kleben Sie zudem einen Achteckspiegel auf die Innenseite der Toilettentür. Sollte sich ein Fenster gegenüber der Eingangstür befinden, dann hängen Sie am besten hier einen Sechzig-Millimeter-Kristall in das Fenster, um gute Gelegenheiten und Chi hereinzuziehen und gleichzeitig zu verhindern, daß das von der Tür einströmende Chi den Raum gleich wieder verläßt.
Natürlich sollte der Bereich ordentlich gehalten werden und vor allem sauber!

Ich beriet einmal einen Junggesellen, der sich nur schwer zwischen seiner damaligen Freundin und anderen Frauen entscheiden konnte. Er hatte im Südwestbereich seiner Wohnung das Bad liegen. Das Bad war zu einer Liebeshöhle ausgebaut worden, mit Wasserspielen und Kerzen. Da er das Bad außerdem verspiegelt hatte, gab es nicht nur zwei, sondern ein Vielfaches an Möglichkeiten. Hier half es einfach, die Spiegel weitestgehend zu entfernen.
Schon kurze Zeit später trennte er sich von seiner Freundin und lernte eine Frau kennen, mit der er heute glücklich verheiratet ist und eine reizende kleine Tochter hat.

Beachten Sie im Außenbereich folgendes:
Um Ehestreitigkeiten zu vermeiden, sollte kein Teich oder Springbrunnen links vor der Haustür sein (von außen nach innen betrachtet). Es gibt dafür keine logische Erklärung unter Feng Shui-Meistern, aber die Wirkung ist verblüffend! Erfolg und Reichtum ziehen ins Haus ein, genauso kann aber auch Untreue männlicherseits begünstigt werden. Im Südwestbereich Ihres Hauses sollte kein Schutt- oder Müllplatz sein. Das betrifft auch die rechte hintere Ecke des Grundstücks, vom Eingang her gesehen. Sind dort kranke Bäume, fauliges Obst und dürre Äste zu finden, dann reflektieren sie die Beziehung. Entfernen Sie alles und pflanzen Sie statt dessen Rotblühendes!

Bevor Sie ein neues Objekt beziehen, lassen Sie es von einem Meister seines Faches mit langjähriger Berufserfahrung anschauen. Er kann Ihnen detaillierte Hinweise auf den Bereich Ehe geben, erst recht dann, wenn die Vorbesitzer eine unglückliche Beziehung hatten. Denn dann sind einige Reinigungsrituale vonnöten. Das Wichtigste ist aber, daß Sie zunächst einmal nichts vom Vorbesitzer übernehmen, schon gar keine Holzsachen und Spiegel. Sie speichern Informationen! Streichen Sie die Wände neu und schrubben Sie den Fußboden. Im Fall von Teppichboden sollten Sie eine gründliche Naßreinigung vornehmen. Streuen Sie Salz in alle Ecken, lassen es über Nacht einwirken und saugen es am nächsten Tag wieder weg. Ein Fest, zu einem guten Zeitpunkt (Lunarhaus anschauen!) mit vielen lieben Freunden wäre ein günstiges Feng Shui. Blumen und Musik rufen gute Geister! Wünschen Sie, daß eine Ihrer Töchter heiratet, so stellen Sie Päonien in den Südwestbereich. Nähere Einzelheiten erfragen Sie bitte bei Ihrem Feng Shui-Meister.

Übrigens: Gratulieren Sie allen, die heiraten! Nehmen Sie jedes Hochzeitspaar, das Ihnen begegnet, als Zeichen des Glücks wahr. Gehen Sie auch auf Verlobungs- und Hochzeitsfeiern. Das zieht magisch Ihr eigenes Glück nach!

Affirmation:
Alle Menschen leben im Kraftfeld geistiger Liebe. Ich liebe das Leben und alle Menschen auf der Erde. Ich bejahe das Leben und liebe es: Leben, ich liebe dich! Meine Liebe und mein Verständnis schenke ich jetzt mit vollen Händen dem Partner meines Lebens. Ich wähle die Partnerschaft und die Liebe, fühle mich zufrieden und glücklich!

儿童的领域

Der Westen – der Bereich der Kinder

Wer gern Kinder haben möchte, sollte nicht nur seine Pflanzen gut gießen und düngen, sondern auch alle Sha-Einflüsse wegräumen. Ein Kamin in diesem Bereich kann zudem hinderlich für das Kinderglück sein. Schließen Sie ihn oder stellen zumindest Pflanzen davor und hängen einen Spiegel über die Kaminöffnung. Klangspiele rufen das Kinderglück und ziehen hilfreiche Unterstützungen an. Es kann auch günstig sein – zumindest für die Zeit, bis der Segen eintrifft –, das Schlafzimmer in den Westen zu verlegen. Unter dem Bett sollten Sie so lange den Staub nicht entfernen, bis der Segen eintrifft. Die Farbe Gelb wirkt sich hier auch förderlich auf das Element Metall aus und gibt genügend Erdkraft, um das Kinderglück in den Mutterschoß zu ziehen.
Darüber hinaus können Sie auch den Hahn als Figur oder Bild aufstellen, da er den Westen regiert.

Falls Sie in diesem Bereich zu viele Pflanzen oder eine große stehen haben, so wird das den Kindersegen behindern. Besser sind kleine, junge Pflänzchen und in die Zimmerecke gehängte Dreißig-Millimeter-Kristalle. Am besten drei Stück! Auch kleine runde Halbedelsteine können hier segensreich wirken.

Affirmation:
Ich bin bereit und offen, eine Menschenseele zu empfangen. Meine Liebe und meine guten Gedanken schenke ich dieser Kinderseele. Mein Leben ist ab heute und jetzt ein Magnet für das Glück.

乐于助人之人

Der Nordwesten – der Bereich der hilfreichen Menschen und Freunde

In diesem Bereich sollten Klangspiele mit hohlen Körpern hängen. Metall und die Farbe Rot ziehen Freunde an. In China gibt es spezielle rote Spruchbänder – diese werden wie Bilder an die Wand gehängt, um Freunde anzuziehen.
Entfernen Sie natürlich auch hier alles Störende, das Sha, und sorgen für gute Luft und reichlich Nahrung. Stellen Sie zum Beispiel eine Schale mit Obst auf, von der sich alle hereinkommenden Menschen bedienen können. Auch eine Schale mit gelben Blüten, eine Topfpflanze oder ein gelber Wandschirm können die Freunde rufen. Ein Willkommensgruß und eine Einladungskarte legen ebenso alle guten Omen aus.

Kakteen können die potentiellen Freunde und Helfer vertreiben. Schöne Blüten und kräftige Pflanzen sind besser. Sollte sich im Nordwestbereich die Toilette befinden, so kleben Sie einen geschliffenen Achteckspiegel auf die Mitte der Innenseite der Tür, in Augenhöhe. Hängen Sie dann einen Fünfzig-Millimeter-Kristall in die Nordwestecke. Lassen Sie diesen Kristall so frei von der Decke herabhängen, daß das Chi locker um diesen Kristall herum kreisen kann.

Affirmation:
Ich bin leicht, beschwingt und hoffnungsfroh. Ich bin ein Magnet für hilfreiche Menschen und ziehe wertvolle Geschäftspartner an. Die Menschen lieben mich, und ich liebe das Leben. Voller Freude ziehe ich jetzt die für mich richtigen Menschen an und schenke ihnen meine ganze Aufmerksamkeit und Zuwendung. Ich danke dem Leben für so viel Glück!

事业与成就

Der Norden – der Bereich der Karriere und des Erfolges

Das ist der Bereich des Chi, der mit Wasser potenziert werden kann. Die Tür, der Eingang, ist im Idealfall, wenn sie in der Mitte liegt, die Tür zum Erfolg!
Stellen Sie einen Springbrunnen rechts außen vor die Tür auf die Drachenseite. Die Drachenseite ist die Seite, die sich rechts befindet wenn Sie von außen auf die Tür sehen. Blaue Schalen mit Schwimmkerzen im Eingang sind ebenfalls sehr hilfreich. Hängen Sie auch Klangspiele in diesem Bereich auf!

Befinden sich im Nordwesten die Garagen oder rechts neben dem Eingang, wenn man mit dem Gesicht zum Haus steht, so wird man viel wegfahren, um draußen Freunde und Geschäftspartner aufzusuchen. Befinden sich die Garagen auf der Nordostseite, der linken Seite, wenn man vor dem Haus steht, so wird man viel wegfahren, um zu lernen. Sind die Garagen mittig vor der Tür, so wird man sich familiär gesehen schwertun, denn die Karrierebedürfnisse sind stark nach außen verlegt, weshalb man mehr draußen und auf Achse als am heimischen Herd sein dürfte.

Die Tür zu diesem Lebensbereich sollte leichtgängig sein und nichts, auch keine Garderobe, sich dahinter befinden.
Auf dem Schreibtisch entspricht das dem Bereich, vor dem Sie auf dem Stuhl sitzen. Dort liegt Ihre aktuelle Arbeit. Lassen Sie nichts länger dort liegen, sonst blockieren Sie sich diesen Bereich des Segens!

Affirmation:
Ich lasse Energie in mein Leben strömen und öffne weit meine Arme für das Leben. Freudig nehme ich mit vollen Händen die Gaben der Fülle und des Reichtums entgegen. Mit Liebe und Achtung begegne ich den Menschen so,wie auch ich von Ihnen geliebt und geachtet werden möchte. Ich öffne die Tür und bitte um reichen Segen. Dafür gebe ich heute... (Blumen an Frau Soundso.) und danke für alle Wohltaten.

知识的领域

Der Nordosten – der Bereich des Wissens

Sollten sich auf dieser Seite die Garagen befinden, so werden Sie viel unterwegs sein, um Wissen zu erlangen. Fehlt dieser Bereich des Hauses gänzlich, so kann man von außen Licht auf den fehlenden Bereich hin lenken, aber auch einen Weg dorthin führen lassen.
Innerhalb des Hauses könnte hier die Bibliothek liegen. Aber auch ein Bereich der Meditation und Besinnlichkeit.

Achtung: Befindet sich hier die Toilette, dann könnte Wissen verlorengehen. Hängen Sie in dem Fall einen großen Fünfzig-Millimeter-Kristall in die Nordostecke. Sie können aber auch Steine aufstellen und die Farbe Gelb integrieren.

Affirmation:
Wissen durchströmt meinen Urgrund. Ich bin ein Gefäß für Wissen, das überall zu finden ist. Da es unerschöpflich ist, brauche ich es nur anzuzapfen und es fließt mir zu. Ich erkenne Menschen, die mir das Wissen bringen, und ich nehme Möglichkeiten wahr, zur richtigen Zeit am richtigen Ort zu sein, um die für mich besten Informationen aufzunehmen. Ich lasse mich leiten und führen und gehe einig mit meinem kosmischen Ursprung.

八大生活领域

So aktivieren Sie die acht Lebensbereiche

Gehen Sie langsam und bedächtig Ihre Räumlichkeiten durch. Beginnen Sie in der Mitte und wenden sich dann nach Nordwesten und begrüßen den Bereich der Freunde und Helfer. Von dort bewegen Sie sich nach Westen. Sehen Sie der Erfüllung Ihrer zukünftigen Vorhaben zuversichtlich entgegen und wünschen Sie, falls Sie Kinder haben, ihnen alles Gute. Dann gehen Sie zum Nordostbereich Ihrer Wohnung. Verankern Sie hier Wissen. Alles, was nötig ist zu wissen, werden Sie erfahren. Wenden Sie sich dann nach Süden. Danken Sie für die Erfüllung Ihrer Wünsche nach Ruhm und Anerkennung. Von dort gehen Sie direkt nach Norden, ohne Umwege. Verankern Sie hier das Bewußtsein der Energie. Setzen Sie Gedanken des Erfolges frei und seien Sie gewiß, daß sich alles erfüllen wird. Von dort wenden Sie sich nach Südwesten und sprechen Ihren Dank aus, daß für Sie und Ihren Partner gesorgt wird, daß Glück und Harmonie in Ihrer Beziehung walten. Begeben Sie sich dann nach Osten und verankern Sie hier Gesundheit und familiäres Glück. Gehen Sie anschließend nach Südosten und danken Sie für den himmlischen Segen und Reichtum.

Alle Ihre Wünsche können Sie in den betreffenden Bereichen laut aussprechen. Tun Sie das in dem Bewußtsein, daß alles in Erfüllung gehen wird. Sehen Sie es schon erfüllt. Denken Sie daran, daß alles in Erfüllung geht, was Sie sich wünschen. Ihr Wunsch muß nur klar definiert werden und ohne Zweifel ausgesprochen worden sein. Wiederholen Sie ihn immer wieder. So werden Sie zum Magnet für da,s was sein soll. Wenn Sie sich in einem Sektor aufhalten, dann schauen Sie ihn sich bewußt an und fragen Sie sich, was dieser mit Ihrem Wunsch gemeinsam hat. Alles, was dort den Wunsch behindern kann, entfernen Sie und Sha-Elemente mildern Sie ab. Potenzieren Sie das wahrhaft Schöne und Gute, indem Sie Ihre Aufmerksamkeit dorthin lenken. Das kann ein Bild sein, eine Figur oder ein Möbelstück. Mit ihm können Sie Ihren Wunsch verankern.
Von Mal zu Mal werden Sie bei diesem Gang durch Ihre Räume ein anderes Gefühl bekommen, die Gegenstände und Farben anders wahrnehmen. Sicher werden Sie einiges in den Räumen verändern.
Bewohnen Sie mehrere Etagen, so gehen Sie Etage für Etage auf dieselbe Art und Weise durch.

红 绿 蓝 黄 白

Die Farbcodes im Fünf-Elemente-Kreis

Die Rezeptoren der Haut erkennen das Licht und damit auch die Schwingungsanteile der darin befindlichen Farbe. Die Farbe gibt einen Reiz auf den Hypothalamus (Zwischenhirn für vegetative Reaktionen). Endokrine Reaktionen werden ausgelöst, genauso wie die Hormonproduktion gesteuert, die Atmung, der Stoffwechsel und der Blutdruck beeinflußt. Die energetischen Impulse im Farblicht sind in der Lage, die Unregelmäßigkeiten, wie klimatischen Streß und Umweltgifte im Schwingungsverhalten der Zellen auszugleichen. Professor Nils Finsen bekam den Nobelpreis 1903 für »Licht und Farbe«-Forschungen. Selbst Blinde fühlen einen blauen Raum und die Körpertemperatur sinkt auch bei allen anderen. Im roten Raum steigt die Körpertemperatur. Selbst Geisteskranke wurden schon mit Hilfe von Farben wieder gesund. Schaut man sich die Theorie des Lichts an, so muß man bei Max Planck (1858-1947) beginnen. Er hatte die Theorie aufgestellt, daß Licht aus winzigen, unveränderbaren Energiepaketen (Quanten) zusammengesetzt sei. Einstein sagte schon 1905, daß Licht selbst ein Strom von Quanten sei. Dafür erhielt er 1922 den Nobelpreis. Er sagte: »Licht ist eine elektromagnetische Wellenerscheinung, bei der die Energie in bestimmten Bündeln (kleinste Lichtteilchen=Photonen) transportiert wird.« Licht verhält sich wie eine Welle (bei Ausbreitung) und gleichzeitig wie ein Teilchen, wenn es zum Beispiel von unserem Körper in Heilenergie umgewandelt wird. Photonen übertragen ihre Energie auf elektrisch geladene Teilchen, die Elektronen, die sich auch im Körper befinden.

Die »Chemie« der Farben

Farbe entsteht zwischen Hell und Dunkel, zwischen Licht und Schatten, Schwarz und Weiß. Farbe kann nur mit Licht transportiert werden! Licht ist eine Energie, die ihre Richtung nicht verändert und sich geradlinig ausbreitet mit einer Geschwindigkeit von dreihunderttausend Kilometern pro Sekunde. Allein eine Lichtwelle hat mehrere Hundert-Millionen Frequenzen. Eine Frequenz ist die Anzahl der Wellenberge, die innerhalb einer Sekunde einen Punkt passieren. Farbe sieht man, indem alle Spektralfarben (Rot, Orange, Gelb, Grün, Blau, Indigo, Violett) durch die molekulare Struktur eines Körpers durchgelassen werden und nur ein Teil von ihnen reflektiert wird. Den reflektierten Teil der Spektralfarben sieht man als die Farbe eines Körpers.

Farben können auch mit Aussagen kombiniert werden. Beispiele:
»*...*sich nicht so fühlen« entspricht den Farben Grau, Braun und Ocker.
»Es geht mir nicht schlecht« entspricht den Farben Grau und Grün.
»Mir geht's blendend« entspricht den Farben Blau und Gelb.
»Mir geht's so gut, besser wäre zuviel« entspricht den Farben Grün und Orange.

Rot, Grün, Blau, Gelb und Weiß sind die Grundfarben des Fünf-Elemente-Kreises.
Alle anderen Farben sind Gegen- und Zuspieler dieser Farben und von daher keiner bestimmten Zahl bzw. keinem bestimmten Element zuzuordnen. Die Farben Rot, Blaugrün und Gelb allein zu benutzen, brächte eine zu starke Energie für das Innere eines Hauses. In gedämpfter Form können sie allerdings auftreten und ein gutes Feng Shui selbst für den Konservativsten bilden.

红

Rot

Rot ist die Farbe des Feuerelementes und wird mit dem Leben in Verbindung gebracht. Rot ist auch die Farbe, die den Prozeß der Ich-Findung eines Individums unterstützt. Sie ist Yang, männlich, stark und aktiv. Sie gibt Kraft zum Durchhalten, stärkt das Bewußtsein, ist fordernd und herrschend.
Rot ist auch die Farbe des Kriegers, der Liebe und der Leistungsbereitschaft. Sie vermittelt Achtung und Aggression. Wird Rot zu übermächtig eingesetzt, kann es zu Zorn, Wut, Streit und überbetonter körperlicher Liebe kommen. Aber auch zu Euphorie und närrischem Benehmen. In der chinesischen Tradition steht Rot für das Glück. Rote Briefumschläge werden als Glücksgeldbriefumschläge genauso benutzt wie für Gesundheits- und Partnerglückwünsche. Traditionell kleidet sich die chinesische Braut in Rot. Nicht nur, daß ihr die Farbe Glück bringt, Rot steht auch für das Blut. Die junge Braut errötet beim Anblick ihres Bräutigams. So spiegelt sich das Rot, das Glück in ihrem Gesicht!

Rot auf einen Blick:

Willen, männlich, anregend, belebend, Aktivität, Aggression, Zorn, handeln, jugendliche Kraft, Streit, Gegenwart, Krieger, Hektik, Liebe, Achtung und Glück, das Symbol der jungen Braut, Farbe des Individualismus.

Im Fünf-Elemente-Kreis wird Rot dem Feuerelement zugeordnet und entspricht der Zahl Neun.

Element: Feuer.
Zahl: 9

绿

Grün

Grün ist die Farbe des Holzes und steht für Wachstum und Harmonie. Grün wirkt auf uns Menschen ruhig, mittig, herzlich, beständig und kommunikativ. Besonders im Lesezimmer angewandt, wirkt Grün revitalisierend. Die Ermüdung tritt entsprechend erst später auf. Grün ist aber auch bekannt für die Gestaltung von Krankenhauszimmern und insbesondere für Operationsräume, denn Grün hat auch eine antibakterielle Komponente.
Für alle Bereiche, in denen Kommunikation im Vordergrund steht, ist es von besonderer Wichtigkeit, Lindgrün zu integrieren. Denn Lindgrün ist in der Lage, die Schwingungen im Herzchakra anzuregen und damit die Energie des Herzens, des Gefühls und der Sprache zu lenken. Mit anderen Worten: Eine gefühlvolle Kommunikation wird mit Lindgrün möglich.
Je dunkler das Grün, um so antriebsloser, behäbiger kann es den Menschen machen.
Mit einer Zunahme von Schwarz im Grün fühlt sich der Mensch wie im Moor nach unten gezogen. In der chinesischen Tradition steht Grün für Wachstum und Gedeihen. Es ist die Farbe des Holzes und damit die Farbe der ätherischen Kräfte. Ein bestimmtes Grün ist das Lieblingsgrün des Propheten, das sogenannte Prophetengrün. Von strenggläubigen Moslems wird dieses Grün als heilig angesehen und daher nicht in profanen Teppichen angewandt. Grün bedeutet Herzensgüte, Frühling und Osten.

Grün auf einen Blick:

Farbe des Kollektivs.

Im Fünf-Elementen-Kreis wird diese Farbe dem Holzelement zugeordnet und entspricht den Zahlen Drei und Vier.

Element: Holz
Zahl: 3 und 4

蓝

Blau

Blauschwarz ist die Farbe des Wassers und wird bei den Chinesen mit Geldverdienen in Verbindung gebracht.
Blau symbolisiert Ruhe, Treue, Frieden und Stille. Blau verpflichtet auch zur Hingabe und Keuschheit. Je heller das Blau in seiner Farbnuancierung ist, um so mehr Fernweh vermittelt es. Gerade Hellblau befreit, erweitert und läßt im wahrsten Sinne des Wortes den Menschen durchatmen. Je dunkler das Blau durch die Zugabe von Schwarz wird, desto passiver, statischer und drückender wird es. Für Tobsüchtige soll es in Psychiatrien die sogenannten »Blauzimmer« geben, in denen sie sich austoben können. Denn Blau macht auch wieder kooperativ und fügsam.
Die Farbe Blau wird vom Mond bestimmt und ist in ihrer Qualität Yin. Die weiblich intuitive Seite von Blau und seine Verbindung zum Element Wasser bedingen, daß es sich hervorragend als Meditationsfarbe eignet. In der chinesischen Tradition wird nicht Blau, sondern Schwarz an seiner Stelle verwendet. Schwarz bedeutet nicht nur Winter, Wasser und Weisheit, sondern auch Laster und Adel dritten Grades. Alte Quellen berichten, daß Blau nicht nur die Farbe des Mondes, der Weiblichkeit und der Nacht ist, sondern auch die Farbe des Prinzen ersten Grades.

Blau auf einen Blick:

Himmel, Stille, Ruhe, kühl, unergründlich, Fernweh, Sehnsucht, Treue, Reinheit, Friede, Hingabe, Keuschheit, Schwere, Unbewegtheit, passiv, hingebungsvoll, aufnehmend, selbstlos, Gewicht, Schwere, materiell, standhaft, Meditationsfarbe, entspannt. Helles Blau erweitert Räume um ein Viertel!

Im Fünf-Elemente-Kreis wird Blau dem Wasserelement zugeordnet und entspricht der Zahl Eins.

Element: Wasser.
Zahl: 1.

黄

Gelb

Gelb ist die Farbe der Erde, des Kaisers und wird in kaiserlichen Palästen oft durch Gold ersetzt. Gelb ist die Farbe des Zukünftigen, der Sehnsucht und der Extravertiertheit. Dunkles Gelb kann Intoleranz fördern, wohingegen helleres Gelb der Weisheit förderlich ist.
Die Farbe Gelb ist beweglich und heiter. Gelb vertreibt Müdigkeit und Arbeitsunlust, macht fröhlich und geistig rege. Gelb ist quirlig und sehr anregend für Nerven und Gemüt. Wenn jedoch Gelb mit Schwarz gemischt wird, so wirkt es intolerant. Tritt Gelb neben Schwarz auf (z.B. in einem Bild), so spricht es für einen depressiven Zustand des Malers. Die Farbe Gelb gehört seit altersher zur Erdmitte, genauso wie sie im Körper dem Solarplexus zugeordnet ist. Gelb regt den Stoffwechsel ebenso wie den Appetit an.
Gelb und Gold waren vor 5000 Jahren nicht immer gleichbedeutend. Heute wird oft Gelb statt Gold eingesetzt. Zur Zeit der Pharaonen in Ägypten war es genau umgekehrt. Denn der Glanz des Goldes, seine Spiegelung wie seine Reflexion galten als heilig. Die Farbe Gelb hingegen ist nur noch ein Abglanz des so mächtigen Goldes. Der Sonnengott Re spiegelt sich im Gold, nicht aber im Gelb. Die chinesische Tradition sieht im Gelb die Farbe der Erde. So ist diese Farbe auch dem Element Erde zugeordnet, der Erde, die der Kaiser regierte und beherrschte. Im chinesischen Verständnis ist Gelb die Farbe aller Herrschenden. Deshalb findet man sie auch in chinesischen Teppichen. Gelb stärkt die Ichbezogenheit, ist arbeitsanregend und die Farbe der Mitte und Harmonie. Überall, wo Denkaufgaben zu lösen sind, ist diese Farbe gut geeignet – beispielsweise in Klassenzimmern, Arbeitsräumen und Verwaltungsgebäuden. Zudem stimmt Gelb fröhlich und löst von Lethargie und Traurigkeit.

Gelb auf einen Blick:

Heiterkeit, Wärme, geistige Anregung, antidepressiv.

Im Fünf-Elemente-Kreis wird Gelb dem Erdelement zugeordnet und entspricht den Zahlen Fünf, Acht und Zwei.

Element: Erde.
Zahl: 5, 8 und 2

白

Weiß

Hier ist weniger Weiß als vielmehr Silbergrau gemeint. Silbergrau ist die Farbe des Metalls. Weiß ist eigentlich keine Farbe. Schwarz und Weiß stellen zusammen die Pole dar, die für die Entstehung von Farben wichtig sind. Man kann auch sagen, daß sich zwischen Hell und Dunkel die Farben bilden. Weder in der absoluten Dunkelheit, Schwarz, noch in der absoluten Helligkeit, Weiß, ist es möglich, Farben wahrzunehmen. Darüber hinaus ist Weiß bei den Chinesen die Farbe des Todes. Tote werden in weiße Leintücher eingeschlagen. Man verknüpft den spirituellen Aufstieg der Toten in das Lichtreich mit dieser Farbe.
Nach meiner Beobachtung ist in Europa Trauer mit Weiß verbunden. Wer sein Schlafzimmer ganz in Weiß gestaltet, von der Bettwäsche, der Wandfarbe bis hin zu Möbelpolstern, hat ein Thema aus der Vergangenheit aktuell zu bewältigen. Vielleicht möchte man mehr Licht in sein Leben bringen, eine Sache beleuchten? Weiß bringt Klarheit und Reinheit. Nicht jeder kann Weiß an der Wand vertragen. Denn es gehört eine Art »reine Weste« dazu, diese Farbe auszuhalten. Deshalb hängen zumindest Bilder an einer weißen Wand. Da Weiß im eigentlichen Sinne keine Farbe ist, kommen die Farben von Bildern und die Aussagen derselben klar zutage. Betrachtet man darüber hinaus Weiß in seiner Zugehörigkeit zum Element Metall, dann weiß man auch, daß mit dem übermäßigen Griff zu dieser Farbe Depressionen zusammenhängen können.
Alte Quellen berichten auch von Weiß als der Farbe der Gerechtigkeit. Wie bei dem Propheten Sacharja wird bei der Mehrzahl der mongolischen und der chinesischen Regionen Weiß mit der westlichen Richtung in Verbindung gebracht. Als die Hiung-nu (bei uns als Hunnen bekannt) im Jahre 201 n.Chr. dem chinesischen Kaiser Kao im Kampf gegenüberstanden, hatten sie angeblich ihre Reiter so verteilt, daß auf der Westseite alle weißen und auf der Ostseite alle blauen (d.h. grauen) Pferde, auf der Nordseite alle schwarzen und im Süden alle roten (braunen) Pferde aufgereiht waren und so der Sieg gewiß war.

Weiß auf einen Blick:

moralische Reinheit, Allmacht, Klarheit

Im Fünf-Elemente-Kreis wird Weiß dem Element Metall zugeordnet und entspricht den Zahlen Sechs und Sieben.

Element: Metall
Zahl: 6 und 7

Farben außerhalb des Fünf-Elemente-Kreises

棕

Grau

Grau ist die Farbe, die ermüdet. Grau ist eigentlich gar keine Farbe, da es aus Weiß und Schwarz besteht, die bekanntlich auch keine wirklichen Farben sind. Grau läßt die Chakren des Körpers langsamer drehen, weshalb diese Farbe weder in den Schlaf- noch Arbeitsbereich gehört. Natürlich auch nicht an Häuserwände, da Grau hier von jedem Passanten oder Bewohner gesehen wird und nicht dazu beiträgt, die Lebensenergie anzuheben. Mit Grau werden auch die sogenannten »grauen Mäuse« assoziiert. Aber auch der Ausdruck »das ist ja grauenhaft« sagt schon, wie Grau wirkt! Verwenden Sie Grau nur sehr vorsichtig! Ausnahme ist, wenn man die Urteils- und Kritikfähigkeit verbessern möchte, dann kann man auch zu Grau greifen!

绿松石色

Türkis

Türkis regt die Schilddrüse an, sich aus der Nahrung Jod zu ziehen, deshalb kann Türkis in dem einen oder anderen Fall auch therapeutisch benutzt werden. Türkis ist aber auch die Farbe der Kreativen und Kommunikativen. Gerade am Telefon und in Schreibtischnähe kann Türkis sehr positiv eingesetzt werden. Dieser Farbe wird zudem nachgesagt, daß sie günstig als Ausgleich zur Arbeit am Computer wirken soll.

紫色

Lila

Ein helles Lila gibt Impulse für die Wandlung im Geistigen. Je dunkler das Lila wird, desto eher wird die physische Wandlung bewirkt. Lila, ob hell oder dunkel, bewirkt eine Umwandlung von stofflichen oder nicht-stofflichen Prozessen.

Als Farbe der Geistlichkeit kam Lila an Roben und Kopfbedeckungen zur Geltung. Wenn Dunkellila überwiegt, kann es zu Depressionen kommen, da sich in ihm vermehrt Schwarzanteile befinden. Schwarz kann im Lila Unterdrückung und negative Energien bewußt machen.

Je mehr Lichtkräfte sich in der Farbe Lila befinden, desto eher werden Bewußtseinsprozesse eingeleitet, die Vergessenes aus dem Unterbewußtsein zu Tage bringen. Das dunkle Lila hingegen ist auch die Farbe der Leidenden, Depressiven und des Rausches. Fühlt man sich zu diesem Lila hingezogen, so kann es durchaus sein, daß man um jeden Preis Zerstreuung sucht. Das helle Lila hingegen verhilft eher zu Würde und Pflichtbewußtsein. Es fördert die Religiosität und die Aufopferungsbereitschaft des Menschen. Im chinesischen Bewußtsein ist Lila die Farbe der Heilung wie die der kaiserlichen Nebenfrauen und fürstlichen Konkubinen.

玫瑰色

Rosé

Diese Farbe wirkt besänftigend, liebevoll und stimmungshebend. Die sehr anheimelnde Ausstrahlung von Rosé ist nicht nur für Kinderzimmer eine wunderbare Farbe. Sie wurde auch in Gefängnissen erfolgreich getestet. Gefangene benahmen sich unter Einwirkung von Rosé kollektiver und weniger aggressiv. Allerdings raten chinesische Quellen zu einer sparsamen Verwendung dieser Farbe.

杏黃

Apricot

Apricot verjüngt und strafft die Haut. Deshalb eignet sich diese Farbe besonders für den Schlafzimmerbereich. Auch eine antidepressive Wirkung zeichnet Apricot aus. Die Lebensenergie wird angehoben, so daß Freude und Licht in den Körper einströmen können. Wenn eine Küche in Apricot getönt wird, so wirkt sich dies auf den Appetit anregend aus. Im Schlafzimmer wird ebenso der Appetit angeregt, jedoch in eine andere Richtung. Apricot vermittelt auch ein Gefühl von Geborgenheit und Wohlgefühl, so daß sich diese Farbe nicht nur für Kosmetikpraxen, sondern auch für die Warteräume von Heilpraktikern eignet.

桔黄

Orange

Orange ist ein intensiviertes Apricot. Sein Charakter ist lebensfroh, zärtlich und erotisch. Für Kantinen wie Gourmetläden und als Accessoirefarbe in Küche und Wohnzimmer eignet sich diese Farbe besonders. Vorsichtig sollte man mit Orange in Gourmetrestaurants umgehen, gerade dann, wenn die Portionen nicht dem angeregten Appetit entsprechen. Es könnte unnötigerweise zu Unmut unter den Gästen führen.
Für Perfektionisten ist es von Vorteil, im Bürobereich diese Farbe teilweise zu integrieren. Würde man Orange in zu starkem Maße im Arbeitsbereich verwenden, so wäre ein übermäßig kontaktförderndes, erotisches und damit ein das Arbeitsergebnis hemmendes Klima die Folge. Orange entspricht in gedämpfter Form dem Widderprinzip. Es fordert mehr den Verstand als nur die Aktivität. Orange wird auch als Farbe des Lächelns bezeichnet. Mit Orange ist man sich seiner Pflichten eher bewußt. Orange hilft der Entwicklung. Lehnt man diese Farbe ab, so hat man meist Kontaktschwierigkeiten oder Hemmungen. Bei Jugendlichen kann Orange Aufsässigkeit fördern.

棕

Braun

Mit Braun werden Geborgenheit und Verwurzelung unterstrichen. Braun im Übermaß eingesetzt, bewirkt eher Verzicht und Isolation. Bindungen und Zwänge werden mit Braun unterstützt. Aber auch Geborgenheit. Alte Menschen sind oft in Braun gekleidet, weil sie sich isoliert fühlen und Verzicht auf die Freuden des Lebens üben. Gesellt sich zu Braun auch noch Schwarz, neigt der Mensch dazu, sich reaktionär und konservativ zu verhalten. Braun senkt übrigens den Blutdruck, kann aber im Übermaß auch zu Depressionen, düsterer Stimmung und eventuell Stillstand führen.

桃色

Pfirsich

Dieser Farbton ist sehr positiv. Er verstärkt die Treue und das Gefühl der Zusammengehörigkeit.

红 绿 蓝 黄 白

Wie man mit Farben Räume energetisiert

Im Feng Shui gibt es verschiedene Vorgehensweisen zur Ermittlung der Farben. Zum einen kann man nach dem Geburtshoroskop vorgehen, zum anderen danach, welches Vorzeichen, Omen sich in welcher Himmelsrichtung befindet. Natürlich muß auch berücksichtigt werden, in welcher Himmelsrichtung der betreffende Raum liegt. Schauen wir uns im nachfolgenden an, für welche Himmelsrichtung welche Farbe paßt.

红

Rot

In südlich gerichteten Räume kann man Rottöne verwenden. Allerdings nicht im Übermaß, wenn Eros nicht überhandnehmen soll. Auch in Büroräumen sollten Sie sparsam mit Rot umgehen, da sich sonst zu viele Aggressionen aufschaukeln könnten. Rot paßt hingegen sehr gut in ein Kaminzimmer. Hier unterstützt Rot das Element Feuer. Rottöne passen auch ins Eßzimmer, da die Nahrung zum Element Erde gehört und Rot als die Farbe des Feuers diesen Prozeß fördert. In Verbindung mit Spitzen ist Rot ein sehr forderndes Feng Shui. So ist rote Spitzenunterwäsche aktiv gerichtet, d.h. man möchte es »wissen«. Rot verleiht Glück bei Unternehmungen und unterstützt das Durchsetzungsvermögen. Rot ist auch meist die erste Farbe, die Babys wahrnehmen und die man als Erwachsener nennt. So scheint sie die »wichtigste« Farbe zu sein. Sie eignet sich weniger für Metall- und Wassergeborene, vorzüglich aber für Feuer- und Erdgeborene.
Sollte die Hauseingangstür nach Süden zeigen, so wäre es von Vorteil, sie in einem Rotton zu streichen.

黄

Gelb

Gelb ist die Farbe des Elementes Erde und eignet sich für in Südwestrichtung gelegene Räume. Das helle Gelb erinnert an hell glänzendes Gold und die Mittagssonne. Die Gedanken hellen sich auf und klären sich. So eignet sich diese Farbe sehr gut für Arbeitsräume.
Ein dunkleres Gelb steht für den Verdauungsprozeß, so daß ein Gelb, das in Orange übergeht, den Bauchbereich des Hauses mit Energie füllt. Das ist in der Regel der Wohnbereich. Er sollte der ganzen Familie Schutz und Lebensqualität bieten, aber auch einladend und warm gestaltet sein. Gelbtöne können in den Räumen verwandt werden, wo man die Farbe zum Aufhellen des Gemütes benötigt. Aber auch in Räumen gegenüber von Friedhöfen ist es günstig, Gelb dem Sha-Einfluß entgegenzusetzen.
Gelbtöne eignen sich besonders für Erd- und Metallgeborene.
Sollte die Hauseingangstür nach Südwesten zeigen, so ist es von Vorteil, sie gelb zu streichen.

白

Weiß

Weiß gehört in Räume, die im Westen oder Norden liegen. Denn Weiß ist die Anregungsfarbe für das Element Wasser. Gerade der nördliche Bereich ist der dunkelste. Deshalb nimmt man im Feng Shui nicht die schwarze Farbe für diese Räume, sondern die lichte Anregungsfarbe. Geben Sie zum Weiß aber immer einen Schuß Gelb, um es sanft zu brechen, denn reines Weiß läßt die Augen zu schnell ermüden.
Die weiße Farbe eignet sich besonders für Metall- und Wassergeborene.
Sollte die Hauseingangstür nach Westen oder Nordwesten weisen, so wäre es von Vorteil, sie in Weiß oder Silbergrau zu streichen.

蓝

Blau

Blau gehört zum Norden, sollte aber in diesen Wohnbereichen nur sparsam oder gar nicht verwendet werden. Es kann aber in einem Ostzimmer, beispielsweise dem Schlafzimmer, als beruhigende Farbe eingesetzt werden. Natürlich nicht gleich an allen Wänden, denn in China habe ich die Erfahrung gemacht, daß impotente Patienten sich hauptsächlich mit Blau umgeben hatten!
Schmale Räume können mit hellem Blau um ein Viertel erweitert werden. In wärmeren Ländern kann Blau an der Hausfassade als Insektenschutz dienen und im Inneren als kühlende Farbe. In Schweden oder Norwegen wird man weitestgehend auf Blau verzichten, da dort nur zwei Monate des Jahres warm sind. Deshalb trifft man dort außen wie innen hauptsächlich warme Rot- und Brauntöne an.
Blau ist für Wasser- und Holzmenschen besonders gut geeignet. Zeigt die Hauseingangstür nach Norden, so kann sie schwarz oder blau gestrichen werden.

绿

Grün

Die grüne Farbe eignet sich besonders für Räume, die nach Osten oder Südosten zeigen. Grün steht für Wachstum und Regeneration. Sollte das Schlafzimmer beispielsweise über einer Garage liegen und der Standort nicht zu verändern sein, so könnte die Garage grün gestrichen werden, um die Energie nach oben, zum Schlafzimmer hin, aufsteigen zu lassen. Grün eignet sich auch für Lesezimmer, weil diese Farbe sehr beruhigend für die Augen ist. Auch Hellgrün, insbesondere Lindgrün, ist eine gute Farbe für Entspannungsbereiche. Im Schlafzimmer eignet sich diese Farbe besonders für Holz- und Feuergeborene.
Sollte die Hauseingangstür nach Osten oder Südosten zeigen, so wäre ein grüner Anstrich sehr geeignet.

Es ist grundsätzlich von Vorteil, Zäune in einem Grünton zu streichen, weil sie die Natur widerspiegeln. Werden außen Farben verwandt, so wendet man den aufbauenden Zyklus der Elemente an. Beispielsweise kann der Zaun rot sein, die Blumen gelb, die Kiesel weiß, die Haustür schwarz und die Hauswand grün.
Vermeiden Sie es, nur eine Farbe zu benutzen, da so nur ein Element betont werden würde. Diese Art der Farbgebung entspricht nicht dem Anregungszyklus, wodurch sich das eine betonte Element auslaugt.

Noch ein Wort zu Pflanzenfarben

Pflanzenfarben verkörpern das »Schöne«, das vom Himmel kommt und das Wahre der Erde. Das Gleichgewicht beider gibt der Pflanzenfarbe das Schöpferische.
Pflanzenfarben sind lebendig wirkende Farben, da sie aus dem Pflanzenreich, dem Lebendigen kommen. Mit ihnen wird das Auge angesprochen. In der lichtempfindlichen Netzhaut werden die Stäbchen für das Hell-Dunkel-Sehen und die Zapfen für das Farbsehen angesprochen. Vergleicht man synthetische und Pflanzenfarben, so sagt Rudolf Steiner: »Wenn wir immer mehr diesen modernen (synthetischen) Farben ausgesetzt sind, so sehen wir einmal nur noch grau.« Es ist bereits bekannt, daß synthetische Farben einen verhärtenden Charakter haben. Durch die Reinheit der Farben werden nicht mehr die Zapfen und somit das Hell-Dunkel-Sehen angesprochen. Das Auge verhärtet, erstarrt in der Anstrengung und wird faul. Bei den Pflanzenfarben wird in jedem Farbton die Komplementärfarbe mitschwingen, so daß die Zapfen des Auges mit angesprochen werden und so das Auge in seiner Ganzheit gefordert wird.
Die lebendige Farbe braucht keinen Zusatz. In ihr ist bereits das Komplement vorhanden. Es ist im Rot beispielsweise nicht das physische Grün, sondern im Rot der Krappwurzel ist ein gelbliches und ein bläuliches Rot, so daß das Gelbliche und das Bläuliche ein Grün erzeugen. Daraus kann man ersehen, daß es nicht um eine »Brechung« wie bei den synthetischen Farben geht, sondern um eine Steigerung im Dynamischen, wie Herr Meier vom Pflanzenlaboratorium in der Schweiz berichtet.
Falls Sie sich also gern mit einer neuen Farbe umgeben möchten, so wäre es von Vorteil, gleich die pflanzlichen, lebendigen Farben zu wählen. Besonders aber in Räumen wie dem Schlaf-, Kinder- und Arbeitszimmer, also Räumen, in denen man sich länger aufhält, sollte man lebendigen Farben den Vorrang geben. Das betrifft auch Gemälde, die mit diesen natürlichen Farben gemalt worden sind. Denkt man an die Heilwirkung von Farben, so muß ich die größte Farbtherapeutin Deutschlands, Christel Heidemann, erwähnen. Sie hat ihr Leben der Arbeit mit Pflanzenfarben am kranken Menschen gewidmet. Mit Erfolg werden Patienten mit zirka einem Quadratzentimeter großen pflanzenfarbengefärbten Seidenstücken auf Akupunkturpunkten behandelt. Diese Farben wirken auch nachts, was den Patienten oft verblüfft. Das Argument »Nachts mache ich die Augen zu und schlafe, die Farbe sehe ich ja dann gar nicht mehr...«, hat keine Grundlage. Farben beeinflussen jeden Menschen körperlich, Sie erinnern sich an die Auswirkungen auf das Herz-Kreislauf-System, und natürlich auch auf der Seele-Geist- und Energieebene. Auf einer Tagung in Saarbrücken 1989 sagte Eduard Najlepszy, daß durch die Farbe unsere Empfindungen gestaltet werden und die Seele aufgebaut wird, gerade so, wie der physische Körper durch Nahrung erhalten wird. Das Auge ist sozusagen nur der Fotoapparat, der Film aber ist die Seele, und da bemerken wir, daß jeder anders sieht. »Das, was unsichtbar als Empfindung, als seelische Welt uns umgibt, versucht der Maler sichtbar zu machen. Die Natur wiederum zeigt uns eine sehr bewegliche Farbigkeit, die ohne menschliche Tätigkeit einfach da ist; die Jahreszeiten, die Pflanzenwelt usw... Farbigkeit mit großer Lebendigkeit.«

灵魂的花园

Gärten für die Seele

Zuerst bedenke man seine Funktion. Soll er ein Ort der Besinnlichkeit, Ruhe, Meditation und des Wandelns sein? Oder dient der zukünftige Anbau eher der Zucht von Gemüse und Obst? Wird er als Spielplatz und zum gemütlichen Zusammensein genutzt werden? Feng Shui unterscheidet zwischen dem statischen und dem mobilen Garten. Der mobile Garten ist der, durch den man wandelt. Er entfaltet sich mit jedem Schritt zu neuer Einsicht, Pracht und Wirklichkeit. Wie ein Buch, dessen Seiten man langsam umblättert. Der statische Garten dagegen ist der, den man von den Fenstern aus betrachtet. Er ist als Ganzes zu sehen, gewöhnlich von einem besonders vorteilhaften Standort aus. Wie ein Bild, das das Auge des Betrachters erfreut. Nur das Wandeln in ihm ist weniger erbaulich als im mobilen Garten.
Manche Gärten erfüllen auch die Funktion beider Seiten – der statischen und der mobilen.

Nicht die Größe ist entscheidend, auch nicht die Seltenheit und Vielzahl der Pflanzen. Je kleiner der Garten ist, desto sparsamer sollte er bepflanzt werden. Dafür können Steine und Wasser im Feng Shui-Garten zusammen mit wenigen Blumen eine vollendete Harmonie schaffen.

Er soll schön sein, aber nicht prunken. Natürlich soll er aussehen, wie von der Natur selbst erschaffen. Schönes und Häßliches sollen voneinander getrennt sein, die Formen das Auge und den Geist beruhigen und leiten. Der Garten dient im Feng Shui zunächst der Nahrung des Herzens und der Beruhigung des Geistes. Von ihm sollen heilende Wirkungen ausgehen. Der Zusammenhang von Yin und Yang soll im Garten voll ausgeschöpft werden: das Wechselspiel von Licht und Schatten, von Stille und Geräuschen, von ruhigem und plätscherndem Wasser, von schönen Düften und Farbenspielen.

Ob Zäune, Hecken oder Mauern, sie alle haben den gleichen Zweck: das Anwesen vor Eindringlingen zu schützen und sich selbst abzugrenzen. In Amerika ist diese Art der Abgrenzung zum großen Teil nicht nötig. Dadurch wirken die Grundstücke im Eingangsbereich parkähnlich und lassen viel gutes Chi in das Haus.
Ein viereckig angelegter Zaun verstärkt die Erde. Ein halbbogenförmiger oder runder Zaun verstärkt das Formelement Metall. Auch die Farbe des Zaunes kann entscheidend sein. Ein roter Zaun symbolisiert Feuer, ein gelb-gold-braun gestrichener Erde. Ein silberfarbener oder grauer steht für Metall, ein blau-schwarzer für Wasser und schließlich ein grüner für das Element Holz.

Auch das Material ist von Bedeutung. Beispielsweise gehört ein Naturholzzaun zum Element Holz, ein Metallzaun zum Metallelement.
Wozu benötigen Sie nun diese Erkenntnisse?
Mit der Umzäunung legen Sie einen Grundstein, einen Beginn für den Energiekreislauf. Von dort aus können Sie Ihre Betrachtung über den Fünf-Elemente-Kreis starten. Ist Ihr Zaun beispielsweise blau, dann gehört er zum Element Wasser. Dann hätten Sie einen grünen Vorgarten, der Holz symbolisiert. Das Haus selbst wäre in einem Rotton gehalten und gehörte somit zum Feuer. In der produktiven Folge der Elemente ziehen Sie auf diese Art und Weise das Chi zum Haus.

Wie erkennt man einen guten Chi-Platz für Mensch und Pflanze?

Das Gras wächst üppig, und der Platz strahlt Ruhe und Klarheit aus. Die Äste der Bäume wachsen stark in alle Richtungen. Verläßt man diesen Platz, verspürt man ein nachhaltig wohltuendes Gefühl von Energie.

Woran erkennt man einen ungünstigen Platz für Mensch und Pflanze?

Diese Plätze mit einem Orlok (Sha-Einfluß) sind oft vermoost und kahl. Hier stehende Bäume weisen Drehwuchs und sogenannte Geschwüre auf. Die Früchte sind klein, modrig, untypisch in ihrer Form, und Pilzbefall ist nicht selten. Immerwährender Schädlingsbefall ist ein sicheres Anzeichen für einen Orlok. Auch Unkrautpflanzen zeigen Plätze an, an denen sich Sha-Energien ausbreiten und nun mit Ihrer Hilfe gewandelt werden müssen. Auch Katzen halten sich bekanntermaßen gern andiesen Plätzen auf.

Orte, an denen man sich nicht aufhalten sollte

Es gibt Orte, an denen es spukt. Unfälle häufen sich im Garten, bestimmte Stellen werden nur ungern betreten und es gibt mitunter eigenartige Geräusche von dort. Feng Shui ist in der Lage, diesen Platz wieder zu reinigen und zu harmonisieren. Ein Ritual wird abgehalten und ein Schrein errichtet.

Was Pflanzen alles zeigen können

Beobachten Sie zunächst das, was Sie vorfinden.
In Japan, China und Queensland gibt es eine Zierkirschenart, die dem guten Beobachter Vorkommen von Gold- und Silbererz anzeigt. Sollten Sie also in Ihrem Garten auf diese Zierkirschenart stoßen, könnte es sein, daß Sie schneller reich sind, als Sie dachten!

In Frankreich zeigen die Lepidodendren das Vorhandensein von Steinkohlelagern an. Raute und Lebermoos weisen auf Kupfervorkommen hin.

Beobachten Sie die Pflanzen in Ihrem Garten. Wächst dort etwa die Ackerdistel? Hier treffen Sand und Lehm aufeinander.

Dort, wo sich die Brunnenkresse niederläßt, könnten Sie einen Brunnen graben. Die Wasserqualität ist dort ausgezeichnet!

Viele Jahrhunderte lang spielte der Garten eine große Rolle. Er wurde zum einen dazu benutzt, Einflüsse von außen zum Haus hin abzublocken. Oder im Gegenteil deren positive Seiten durch Gartenelemente zu betonen. Die alten Weisen waren sich einig, daß das Chi eines Gartens durch Feng Shui-Regeln in Gleichgewicht und Harmonie zu bringen sei. Im »Yuan Ze«, einem alten Gartenbuch der Jahrtausendwende, sind noch einige Angaben über die Gestaltung von Gärten überliefert. Die Lage des Gartens ist nicht anders als die Lage des Hauses zu betrachten: Am besten befindet sich der Garten in einer guten Phönixblicklage, ist also zum Süden hin geöffnet, oder hat einen Weitblick auf Wasser und Berge. Ob Sie einen Garten, eine Terrasse, einen Balkon oder Wintergarten haben, Sie können die Prinzipien auch im kleinen anwenden.

植物与它的品德

Pflanzen und ihre Eigenschaften

An der Decke der Kirche von St. Michael in Bamberg findet sich ein einzigartiges Kunstwerk: 578 Pflanzen wuchern im schönen gotischen Gewölbe und verwandeln es in einen blühenden Himmelsgarten. Der Abt des Klosters Michelsberg gab den Auftrag zu dieser Malerei.

Azalea	Weiblichkeit, Yin
Akazie	Stabilität, Yang
Bambus	langes Leben, Zähigkeit, Jugend, Yang
Birne	Langlebigkeit, Yin
Chrysantheme	Entschlußkraft, Yang
Flieder	Streit, Yin, Wohlgeruch
Forsythie	Lebenskraft, Yang
Gardenie	Stärke, Yang
Geißbart	Ehe, Yin
Goldröschen	Individualismus, Yang
Hibiskus	Fülle, Yin
Hortensie	Errungenschaften, Yang
Jasmin	Freundschaft, Yin, bremst Sha-Einflüsse von außen
Johanniskraut	Fülle, Yin
Kamelie	Langlebigkeit,Yang
Kürbis	gut gegen üble Gedanken
Lilie	Fülle, Yin, kann Sorgen wegnehmen
Lotusblüte	Empfänglichkeit, Yin
	Fruchtbarkeit, gut in der Nähe von Wasser
Magnolie	Wohlgeruch, Yin
	Schönheit,
Narzisse	bringt Glück ins Haus, Yang
Oleander	Schönheit, Yin, Empfänglichkeit, Fruchtbarkeit
Orangenbäumchen	gute Absichten, Yin, mit ihnen wünscht man Glück
Orchidee	Liebe, Schönheit, Geschenk für das Hochzeitspaar
Begonie	Königin aller Blumen!
	mit ihr wünscht man Glück, Freude, Liebe
Reispflanze	Glück, Gerechtigkeit, gute Gesinnung,
Rosenbäumchen	Duft der Liebe, Yang, Stachel des Streites

花园的和谐元素

Die Harmonie des Gartens

Ein chinesisches Sprichwort sagt: »Wenn wir einen Pavillon haben, besitzen wir einen Garten.«

Der chinesische Garten besteht aus vier Elementen: den Pavillons, den hochaufgetürmten Felsen, dem Wasser und erst an vierter Stelle den Pflanzen. Den Chinesen kommt es nicht in erster Linie auf die Anordnung von Pflanzen an, sondern auf die Darstellung des kosmischen Chi. Sie kontrastieren Helles mit Dunklem, Hartes und Starres mit Weichem und Biegsamem, Kleines mit Großem und Rauhes mit Glattem. In einer schier endlosen Reihe könnte man jetzt die komplementären Gegensätze aneinanderreihen und das alles für einen Zweck: das dynamische Gleichgewicht zwischen Yin (fließend, vorübergehend, weiblich) und Yang (solide, permanent, maskulin) aufzubauen. Massive Felsen (Yang) erheben sich neben stillem Wasser (Yin). Üppige Gräser sprießen aus Öffnungen glatter Steine. Ganz bewußt spielt der chinesische Gärtner mit Überraschungen, denn er weiß, daß sich gelegentlich das Bild von Yin und Yang umkehrt. Beispielsweise wenn über die glatte Fläche des Sees der Wind bläst und Wellen und Rauheit erzeugt, den Yangcharak-

Poesie und überraschende
Durchblicke im Garten

ter des Wassers, oder Schatten (Yin) den harten Fels (Yang) umspielen. Kunstvoll geschnitzte Rahmen oder runde und achteckige Öffnungen in Mauern geben einen Bildausschnitt einer wohlkalkulierten Energieansammlung frei. So, wie wenn man zu einem Fenster hinausblickt und begeistert über die Harmonie der Natur ist.
Die drei »Winterfreuden« sind die Tanne, der Bambus und die Pflaumenblüte. Alle Pflanzen und Bäume haben eine symbolische Bedeutung. So steht zum Beispiel die Chrysantheme für Langlebigkeit, ebenso der Bambus. Granatäpfel gelten wegen ihrer vielen Kerne als Fruchtbarkeitssymbol. Die Pflaumenblüte steht für Mut, die Frucht für Gesundheit. Ein chinesischer Garten ist wie ein Gedicht: Poesie und Kreativität, das Spiel von Yin und Yang, von irdischen und kosmischen Kräften, der Mensch, der hier wandeln und sich erfreuen kann. Das Ziel ist: das Kleine im Großen und das Große im Kleinen.

Das dynamische Gleichgewicht der Kräfte im Garten

Yin- und Yang-Prinzipien

Zunächst ist es wichtig, sich noch einmal zu vergegenwärtigen, daß Yin besonders das Sanfte, Flache, Stille und auch Wasser ist. Yin ist zart und anschmiegsam. Hingegen ist das Yang das hoch Aufragende, das Harte, das Gebende und Bewegte.
In einem Garten wechseln sich nach alter Tradition Ruhezonen, Yin, mit anregenden Yang-Zonen ab. Ein Springbrunnen ist Yang und benötigt einen Gartenpavillon, einen ruhenden See, eine Sandfläche wie in einem Zen-Garten oder eine Ruhebank zum Ausgleich. Das Yin kann in Form von Farben eingebracht werden. Yang-Farben sind kräftige Farben, Yin-Farben nehmen sich zurück. So ist Rot eine Yang-Farbe und Grün eine Yin-Farbe.

Die typischen chinesischen Pagoden und Laternen können auch hierzulande im Baumarkt »Hess« erstanden werden. Sind sie fünfstöckig, so bringen sie besonderes Glück. Zum einen, weil die Fünf eine Glückszahl bei den Chinesen ist und zum anderen, weil sie die fünf Elemente symbolisiert. Die Pagode ist Yang und kann helfen, Glück in den Garten zu ziehen, eventuell als Balance für zuviel Yin. Auch Licht kann ein wichtiger Faktor sein, um als Gegenpol zu Yin aufzutreten. Ein Teich ist Yin. Ist er im Verhältnis zum Haus übermäßig groß, übertrifft gar die Grundfläche des Hauses, dann muß er optisch verkleinert werden. Teils geschieht das, indem Seerosen in den Teich gepflanzt werden und teils dadurch, daß Sträucher und Bäume, die das Holzelement symbolisieren, gepflanzt und nachts angestrahlt werden. Auf diese Weise entzieht man dem überschüssigen Wasserelement Energie.
Man könnte Kiefern, Weiden oder Zypressen wählen, die für Langlebigkeit stehen und nach chinesischer Auffassung Glück und Segen in den Garten bringen.

园中之阴

Yin im Garten

Am besten nimmt man blaue und grüne Farbtöne. Entweder haben Blumen diese kühlen Farben oder aber Polsterauflagen, Tischdecke oder der Gartenschirm. Alle Pastelltöne, von zartem Rosé bis hellem Lila, ein Hauch von zartem Gelb oder himmlischem Blau – sie alle tragen dazu bei den Yin Charakter eines Gartens zu verstärken. Aber auch Laubbäume, Bodendecker und Sträucher mit samtweichen Blättern bringen Yin. Wollen Sie etwas pflanzen, was den Yin-Charakter verstärkt, so sind alle Gemüsesorten gut, die unter der Erde wachsen, wie Möhren, Rettich und Kartoffeln. Übrigens sind natürlich auch alle Ruhezonen wie Liegestühle, Sitzbänke und Gartenstühle reines Yin, genauso wie eine Hängematte oder eine Decke auf der Wiese. Selbst die Sitzgruppe an und für sich ist Yin im Verhältnis zum Sonnenschirm, der Yang ist. Deshalb fühlt man sich auch so wohl, wenn man einen Schirm oder eine Markise als Ausgleich zur Yin Sitzgruppe hat. Yin kann man sich aber auch sehr gut mit gewundenen Wegen und geschützten, ruhigen Zonen, genauso wie mit Steinfiguren der Ruhe (beispielsweise einem Buddha) einbringen. Auch dunkle Farben und schattige Plätze sind Yin und lassen schon vermuten, daß es sich hier gut entspannen läßt in der sommerlichen Hitze. Gibt es kühle Plätze, wie an einem Teich unter schattigen Bäumen, so verstärkt sich das Yin, ja sammelt sich regelrecht dort. Ein Feng-Shui Garten achtet darauf, immer einen Ausgleich zwischen Yin und Yang zu erreichen. Übrigens ist auch der Kompost Yin, hier wandelt sich in einer Ruhephase das Yang in Yin um, um dann wieder Lebensenergie für neues Wachstum zu werden. Selbst die runden Kieselsteine und der verträumte See oder Teich zählen zum Yin und vermitteln Ruhe und Gelassenheit.

园中之阳

Yang im Garten

Yang-Energie in den Garten zu bringen, ist relativ einfach: Verstärken Sie die Farbe, greifen Sie beispielsweise zu starken Rottönen. Ein Springbrunnen, der klares Wasser und eine hohe Fontäne sprühen läßt, ist ein starkes Yang. Auf der Ebene des Elementes »Holz« können Sie immergrüne Gewächse einsetzen. Dazu gehören beispielsweise Buchsbaum und Tanne. Denken Sie aber daran, daß Sie keinesfalls Eiben in den Garten setzen. Sie erinnern uns daran, daß alles vergänglich ist. Sie gehören mitsamt allen Lebensbäumen in den Friedhofsbereich. Sorgt man für immergrüne Gewächse im Bereich der Freunde und Geschäftsbeziehungen, so wird man immer hilfreiche Menschen um sich haben. Auch Bäume und Büsche mit geradem Wuchs sind Yang. Alle Pflanzen und Bäume, die dunkelgrüne, mitunter spitze oder stachelige Blätter haben, bringen Yang in den Garten.

Natürlich ist auch Licht ein wichtiger Gestaltungsfaktor, wenn es um Yang-Energie geht! Lampen, die an der Hauswand angebracht sind, starke Bewegungsleuchten und Laternen werden nachts genügend Yang-Energie in den Garten bringen. Achten Sie aber darauf, daß das Licht nicht blendet. Sollten Sie Geldprobleme haben, dann beleuchten Sie die Südost-Ecke des Grundstücks. Ein helles Licht am Eingang ist besser als auf der Yin-Rückseite des Grundstücks. Am Eingang zieht es Chi, die Lebensenergie, an und bringt den Bewohnern Glück ins Haus. Es ist auch möglich, auf der rechten Seite, der Drachenseite des Grundstücks einen großen Stein, vielleicht einen Findling, zu plazieren. Er steht für Yang-Energie und wacht über das Glück. Denken Sie an dieser Stelle auch an Löwen, die traditionell im Feng Shui als Wächter eines Anwesens, links und rechts zum Eingang, positioniert werden. Natürlich sollten Sie dazu eine Affinität besitzen. Haben Sie selbst im chinesischen Horoskop das Feuerelement, so werden Sie eher zu den Löwen tendieren.
Im Gemüsebeetbereich zählen alle Pflanzen, die über der Erde wachsen, zum Yang, wie beispielsweise Bohnen, Erdbeeren, Stachelbeeren und Gurken.
Im Feng Shui des Westens geht es darum, sich mit den Kräften des Yin und Yang zu versöhnen und in einer wohltuenden Einheit zu leben, um daraus Kraft zu schöpfen.

Der Leipziger Orthopäde Daniel Schreber wußte bereits 1832, als er Gärten für Kinder anlegte, daß Gärten Heilkräfte haben. Die englische Botanikerin Sue Minter geht sogar so weit, daß sie sagt: »Unsere Sinne verbinden uns mit der Natur, durch sie empfinden wir den Garten als heilenden Ort.«

Die Chinesen wußten schon vor 5000 Jahren, daß der Garten ein Ort für Geist und Seele ist, ein Abbild des kosmischen Geschehens und irdischer Verbundenheit.

Die Pagode, ein Abbild der kosmischen und irdischen Verbundenheit.

Wege werden so geplant, daß sie verschlungen verlaufen, da die Windungen für ein langes Leben stehen. Ein in östlicher Richtung angelegter Bach verheißt Reichtum. Gut plazierte Bäume geben den Bewohnern Stärke und Schutz. Ein Teich mit Goldfischen bringt Glück und Reichtum ins Haus.
Im Feng Shui werden auch die Tiersymbole in künstlich angelegten Bergformen, in der Anlage der Wege oder der Öffnung des Gartens eingebracht. So gehören der Kranich und der Phönix in den Süden, der Tiger in den Westen, die Schildkröte in den Norden, der Drache in den Osten. Der Löwe als Symbol der Macht und Autorität sollte sich am Eingang befinden. Der Hirsch und auch sein Geweih stehen für Reichtum.

Kranich, Storch oder Flamingo erfreuen Auge und Seele im Süden des Gartens

Der Garten Eden auf Erden wurde zunächst durch die Wikinger, dann durch die Ägypter verwirklicht. Dieser Garten bildete den Gegenpol zu dem kargen Außen. Ein Traum von Kühle, Schatten, Wasser und Vogelgezwitscher. Diesen Traum verwirklichten sie in ihrem künstlichen Paradies.
Orientalische Gärten entstehen nach einem Grundmuster, dem »Tschahar Bagh«. Islamische Eroberer reichten es weiter bis nach Nordindien und China, in den Maghreb und nach Spanien. Tschahar Bagh heißt eine streng geometrische Gartenform mit kreuzförmigen Kanälen, vier Beeten und einem Brunnen in der Mitte. Pragmatiker und Materialisten sehen in ihm die Abwandlung eines früh angelegten Bewässerungssystems wieder. Feng Shui-Gelehrte erblicken in ihm die Urformel für kosmologische Zusammenhänge, sehen

den Kosmos in der Mitte, der die vier Urströme Feuer, Wind, Wasser und Äther speist. Dieses Elementenprinzip wurde Vorbild auch für die Anlage der indischen Gärten. Die Farben entsprechen den Fünf Elementen der Chinesen. Rot ist die Farbe des Feuer-Elementes, Orange die der Ered- und Weiß die Farbe des Metalls. Blautöne gehören zum Wasser und Grün zum Holz. Natürlich gibt es eine Unmenge von Farben dazwischen – eben die ganze Bandbreite der Naturfarben. Die Farben können Gefühle stimulieren, von himmelhoch jauchzend bis zu Tode betrübt.

Park nach Yin und Yang gestaltet

园中色彩

Farben im Garten

Rottöne stimmen fröhlich. Übermäßig eingesetzt, wirken sie zu stark herausfordernd und sollten durch blaue Blüten gedämpft werden, wie z.B. der Schlafmohn mit Lavendel (Blau ist die Farbe des Wassers, und Wasser kontrolliert oder dämpft Feuer). Die Rose beispielsweise entwickelt ihren betörenden Duft erst mit eintretender Feuchtigkeit am Abend und vertreibt so hilfreich Depressionen.

Rosatöne sind warm und einladend. Besonders sanft wird Rosa empfunden, wenn graulaubige Pflanzen kombiniert werden.

Gelbtöne gehören zum Erdelement und spiegeln den Sonnenschein auf Erden wider. Gelb macht heiter und beflügelt den Geist bis in den Abend hinein. Im Feng Shui können auch unterschiedliche Gelbtöne miteinander kombiniert werden. Ein dunkleres Gelb entspricht dem Yin- und ein helles Gelb dem Yang-Prinzip. So ist innerhalb einer Farbe die Harmonie zu erreichen. Gelb fördert die geistige Frische und Beweglichkeit.

Weiß beginnt in der Nacht zu leuchten wie Metall, wenn es angestrahlt wird. Die meisten weißblühenden Pflanzen verströmen einen betörenden Duft, da sie Motten und Nachtfalter mit diesem Geruch fernhalten möchten. Zu viele weiße Farben im Garten können etwas damit zu tun haben, daß man gerade Abschied von einer geliebten Person genommen hat.

Rot ist die Farbe der Macht, Energie, des Yang und der Aggression. Aber auch die Farbe des Feuers, des Blutes und der Liebe.

Blau stellt die Verbindung zum inneren geistigen Aspekt dar. Helles Blau spiegelt den Himmel wider, die Unendlichkeit und die Freiheit. Dunkles Blau ruft auf zur Innenschau, zur Konzentration und Einkehr zu sich selbst.
Königsblau ist die Farbe der Herrschenden. Gewänder in dieser Farbe schützen den Träger.

Türkis steht für Kommunikation.

Rosa ruft die zarten Gefühle der Liebe.

Lila ist die Farbe der geistigen Wandlung.

Grün beruhigt das Gemüt, gibt Ruhe und Gelassenheit, Willenskraft und Ausdauer. Lindgrün ist zudem eine Farbe der Heilung für Herz und Augen. Zuviel Grün führt zu Langeweile.

Apricot verjüngt das Hautbild, steht für Heim und Familie. Apricot ist neben Orange die weiblichste Farbe des Fünf-Elemente-Kreises.

Yang-Farben sind helle, kräftige Farben. Yin-Farben hingegen sind kühl, beruhigend, zart. Sind in einem Garten beide Farben im Gleichgewicht, so ist der Garten in Harmonie, in einer natürlichen Ausgewogenheit. Besonders die Regenbogenfarben wirken auf der Astral- und Ätherebene energetisierend. Dennoch ist weniger mehr! Die erste und wichtigste Devise im Feng Shui.

Farbe kann im Garten auch in Form von Sesselauflagen, Sonnenschirmen und Möbeln eingebracht werden. Selbst die Palisadenwand oder Ihr Zaun kann die nötige Farbe für die Harmonie mit sich bringen.

Worüber sich die Ohren freuen

Erinnerungen aus der vergangenen Kindheit treten sehr schnell auf, wenn man die Baumwipfel der Obstbäume rauschen, den Klang der Pappeln und Weiden im Wind hört. Erinnerungen sind sehr häufig mit Geräuschen verbunden. Bienensummen, Vogelzwitschern, das Trappeln von Pferdehufen, der Ruf des Hahns am Morgen und das Rascheln von Stroh unter den Füßen im Herbst. Alles das muß keine Kindheitserinnerung bleiben. Sie kann wieder aufleben: beispielsweise im eigenen Garten. Denn bekannt ist, daß diese Geräusche eine antidepressive Wirkung haben und belastbarer gegenüber dem Alltag machen. So ist es nicht verwunderlich, daß das Blätterrascheln von Bambus, wenn leise der Wind durch ihn fährt, die Seele streichelt. Auch das Vogelzwitschern streichelt so manche Seele: Sollte sich ein kleiner Garten-Rotschwanz in Ihrem Garten aufhalten, so wird er schöne Lieder singen, die den Streß vertreiben.

Mit Lavendel, Verbenen, Rosmarin, Thymian, Salbei, Edeldisteln und Geißklee werden besonders Vögel, Insekten und Schmetterlinge angezogen. Gleichzeitig holen Sie sich mit diesen Yang-Pflanzen positive, aktive Energie ins Haus.

好的嗅觉效果

Was die Nase erfreut

Manche mögen Düfte über alles. Diese Menschen werden sich für blasse Pflanzen entscheiden, weil diese mehr Duftfaktoren abgeben. Die Natur hat es sehr vorteilhaft eingerichtet: stark duftende Pflanzen haben weniger Farbe und kaum riechende eher kräftige Farben. Ein Ausgleich nach dem Yin- und Yang-Prinzip.
Besonders wohltuend wie stimulierend wirken: Lilien, Rosen, Phlox, Lavendel, Seidelbast und Jasmin. Sollte man eher am Abend den Garten genießen, dann sind Jasmin und Rosen zu empfehlen, weil sie am Abend ihren Duft verströmen.

Auch für den Balkon gilt dies: Schön und betörend wirken Geranien unter Sonnenglut und Reseden der Extraklasse.

Die richtige Wahl der Pflanzen

Geben Sie möglichst einheimischen Pflanzen den Vorrang, um die Schönheit der Umgebung auch im Garten widerspiegeln zu lassen. Haben Sie sich für Bäume entschieden, so wären die Bäume Yang. Um die Harmonie herzustellen, braucht man dazu entweder Sträucher, Blumen oder runde Steine, um Yin in den Garten einzuladen. Große Bäume gehören grundsätzlich in den hinteren, rückwärtigen Teil des Gartens. Sie würden vor dem Haus nur die Sicht versperren und es Dieben leicht machen, sich hinter ihnen zu verstecken. Nur Ausnahmefälle – wie die Lage des Hauses am Ende einer Sackgasse oder an einer stark befahrenen Straße – lassen Bäume vor dem Haus zu. Dann allerdings dürfen sie auch nicht zu nah am Haus gepflanzt werden. Denn sie würden sonst die Energie der Erde mit ihren Wurzeln wegsaugen. Dadurch würden Sorgen und Energiemangel auftreten können.

Eine Dreiergruppe von Bäumen bildet einen magischen Ort. Schauen Sie sich um, in Parkanlagen oder in der freien Natur stehen häufig drei Bäume wie Erle, Esche und Eiche zusammen. Aber auch drei oder fünf Kastanien oder drei Birken ergeben gemeinsam eine Kraftquelle. Lehnen Sie sich an, setzen oder stellen Sie sich in dieses Kraftfeld! Sie spüren vielleicht Frieden, Wärme, ein kribbelndes Gefühl in Ihrem Körper, mitunter kommen aber auch geistige Klarheit und eindeutige Antworten auf wichtige Lebensfragen an solchen Plätzen zustande. Innerhalb des eigenen Gartens solch einen Kraftort zu bilden, ist nicht immer möglich, da Sie dann schon ein parkähnliches Grundstück haben müßten und keinen Rasenflecken. Haben Sie Trauerweiden auf Ihrem Grundstück? Sie sind die Pracht der chinesischen Gärten. Kaum einer kommt ohne sie aus. Sie können sehr gut einen unschönen Anblick »verschleiern«.

Natürlich sollen in jedem Garten die Seele und das Auge erfreut werden. Die ästhetische Wirkung sollte allerdings nicht die Natur übertönen. Denken Sie bitte auch daran, daß die Farbe Weiß alle anderen Farben erst richtig zur Geltung kommen lassen kann und weniger ein Mehr bedeutet.

Die vier Richtungen eines Gartens

Der Osten ist dem Bereich der Kinder verwandt, der Westen den Alten, der Nordwesten der Autorität oder dem Vater und der Südwesten der Mutter. Will man nun entsprechend diesen Richtungen im Garten Statuen aufstellen, einen Spielplatz errichten oder einen Ruheplatz, so kann man sich an diesen Richtungen orientieren. Um die männliche Autorität zu sich einzuladen, kann man beispielsweise einen Adonis als Steinfigur in die Nordwestecke stellen. Er sollte – so wie alle anderen Gegenstände und Figuren – hundertprozentig erhalten sein. Figuren mit fehlenden Armen oder Beinen sind kein gutes Vorzeichen für die Hausbewohner. Auch ihnen könnte ein ähnliches Schicksal zustoßen. Zumindest aber fühlen sie sich nicht ganz. Die Gesamtharmonie wäre gestört.

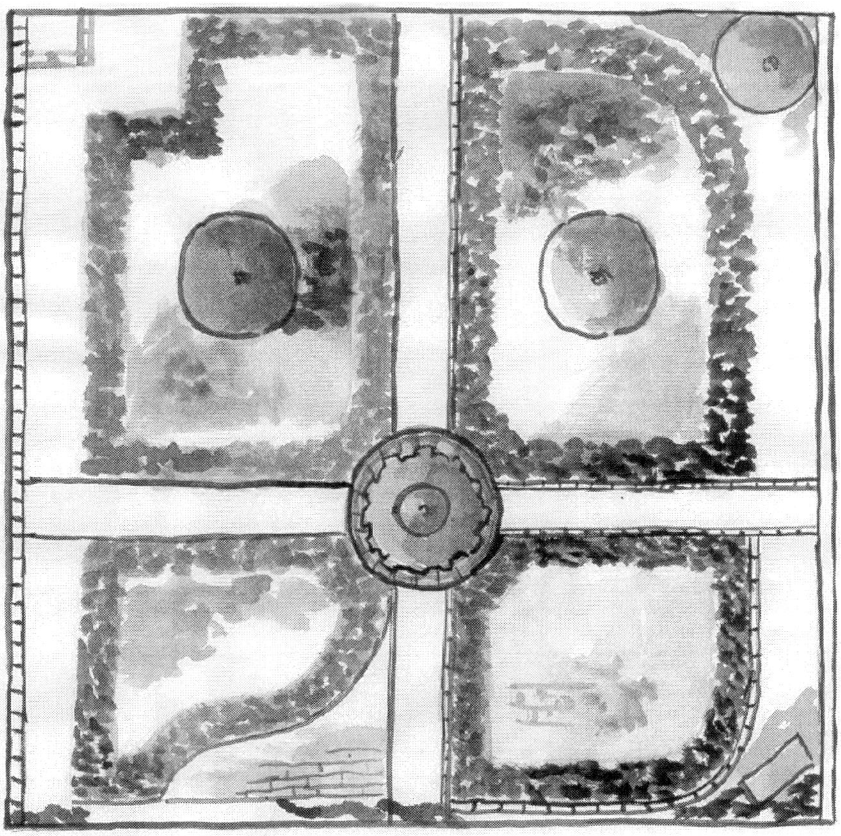

Den Garten sollten Sie nach den vier Haupthimmelsrichtungen betrachten

Wasser im Garten

Wasser im Garten kann in Form von Teichen, Springbrunnen, Schwimmbecken, Wasserfällen und Bachläufen vorkommen. Wasser lädt das Chi ein. Für welche Möglichkeit man sich entscheidet, ist von den Bedürfnissen der Bewohner abhängig. Wasser bedeutet auch Geld, Lebensfluß und wird als Geräuschkulisse sehr geschätzt. Handelt es sich bei Ihnen um ein hügeliges Gelände, so ist ein Bach dem Teich vorzuziehen. Ist das Gelände flach, dann ist ein Teich die bessere Wahl. Ein unbedingtes Muß ist die Klarheit des Wassers. Trübes, schmutziges und stehendes Wasser erzeugt Sha-Energie. Krankheiten und Unglücksfälle wären die Folge.

In einem Hotel in Oldenburg erlebte ich folgende Situation: Es handelte sich um ein neu errichtetes Haus mit wunderschönen Zimmern, das aber kaum besucht war. Sehr ungünstig wirkte sich der Teich auf der Rückseite des Gebäudes aus. Er war dunkel, verschmutzt und unbewegt. Abends wehte von dort ein eher unguter Hauch zu den Zimmern des Hotels hinauf. Nachdem dieser Teich gesäubert, mit Goldfischen und Springbrunnen ausgerüstet worden war, blühten auch die Geschäfte des Hotels wieder.

Eine Bekannte basaß einen Heizungs- und Sanitärhandel. Auf der rechten Seite vor dem Eingang befand sich ein kleiner Teich mit Goldfischen. Die Geschäfte blühten. Eines Tages waren einige Fische nicht mehr da. Die Bekannte meinte, daß die Katze sie gefressen hätte. Das Geld des Unternehmens floß kaum mehr. Auf den Baustellen wurde Material entwendet und es war schwer, an neue Aufträge zu kommen. Ich sagte ihr, daß sie schnellstens die Fische ersetzen müßte. Sie tat es, und die Firma hatte wieder bessere Umsätze. Ein Jahr später ging die Firma dennoch pleite. Was war geschehen? Ich fragte sie, ob sie denn immer auf die Goldfische geachtet habe. Hatte sie nicht. Sie raste zum Teich und rief mich wieder an: Kein Fisch war mehr drin!

In einer der besten Wohngegenden von Wiesbaden ließ sich ein wohlhabender Geschäftsmann beraten. Er hatte im Bereich des Bagua »Hilfreiche Freunde, geschäftliche Beziehungen« einen Teich mit einer darunter befindlichen Zisterne. Ich riet ihm zu Goldfischen und einem Springbrunnen in der Mitte und Schilfbepflanzung am Rand. Der Springbrunnen sorgt für die fließende Geldquelle, hält außerdem im Winter immer eine Stelle im Eis frei, so daß die Fische besser überwintern können. Das Schilf stand für den Schutz, den er von seinen Freunden für seine Unternehmungen anziehen sollte und Langlebigkeit seiner Beziehungen zu anderen. Er kaufte acht rote und einen schwarzen Goldfisch, so daß auch Yin und Yang ausgeglichen waren. Der Teich war exakt rund und glich so dem Element Metall. Metall fördert Wasser und Wasser Holz, das Schilf. Die roten Fische symbolisierten das Feuer, und für das Element Erde wurde ein weichgeformter Stein in das Wasser gestellt. Fazit war, daß dieser Mann gute Beziehungen im geschäftlichen wie im privaten Sinne hatte. Allerdings kümmerte er sich nicht mehr weiter um seinen Teich und so verkümmerten auch seine geschäftlichen Beziehungen. Das Schilf überwucherte letztlich den Teich, die Fische waren zum Teil in die Zisterne gespült worden und das Wasser verschmutzt. Deshalb mein Rat an Sie: Achten Sie auf Ihre Fische! Sie sollten sich sogar noch vermehren. Erhalten Sie die Reinheit des Wassers und sorgen Sie für das Wohlergehen von Tier und Pflanze, so schaffen Sie einen immerwährenden Energieaustausch und eine Quelle des Glücks!
Unterscheiden Sie zunächst das Yin-Wasser vom Yang-Wasser. Das Yin-Wasser plätschert auf gewundenen Wegen und vermittelt Ruhe. Das Yang-Wasser ist aktiv, es sprudelt mächtig und laut. Dieses Yang-Wasser kann man sehr gut einsetzen, wenn es sich um das Zerstreuen eines unguten Einflusses handelt. Auf der rechten Seite vor der Eingangstür kann es das Yang-Chi zum Haus hinziehen und einladen, dort zu verweilen. Gleichzeitig würden die Einwirkung einer stark befahrenen Straße oder einer auf den Eingang weisenden Gebäudekante oder Straße gemildert.

Yin-Wasser in einer hügeligen Landschaft kann über gewundene Wege und runde Steine zum Haus gezogen werden. Achten Sie nur darauf, daß keine Pfeil-und-Bogen-Situation zum Haus hin geschafffen wird. Vermeiden Sie mit anderen Worten, daß der Bogen auf das Haus hin zielt. Der günstigste Verlauf für einen Bach ist der von Ost nach West. Feng Shui-Praktiker meinen, daß Wasser überhaupt nicht auf die Rückseite des Hauses gehöre. Die Meinungen sind hier unterschiedlich. Mit einem Teich kann man sich Ruhe und Besinnlichkeit zum Haus ziehen. Liegt er in einem sonnigen Teil des Gartens, so wird das himmlische Koi (die Himmelsenergie) eingeladen, dort zu verweilen, so daß die Bewohner von dieser Energie auch gespeist werden. Stellen Sie in diesem Fall beispielsweise eine Gartenbank an den Teich und verweilen dort, um aufzutanken. Teich und Haus müssen in einem adäquaten Verhältnis zueinander stehen. Der Teich sollte keinesfalls eine größere Grundfläche als das Haus einnehmen. Denn Wasser ist Yin und das Haus mit seinen Bewohnern ist Yang. Die Yin-Energie muß deshalb immer wesentlich kleiner sein als das Yang. Denken Sie daran, daß Yin auch Tod bedeutet und Yang Leben! Ist die Fläche zu groß, so sollten Sie entweder einen Teil zuschütten oder mit einem grünen Teppich von wasserbedeckenden Pflanzen überziehen lassen. Ein gänzlich leerer Teich, ein leeres Schwimmbecken sind wie schwarze Löcher und verschlucken unheimlich viel Energie. Sie sind auch vergleichbar mit einem riesigen Loch im Portemonnaie. Man kommt garnicht so schnell seinen Zahlungsverpflichtungen nach, wie Geld erarbeitet werden kann. So sind finanzielle und auch berufliche Probleme abzusehen.

Ein Friseurgeschäft im Schwabenland rief mich zu einer Beratung. Es handelte sich um ein großes Haus mit einem schönen Frisiersalon und Privaträumen im Obergeschoß. Die Besitzer wollten gern noch das herrlich große Dachgeschoß ausbauen. Zunächst aber sollten die Geschäfte besser laufen. Das Hauptproblem war der ausgetrocknete Bach auf der Rückseite des Gebäudes. Nur gehörte dieser nicht mehr zum Grundstück, und guter Rat war teuer. Aber auch in solch einem Fall kann man das Element Wasser wiederbeleben, indem man sich durch eine Mauer und Begrünung derselben von dem Sha-Einfluß abtrennt und selbst Wasser an einen geeigneten Punkt bringt.

Bei der Anlage von Schwimmbädern bedenken Sie bitte, daß die Form des Beckenrandes eine Rolle spielt. Eine viereckige Form ist Erde. Erde und Wasser stehen sich aber im Kontrollzyklus gegenüber und fördern sich nicht. Besser ist es, ein rundes Becken anzulegen, weil dies dem Metall entspricht. Metall fördert Wasser, beide Elemente sind sich so – im Förderkreislauf gesehen – konstruktiv verbunden. Natürlich kann man eine unregelmäßige Form für die Anlage eines Schwimmbeckens wählen. Nur sollten die Unregelmäßigkeiten weg vom Haus zeigen. Beachten Sie bitte, daß Schwimmbecken innerhalb des Hauses weniger glückbringend sind. Tatsächlich ist das gut nachvollziehbar, denn es erfordert eine Unmenge an finanziellen Mitteln und Kraft, die innen gelegenen Bäder sauberzuhalten. Vermeiden Sie auch Wasser auf dem Dach des Hauses. Wasser ist im menschlichen Organismus den Füßen und dem Unterleib zugehörig. Deshalb allein schon versteht es sich, daß es nicht auf das Hausdach, den Kopfbereich, gehört. Über stehendem Wasser gelegene Schlafräume können zudem zu Erkrankungen der Bewohner führen. Sollten Sie jetzt auf die Idee kommen, das Wasser in Ihrem Schwimmbad abzulassen und meinen, daß Sie nun für ihre Gesundheit etwas getan hätten, so muß ich Sie enttäuschen. Denn ein leeres Bekken ist wie eine Schüssel, die die Energie der Schlafenden nach unten wegzieht. Lassen Sie für diese Fälle einen Feng Shui-Kundigen zu sich kommen.

水的韵律

Setzen Sie immer mehr rote Fische ins Wasser als schwarze. Im Aquarium sollen acht rote und ein schwarzer Fisch sein. Die Farbe Rot steht für Feuer und Glück in finanziellen Angelegenheiten. Schwarz ist die Farbe des Wasser und symbolisiert den großen Reichtum. Beide zusammen stellen Yin (Schwarz) und Yang (Rot) dar und somit Yin und Yang, die sich harmonisch ergänzen. Denken Sie bitte auch im Gartenteich daran! Schöne, gesunde und wohlgenährte Fische in herrlichen Farben sind ein gutes, Glück und Geld bringendes Omen für die Bewohner. Sollten die Fische zudem noch vermehrungsfreudig sein, um so besser. Dann vermehrt sich auch das Glück in Ihrem Haus, und gewünschter Kindersegen kann sich einstellen. Wenn allerdings so viele Fische im Teich sind, daß der Lebensraum jedes einzelnen beengt ist, wird es Zeit, sich von einigen Fischen zu trennen, sie zu verschenken oder verkaufen und damit anderen Glück zu bringen.

Auch Frösche am Teich sind ein günstiges Feng Shui-Symbol. Sie sind Yang und bringen Glück. Aber Sie sollten es sich nicht mit den Nachbarn verscherzen, wenn diese das Quaken nicht als Wohlklang empfinden. Es könnte in diesem Fall auch ein Frosch aus Stein sein. Kraniche und Vogeltränken sind ebenfalls wunderbare Anlocker von Chi. Ein Hotel in der Nähe von Mexiko City hat ein wunderbares Feng Shui, einmal abgesehen von der Tür, die man nicht gleich findet. Die Innenwelt ist genial angelegt, der Garten eine Oase. Flamingos laufen frei in der Parkanlage. Papageien können sich ebenso frei auf Bäumen

Wasser im Garten

bewegen und selbst entscheiden, wann sie ihren Käfig aufsuchen. Plätscherndes Wasser, Teiche in verschiedenen Größen und gewundene Wege laden zum Flanieren ein. Die Blumenwelt ist so vielfältig wie in dem das Hotel umgebenden Bereich. Alle fünf Farben der Elemente finden sich wie zufällig an der richtigen Stelle: gelbe Blumen im Südwesten, weiße Blüten im Nordwesten, blaue im Norden, rote im Südosten und grüne Sträucher im Osten. Die Mitte des Parkes ist frei. Hier kann Energie eingeladen werden und auch zirkulieren. Sie können sich sicher vorstellen, daß dieses Hotel ein Geheimtip sowohl für Geschäftsleute und Honeymooner ist.

Beleuchtung im Garten

Neben der Anordnung von Pflanzen ist Licht ein einfaches und wichtiges Feng Shui-Werkzeug. Es symbolisiert Feuer, was Erde hervorbringt. Aktivieren Sie die vier Eckpunkte Ihres Gartens, indem Sie dort Bodenlichter installieren. Der Garten wird größer und schöner wirken. Chi wird damit über die vier Eckpunkte des Bagua angezogen. Feng Shui sagt: Freunde, Wissen, göttliche Hilfen und eine gute Ehe sind die Grundlagen für ein glückliches Leben. Diese vier Bereiche sind es auch, die man über die vier Lichter im Garten aktiviert.

Geschickter Einsatz von Licht zieht das Auge auf einen bestimmten Punkt im Garten an. So wird das Schöne betont und vom eventuell Häßlichen abgelenkt.

Licht wird aber auch unerläßlich sein, um fehlende Hausecken auf dem Grundstück zu repräsentieren. So wird die Ganzheit wiederhergestellt.

Sorgen Sie auch für eine gute Beleuchtung in dunklen Ecken. So muß nicht immer Ihr Alarmsystem in Bereitschaft sein, weil es aus der Dunkelheit heraus einen Angriff für möglich hält. An solchen Stellen können Sie auch zusätzlich mit Bewegungsmeldern arbeiten, wenn Sie nachts zur Ruhe gehen. So können Sie beruhigt schlafen.

Auch beleuchtete Wege und Teiche sind ein gutes Mittel des Feng Shui. Das Licht darf natürlich nicht blenden und sollte lediglich unterstützen. Es darf nur als angenehm in Erscheinung treten. Schön geformte Lichtkörper können diesen Aspekt noch zusätzlich unterstreichen.

风水路

Die Feng Shui-Wege in Außenbereich und Garten

Gerade Wege sind wie Pfeile, auf denen das Chi zu schnell fließt.
Die Wege im Garten sollten wie gewundene Bäche laufen. Lange Wege bedeuten langes Leben und kurze ein entsprechend kürzeres Leben. Wege haben aber zudem auch die Aufgabe der Führung. Von einem interessanten Punkt zum anderen soll der Betrachter geleitet werden. Die Mitte des Gartens sollte frei sein, um der Energie, dem universalen Chi, einen Raum, sozusagen einen »Landeplatz«, zu bieten, damit es verweilt.

Garten-Wandelgang – die Vasenform bringt Glück

Wege können auch willkommene Feng Shui Mittel sein, um eine fehlende Hausecke oder gar einen ganzen Bereich zu ergänzen. Legen Sie in diesem Fall den Weg so an, daß er zum fehlenden Bereich führt. Er sollte auch nicht »tot« sein, d.h. in einer Sackgasse enden. Runde oder geschlängelte Wege sind im Feng Shui vorteilhaft.

石

Steine im Garten

Legen Sie sich keine Steine in den Weg! Steine werden nach ihrer Form beurteilt und in zweiter Linie nach dem Material. Steine, die zackig ausehen oder Spitzen aufweisen, sind Yang, männlich. Runde, weichgeformte Steine sind weiblich, Yin. Steine im allgemeinen

Steine in Harmonie mit Pflanzen

repräsentieren das Element Erde. Wenn Sie Ruhe und Stabilität benötigen, so sind weichgeformte Steine eine geeignete Feng Shui-Maßnahme. Aber auch wenn die Südwestecke des Hauses fehlen sollte, die zum Element Erde gehört und Sie diese ergänzen möchten, greifen Sie bitte auf dieses einfache Feng Shui-Mittel zurück. In der Größe eines Findlings kann der Stein dann die fehlende Hausecke ergänzen. So bleibt die Frau dem Haus und der Beziehung erhalten.

Pflanzen mit Heilkraft

»Schaue die Pflanze! Sie ist der von der Erde gefesselte Schmetterling. Schaue den Schmetterling! Er ist die vom Kosmos befreite Pflanze.«

Rudolf Steiner

Jede Pflanze hat ihr eigenes Wesen und demnach auch ihre ganz spezielle Bedeutung. An ihr können wir Chi-Kräfte nicht nur im Raum, sondern auch in der Landschaft beobachten. Sie kann nicht auf geomantisch gestörten Plätzen gedeihen. Gerade bei der Auswahl eines geeigneten Bauplatzes oder dem Ruheplatz im eigenen Heim sollte man die Pflanzen beobachten, wie sie sich an den auserwählten Plätzen fühlen, bevor man sich dort niederläßt.

Küchenkräuter, ob auf der Terrasse, in Balkonkästen oder auf Fensterbrettern gezogen, wecken nicht nur die Geschmacksnerven. Sie riechen gut und sind leicht zu ziehen. So ist beispielsweise bekannt, daß man Pfefferminz-Büschel zusammen mit Petersilie ins Fenster stellt und die lästigen Mücken im Sommer vertreibt. Ob das begehrte Basilikum mit seiner magenstärkenden Yang-Kraft, das gut zur Tomate paßt, oder Rosmarin, welcher den Braten zum Genuß werden läßt – sie alle tragen zum Wohlbefinden bei.
Mensch und Tier stehen in absoluter Abhängigkeit zur Pflanze. Denn die pluspolig orientierte Pflanze (Yang) wird regelrecht vom minuspolig orientierten Menschen (Yin) benötigt. In ständiger Beziehung stehen beide zueinander, durch terrestrische, kosmische Energiekräfte und jahreszeitliche Rhythmen bestimmt. So atmet der Mensch Sauerstoff ein und Kohlendioxyd aus, und die Pflanze ihrerseits nimmt Kohlendioxyd auf und gibt Sauerstoff ab. Der Mensch benötigt pluspolige Energieträger für die Aufrechterhaltung seines elektrischen Leitsystems und die Pflanze die minuspoligen Träger für die Aufrechterhaltung ihres Magnetismus. Die Grundschwingung von Menschen liegt im Zellsystem bei 10 Hertz, ebenso die der Pflanze! Zwischen beiden ist sogar eine nonverbale Kommunikation möglich!

Tatsache ist, daß wir jährlich fast 375 Milliarden Tonnen Pflanzen konsumieren. Alles was den Menschen am Leben erhält, stammt größtenteils von Pflanzen. Fachleute wissen: Der Reichtum eines Landes ist abhängig von Pflanzenanbau und fossilen Reserven. Von Pflanzen geht ein Geheimnis aus. Als Zeichen von Liebe, Freundschaft und Ehre – die Blume ist der Mittler, die nonverbale Sprache der Kommunikation. Kein Garten ohne Pflanzen, keine Behaglichkeit ohne Blumen und Pflanzen im Haus. Jeder Fotograf weiß: Blumen gehören auf das Bild. Denn gibt es etwas Lieblicheres und Notwendigeres als sie? Der grüne Teppich der Mutter Erde ist ausgebreitet. Die Pflanzen sind tagtäglich bereit, die Schadstoffe im Boden, im Haus und in der Luft zu wandeln, damit das Leben auf der Erde weitergehen kann.
Carl von Linné behauptete im 18. Jahrhundert, daß sich Mensch und Pflanze lediglich in der Art ihrer Beweglichkeit voneinander unterscheiden würden. Auch der Wiener Biologe Frace ist dieser Meinung: »Die Wurzeln der Pflanzen graben sich ins Erdreich, Knospen

und Zweige schwingen sich in vollendeten Kreisen, Blätter und Blüten beugen und schütteln sich abwechselnd, die Ranken drehen sich suchend und strecken ihre Geisterarme aus, um ihre Umgebung abzutasten. Wir halten sie nur für bewegungslos, weil wir uns nicht die Zeit nehmen, sie zu beobachten.«
Die Wurzeln graben sich wie ein primitives Gehirn ins Erdreich. Die violette Luzerne beispielsweise kann sich bis zu 12 Meter in das Erdreich vorgraben und sogar Beton durchdringen! Eine einzelne Sonnenblume kann bis zu einem Liter Wasser täglich verdunsten, die Birke sogar bis zu siebzig Liter Wasser aufnehmen und durch Verdunstung an ihre Umgebung wieder abgeben.
Pflanzen sind intelligent. Der Sonnentau packt beispielsweise die Fliege mit unfehlbarer Genauigkeit. Parasitäre Pflanzen überwinden alle Hindernisse, um an ihre Beute heranzukommen. Pflanzen haben sogar einen Sinn für Himmelsrichtungen, speichern Geschehnisse ab und reagieren sensibel auf zukünftige Geschehnisse. Die Pflanze Siliphium lacinatum wächst hoch in den Prärien des Mississippi. Sie streckt ihre Blätter genau in die vier Himmelsrichtungen und zeigt so Jägern und Wanderern gleichermaßen den Weg. Arbus procatorius, eine indische Krautpflanze, reagiert so empfindlich auf elektromagnetische Störeinflüsse, so daß sie als Wettervorhersage dienlich ist. Sie kann Zyklone, Tornados, Hurrikans, Erdbeben und Vulkanausbrüche anzeigen. Aber auch als Zeuge eines Geschehens kann sie befragt werden.

Pflanzen, die Umweltgifte neutralisieren können

Der Philodendron, die Chrysantheme und die Kornpflanze sind in der Lage, das schädliche Formaldehyd zu beseitigen und die damit verbundenen Gesundheitsschäden, wie Augenbrennen, Kopfschmerzen und allgemeine Müdigkeit. Formaldehyd kommt vorwiegend in Sperrholz, Schaumstoff, Möbeln und Teppichböden vor.

Efeu, Chrysantheme, Friedenslilie und Gerbera neutralisieren Benzol, das in Kunststoffen, Tinten, Ölen, Reinigungs- und Desinfektionsmitteln vorkommt. Damit werden auch die Auswirkungen von Benzol bekämpft, wie Schläfrigkeit, Kopfschmerzen, Appetitmangel, Haut- und Augenreizungen.

Gerbera, Chrysantheme und Friedenslilie neutralisieren auch Trichloräthylen, das vor allem in Lacken und Klebstoffen vorkommt, aber auch in chemisch gereinigten Stoffen. Trichloräthylen kann die Leber angreifen.

Es ist ein Segen, daß Pflanzen helfen können. Jedoch ist in erster Linie die Vermeidung von allen Reizstoffen der Neutralisierung vorzuziehen.

Klangvolle Namen

Chinesische Feng Shui-Gelehrte glauben, daß der Garten erst dann seine ganze wahre Pracht und seinen Glanz entfaltet, wenn er einen guten Namen hat. »Traum der roten Kammer« und »Shalimar« sind beispielsweise Bezeichnungen für ein gutes Feng Shui. Aber auch die Ecken können Namen erhalten wie »Ecke der Freunde«, »Elefantenhügel« und »Ecke des Glücks«.
Geben Sie Ihrem Garten einen oder mehrere Namen. Zum Beispiel »Garten der Milde«, »Büchergarten«, »Garten der Nahrung des Herzens« usw. Damit erzeugen Sie Gefühle und Assoziationen, die dann im Garten Platz nehmen und ihn beständig mit dieser Energie erfüllen.

»Garten der Milde«

园中树木

Bäume im Garten

Sprich einmal mit einem Baum
auf eine menschliche Weise.
Sei vor allem freundlich.
Komm nicht mit einer Säge oder Axt.

Lobe ihn
wegen seiner schönen Blätter,
seiner kleinen Blätter,
seiner zarten Blätter,
wegen seines prächtigen Kleides.

Sage ihm,
wie stark sein Stamm ist
und daß in seinen Zweigen
die Sonne spielen kann.
Schau ihn einmal ruhig an
und lausche.

Du wirst ihn hören.
Vielleicht zum ersten Mal
wirst du ihn hören.

Phil Bosmans

Schreine und Tempel sind auf bestimmte Weise Symbole der gesamten Schöpfung. Bäume sprechen ihre eigene Sprache. Sie werden als Wohnsitz der Götter angesehen, ganz besonders dann, wenn sie alleine stehen oder nah einer Kirche, einem geweihten Platz. Ein Mensch, der sich heutzutage in Gespräche mit Bäumen und Pflanzen vertieft, wird oft mißverstanden. Dennoch sind Geschichten um Bäume weit verbreitet, und es war Brauch, ihren Rat einzuholen. Die Griechen konsultierten Apollos Lorbeer in Delphi und die Zeus-Eiche in Dodona. Die Druidenpriester waren innig verbunden mit der weissagenden Eiche. Jeanne d'Arc wurde verbrannt, weil sie sich von einem Baumgeist inspirieren ließ.
Eine kleine Anekdote: In der Mitte der geschäftigen Kreuzung in Carmathen steht ein von einem zerbrochenen Geländer umzäunter Betonklotz, aus dem einige angeschwärzte

Holzreste hervorstehen – Überreste der heiligen Eiche Merlins. Es ist dies ein sehr seltsames Denkmal. Alle Pläne, es abzureißen oder an den Rand der Straße zu setzen, werden durch die Erinnerung an Merlins Prophezeiung vereitelt, daß, sobald die Eiche nicht mehr steht, auch Carmathen fallen wird. Und so könnte es auch geschehen, denn dieselben Interessenten, die eine Versetzung der Eiche befürworten, begünstigen die Sanierung der Stadt.

Wer mit einem Baum sprechen kann, braucht nicht zum Psychiater.
Nur meinen die meisten Menschen das Gegenteil.

Phil Bosmans

Vor dem Haus stehende Bäume werden als schädlich erachtet, weil sie den Zugang von Menschen und guten Energien zum Haus hin blockieren können. Die Eingangstür kann auch so verdeckt werden, daß es für Einbrecher ein Leichtes ist, sich hinter den Bäumen zu verstecken. Zudem behindern große Bäume vor dem Haus die Rundumsicht. Der überlieferten Geomantie nach würden sie auch die Gesamtschau auf die Sonne behindern.
Große Bäume ziehen den Blitz an. Ihre Wurzeln untergraben die Fundamente des Hauses, verändern Kraftflüsse im Boden und damit die Gesamtgeomantie des Hauses, was ständige Veränderungen der notwendigen geomantischen Vorkehrungen erfordern würde. Wurzeln zerstören das Fundament und führen unter Umständen zu Bauschäden. In der nordeuropäischen Überlieferung hat jede allgemein verbreitete Baumart ihre eigenen Tugenden und Eigenschaften, die den Planeten, den Wochentagen und Zeitabschnitten entsprechen.

Sonntag	– Sonne	– Birke
Montag	– Mond	– Weide
Dienstag	– Mars	– Stechpalme
Mittwoch	– Merkur	– Esche
Donnerstag	– Jupiter	– Eiche
Freitag	– Venus	– Apfel
Samstag	– Saturn	– Erle

Die Symbolsprache der Bäume

Akazie	Stabilität
Orangenbaum	bringt den Verliebten Glück
Fliederstrauch	kann Streit hervorrufen
Pfirsichbaum	für eine gute Ehe und langes Leben
Pflaumenbaum	langes Leben, robuste Gesundheit
Birnenbaum	für Gerechtigkeit, Weisheit, Gesundheit, langes Leben
Apfelbaum	bringt Gesundheit
Eberesche	Errungenschaften, Fruchtbarkeit, Kindersegen, Gesundheit
Aprikosenbaum	Fruchtbarkeit
Kirschbaum	Liebe und Fruchtbarkeit
Kiefer	Langlebigkeit
Trauerweide	sie symbolisiert Wachsamkeit und Aufmerksamkeit, ihre Zweige über der Haustür halten Menschen mit übler Gesinnung fern
Haselnußstrauch	Unsterblichkeit, Wunscherfüllung, Glück
Esche	Weltenbaum, eheliche Freuden
Erle	das Unheimliche
Weide	Frühlingsahnen, Regenzauber, Keuschheit
Eiche	Sieg, Ruhm, Kraft, Männlichkeit
Stechpalme	Glück, ewiges Leben
Eibe	Unsterblichkeit, Wehrhaftigkeit

治愈力量

Heilkraft aus den Bäumen

Haben Sie schon einmal einen Baum umarmt?
Bäume sind denkende, fühlende und wahrnehmende Wesen, Symbole des Lebens. Bäume werden in Trauer wie in Freude als Symbole gepflanzt. Geburt und Tod, Weisheit und Liebe vereinigen sie gleichermaßen. Im Brauchtum werden sie als Zeichen des Frühlings, der Fruchtbarkeit, bei der Geburt eines Kindes, bei Hochzeiten, gegen Feuer, Unglück und bei Erntedank gleichermaßen verwendet.
Schon Hildegard von Bingen hat die heilende Wirkung der Bäume vor fast 1000 Jahren erkannt. Sie empfahl Leidenden, bei bestimmten Bäumen Kraft zu schöpfen.

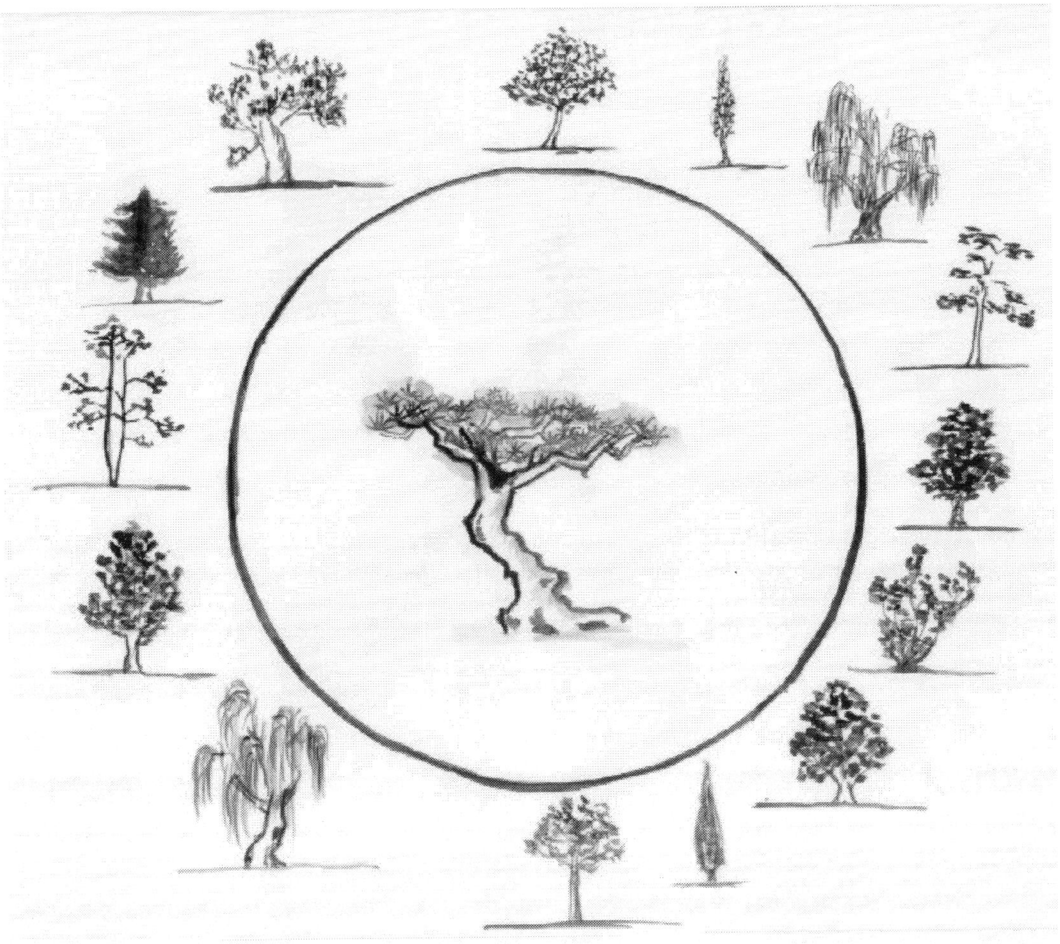

桦树

Die Birke

Sie ist nach dem keltischen Brauchtum Sitz der »Weißen Göttin«. Die Ur-Indogermanen nannten sie die gütige, menschenfreundliche Göttin. Überall auf der Welt wird die Birke mit Licht, Glanz, Reinheit und Neuanfang in Beziehung gesetzt. Die Kelten sahen in der Göttin die jungfräuliche Lichtgebärerin, die im Februar die Tage wieder länger werden läßt. Es ist die Zeit, die hierzulande als Mariä Lichtmess gefeiert wird und in der die Birke um ihres Saftes willen angezapft wird. Diese kostbare Flüssigkeit treibt Harn und Galle an, reinigt das Blut, stärkt Nieren und Harnorgane. Selbst im Himalaya weist man diesem Baum die weiße Göttin zu, die auf einem Schwan oder der Gans erscheint. Die Inder schrieben ihre Gelehrtentexte und die Veden auf Birkenrinde, und in Europa galt dieser Baum als der Baum des Lernens. Die Birke steht für Anfang und Neubeginn. Sie ist jung und frisch. Mit ihr kann sich Zukünftiges manifestieren. Birkengrün gibt Hoffnung, symbolisiert den Frühling und ist für Verliebte ein Zeichen, daß sie gewillt sind, sich ein Liebchen zu wählen. Junge Burschen steckten ihrer Angebeteten Birkenzweige zu. Frisch Vermählten oder zur Geburt eines Kindes stellte man eine Birke, geschmückt mit bunten Bändern und allen guten Wünschen, vor das Haus. Zur Geburt eines Kindes wird zusätzlich der Mutterkuchen unter der Birke vergraben, als Dank an die Göttin. Auch die Wiege des Kindes wird aus Birkenholz sein. Selbst das Ehebett sollte aus Birkenholz bestehen, denn es trägt die Reinheit der Gefühle ins elterliche Gemach und unterstützt die Weisheit des Paares.

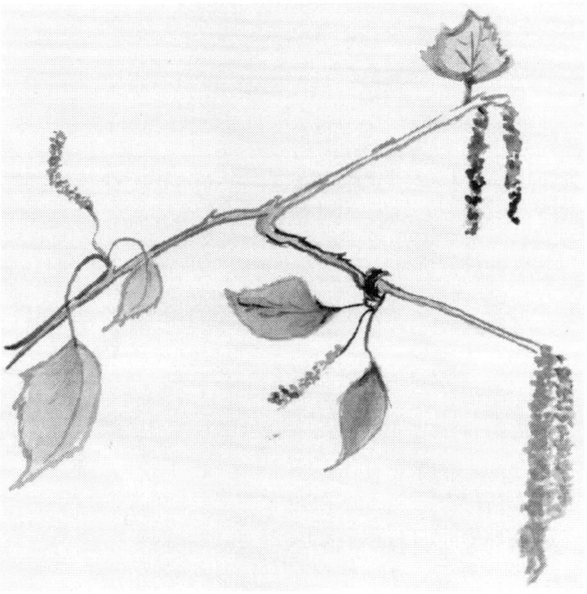

Auch das Tanzen um die Birke zur Maienzeit gehört zum Brauchtum. Deshalb ist es nicht verwunderlich, daß dieser Baum mit dem ersten Buchstaben des keltischen Alphabetes assoziiert wird und ebenso mit dem ersten Monat des Jahres. Wird die Rune in Holz geritzt und im Garten aufgestellt, so wachse alles besser, behauptet der englische Gärtner Arc Redwood.

Die Steinzeitmenschen hatten Schuhe und Gefäße aus Birkenrinde, Kleidung aus Birkenbast. Die Indianer benutzen noch heute den Saft der Rinde, um ein alkoholisches Getränk herzustellen, und kochen in Birkenrindentöpfen.

Für Heiligtümer und sakrale Bauten werden noch heute die Besen aus Birkenzweigen gefertigt, um die spirituelle Reinigung zu vollziehen, weniger die tatsächlich sichtbare.

Wird der Körper mit Birkenzweigen gepeitscht, so verschwindet Rheuma, Lungen und Haut werden gereinigt. Auch die spirituelle Reinigung wird mit Birkenzweigen am Körper vollzogen. Ich selbst durfte als Kind im Frühjahr nicht nur die Birken mit anritzen, die wir reichlich im Garten hatten, sondern auch meiner Tante mit den Zweigen den Körper leicht abpeitschen. Obwohl sie nicht gläubig war, ließ sie das in jedem Frühjahr tun, weil sie auf die heilsame Kraft der Birke vertraute. Tatsächlich wurde sie fast neunzig Jahre alt – ohne Rheuma!
Der Fliegenpilz steht in Verbindung mit der Birke. Die Schamanen nahmen nur abends den Fliegenpilz zu sich. Dadurch waren sie in der Lage, mit der Welt hinter dem Sein Kontakt aufzunehmen. Sie sahen Lichtphänomene vor dem Inneren ihres Auges, die sie mit dem Licht der Birke in Verbindung brachten.

冷杉

Die Tanne

Die Tanne ist der Baum der Wintersonnenwende: Ihr Lebensgrün überdauert Dunkelheit und Kälte. Die toxische Eibe geht dem Tannenbaum in der Zeitspanne des keltischen Kalenders unmittelbar voraus. Sie stellt die Zeit vor der Sonnenwende und der Tannenbaum die Zeit danach dar, wenn tief im Schoß der Erde der Sonnengott wiedergeboren wird. Die Tanne stellt die Weltenseele dar, die große Mutter Erde, aus der auch der Mensch hervorging. Sie steht ganz unter dem Einfluß des Planeten Saturn. Deshalb kann man mit ihr saturnische Krankheiten heilen, wie Rheuma und Erkältungen. So kann man auch am Saturntag, dem Samstag, sein Brot ausschließlich mit Tannenhölzern backen und ebenso sein Essen auf einem Herd mit Tannenholzfeuer bereiten.
Der Duft des Tannenharzes wirkt unmittelbar belebend auf die Seele – auf das Limbische System. Es hat beruhigende, entspannende und meditative Wirkung. Das ermöglicht das innere Gewahrwerden der kosmischen Geschehnisse, nämlich der Wiedergeburt des

Lichts. Der Tannenbaum wird in Europa mit dem Weihnachtsfest in Verbindung gebracht. Einem Fest, an dem Knecht Ruprecht mit einem Sack voller Nüsse und Äpfel angestapft kommt, die die Samenkräfte des Lebens symbolisieren. Nach keltischer Tradition sind sie die Speise für die Seelen der Ahnen, die ihnen die Kraft gibt, wiedergeboren zu werden. Knecht Ruprecht trägt in der einen Hand die Rute, das Symbol des Lebens, das den Lebenden Gesundheit und Fruchtbarkeit schenkt. Der Weihnachtsbaum selbst ist erst seit dem 16. Jahrhundert bekannt.

榛子

Die Haselnuß

Sie ist der Baum der Weisheit, Inspiration, schafft magischen Kreis. Eine Runde von Haselnußsträuchern bildet ein »eingehaseltes Feld« (Schutzfeld).

Bei den Kelten symbolisiert die Blüte Schönheit und die Frucht Weisheit. Da beides an einem Strauch wächst, bekam die Haselnuß den Ruf der Vollkommenheit. Sie gab Schutz vor allem Bösen, Schlangen, Hexen, Blitz und Feuer.

Der Haselnußstrauch gilt als Glücksbringer und Fruchtbarkeitssymbol. Seine Zweige werden auch als Wünschelruten verwendet. Auch die Früchte des Haselnußstrauches finden vielseitige Verwendung.

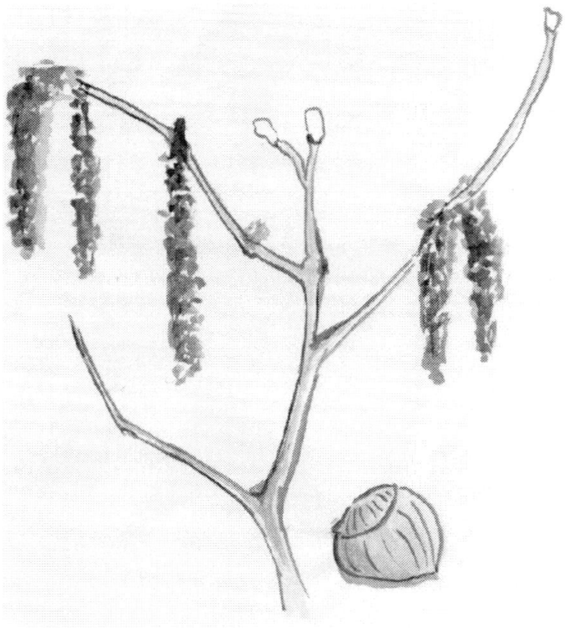

Beispielsweise wird der Braut bei der Hochzeit ein Körbchen mit Haselnüssen überreicht. Man wirft auch dem Paar Haselnüsse als Glücksbringer hinterher. Haselnüsse gelten als Fruchtbarkeitssymbol.

Schläft man unter einem Haselnußstrauch, so kann man im Traum in die Zukunft schauen, aber auch eine leicht kühlende und beruhigende Atmosphäre spüren. Der Geist reinigt und klärt sich, der Mensch fühlt sich jugendlich und fröhlich zugleich.

Symbolik: Lebens- und Liebesfruchtbarkeit, Unsterblichkeit, Frühling und glückhafter Beginn, Wunscherfüllung und Glück, Schutz vor Behexung, vor Blitz und Schlangen, Schönheit (Blüten), Weisheit (Frucht).

葡萄藤

Die Weintraube

Die Weintraube steht für Inspiration, und sie verbessert die Schwingung des Hauses. Die psychoaktiven Wirkungen müssen den Menschen das Gefühl gegeben haben, das Blut der Götter oder des Teufels zu trinken. Der Wein war ein Symbol der Freude und der Fülle der von Gott kommenden Gaben. Er war Lebenselixier und Unsterblichkeitstrank.

In England werden noch heute wichtige Geschäfte mit einem Glas Wein besiegelt. Das gemeinsame Trinken aus einem Glas galt seit jeher als Verlöbnis- oder Hochzeitssymbol.

Symbolik: Götterblut, Wiederauferstehung, Leben, Heilige Schrift, Freundschaft.

常春藤

Der Efeu

Er klammert sich an und kann nicht allein sein. Er ist Symbol für das Verstecken, Schutz und Rückzug. Efeu kann den schlechten Geist (Orlok) eines Hauses konzentrieren, wenn er übermächtig das Haus oder / und den Garten überwuchert. In geringem Ausmaß kann er das Haus vor den Abgasen der Autos schützen.
Hat Efeu erst einmal einen Standort eingenommen, so verläßt er diesen nicht wieder. Jedenfalls nicht freiwillig. Efeu möchte alles unter Kontrolle bekommen, ist anhänglich bis anklammernd. Deshalb ist er auch ein Symbol der Treue. Er kann allerdings auch so weit gehen, daß ein »Würgeeffekt« entsteht. Zu sehen ist das insbesondere in Parkanlagen, wo Efeu bereits so stark gewachsen ist, daß es dem Baum die Luft- und Nährstoffzufuhr unter Umständen abgeklemmt hat.

Die weiblichen Eigenschaften des Efeus sind Anlehnungsbedürftigkeit und Freundestreue. Bei der Eheschließung werden auch Sträußchen mit Efeu gebunden. In Griechenland werden dem Brautpaar gar Efeuranken vom Pfarrer überreicht.

Mit dem Efeu, der immergrün ist, werden auch Gedanken der Unsterblichkeit verknüpft.

Symbolik: Freundschaft, eheliche Treue, weibliche Anerkennung, anklammernde Abhängigkeit und Anhänglichkeit, Tod und Unsterblichkeit, Ruhm.

水竹

Das Schilf

Alle Vögel sind mit dem Schilf verbunden. Das Schilf bewahrt vor schlechten Einflüssen von außen und ist gut als Dach auf der Westseite des Hauses geeignet. Schilf wirkt beschützend. Ein Schilfdach verspricht ein gemütliches Heim.

Das leise Hin und des Schilfes im Wind wirkt wie das Flüstern tausender kleiner Stimmen, weshalb dem Schilf auch die Geschwätzigkeit zugeordnet ist.

Die hohlen, leicht zu knickenden Halme machen es zum Symbol für Schwäche und Wankelmut.

Symbolik: Wankelmut, Schwäche, Barmherzigkeit, heimliche Geschwätzigkeit.

接骨木

Der Holunder

Der magische Hexenbaum sollte nur für die Rückseite des Hauses verwandt werden. Zweige müssen vor dem Abschneiden befragt werden und sollten nicht ins Haus gebracht werden, da sie Unglück bringen.

Lange Zeit war es in Norddeutschland üblich, daß der Schreiner einen frischen Holunderzweig schnitt, um damit das Maß des Verstorbenen für den Sarg zu nehmen. Auch der Fahrer des Leichenwagens hatte statt einer Peitsche einen Hollerstecken in der Hand.

Symbolik: Schutz für Haus und Familie, Tod und Jenseitswelt, Hexen und Teufel, Scheinheiligkeit.

花楸树

Die Eberesche

Die Eberesche oder Vogelbeere ist ein guter Schutz für den Hauseingang. Sie schützt vor Schwarzer Magie und Hexenzauber. Um den Stamm gewickelte rote Bänder oder Fäden verstärken diese Wirkung. Die Eberesche eignet sich besonders für das Einritzen von Runen.

Sie ist ein mutiger, bescheidener und lebenskräftiger Baum, weshalb sie zum Symbol der Gesundheit, Kraft und Lebensfreude wurde.

Konkurrenzdruck anderer Stauden und Sträucher erhöht höchstens ihre Wuchsfreudigkeit.

Menschen, die den Ebereschenbaum ganz besonders mögen, ziehen das Glück an. Es sind Menschen, die gern geben und denen es nichts ausmacht, sich von materiellen Gütern zu trennen. Großzügigkeit bestimmt ihr Leben.

Andererseits kann ein gutes Feng Shui erreicht werden, wenn ein Mensch, dem diese Eigenschaften fehlen, sich dem Ebereschenbaum widmet. Das kann per Bild, in der Natur bei einem Baum oder mit Ebereschenholz sein.

Symbolik: Fruchtbarkeit, Kindersegen, Gesundheit und Freude, Zähigkeit, Durchsetzungsvermögen, Kraftübertragung, Schönheit.

白蜡树

Die Esche

Sie ist ein kosmischer Baum. Für das Zentrum eines Ortes ist sie sehr gut zu positionieren, da sie dem Zentrum Kraft und Stabilität vermittelt. Die Esche ist ein »Feenbaum«, da sich diese Wesenheiten hier gern plazieren. Sollte dieser Baum mit der Eiche und dem Weißdorn zusammengewachsen sein, dann bilden diese in der Gesamtheit einen speziellen Kraftplatz. Es verbietet sich von selbst, hier gewaltsam Äste zu entfernen.

Der Weltenbaum Yggdrasil war bei den Germanen die Esche. In der Edda steht geschrieben: » ...der Götter vornehmster und heiligster Aufenthalt, wo sie täglich Gericht sollen halten.«

Die Esche reckt sich von der Erde in das Himmelsgewölbe. Ihre weitgespannten Äste geben Schutz, und tief senkt sie die Wurzeln in das Mutterreich Erde. Der Stamm ist die Stütze der Welt.

In ganz Nordeuropa war die Esche geheiligt und daher geschützt. Fällte man sie, so stand die Todesstrafe darauf.

Über ein Bett gehängte Zweige waren Symbol der göttlichen Kraft. Wurde ein Kind geboren, so entzündete man einen grünen Eschenzweig an einem Ende. Den dadurch am anderen Ende austretenden Saft fing man auf und gab ihn dem Neugeborenen als erste Speise, die ihm noch vor der Muttermilch symbolisch göttliche Lebenskraft schenken sollte.

Die Esche wird rein männlich gesehen. Steht sie mit einem Weinstock zusammen, der sich an ihr hochrankt, so ist das ein Zeichen von glücklicher Ehe und ihren Freuden.

Aus ihren Blättern kann man einen harntreibenden und abführenden Tee brauen. Die Rinde kann man zur Heilung auf Wunden legen.

Tritt die Esche verstärkt in den Sinn eines Menschen, so ist er bereit, seine Kräfte zur Erlangung eines Zieles voll einzusetzen.

Menschen, die nicht diese Zielgerichtetheit in sich spüren, sollten mit der Esche in der Natur eine Verbindung eingehen. Es ist sinnvoll, auch zu Hause ein Bild dieses Baumes aufzuhängen, sich seine Blätter als Tee zu bereiten oder seine Rinde mitzunehmen, um mit seinen Kräften gespeist zu werden.

Symbolik: Weltenbaum, Gesamtheit des Menschenlebens, der erste Mann, gleich dem Adam der Juden, kraftvolle Festigkeit, Waffe der Lebenskraft, Rettung, eheliche Freuden.

桤木

Die Erle

Sie ist der Baum, der am Wasser stehen sollte. Denn sie sucht von sich aus auch gern das Wasser. Die Erle gibt ein gutes Holz für Fundamente. Einige, wenn nicht sogar viele Gebäude in Rotterdam stehen auf Erlenfundamenten. Selbst um Kleiderfärbungen vorzunehmen, kann man die Blätter der Erle benutzen. Die Erlenblätter färben braun.

In der keltischen Mythologie ist die Erle der Baum, der das Sonnenjahr repräsentiert. Die Erle symbolisiert mit ihrem roten Holz das Feuer, das Wasser durch die grünen Blätter und die Erde durch die braune Borke.
Früher wurden junge Erlenzweige als Schutz gegen Hexerei und so manch andere Unbilden, auch Krankheit, im Stall und über dem Hauseingang aufgehängt.
Das Holz der Erle eignet sich besonders gut als Räuchermittel für einen großen Nachwuchssegen und zur Reinigung der Atmosphäre.
Legen Sie doch einmal in Ihre Schuhe ein paar Erlenblätter, wenn Sie müde Beine und Füße haben sollten. Schwellungen gehen in der Regel zurück und Sie fühlen sich wieder frisch und belebt.
Manche Menschen fühlen sich besonders zur Erle hingezogen. Das sind Menschen, die gut unterscheiden und gut argumentieren können. Sollten gerade diese Eigenschaften fehlen, so empfiehlt es sich, die Erle in der Natur aufzusuchen, einen Gegenstand aus ihrem Holz für die Meditation in die Hand zu nehmen oder ein Bild der Erle im Haus aufzuhängen.

Symbolik: Das Unheimliche, das Weib, Feuer, Wasser, Erde.

柳树

Die Weide

Sie sucht das Wasser und sollte gerade deshalb auch wassernah gepflanzt werden.

Die Pflanzung erfolgt bei abnehmenden, Mond, genauso wie auch die Ernte der Weidenrinde. Denn diese ist, als Tee getrunken, eine hervorragende Maßnahme zur Wasserausschwemmung.

Die Weide wirkt nicht direkt spirituell, dennoch gibt sie uns durch ihre biegsame Art und durch ihre Flexibilität einige gute Eigenschaften in dieser Richtung mit auf den Weg. Die Weide eignet sich besonders gut als Rute zum Auffinden von Wasseradern.

Es gibt bis zu fünfhundert Arten der Weide, davon allein einhundertfünfzig verschiedene in China.

Weiden wurzeln am himmlischen, lebenszeugenden Wasser und waren damit Vorbild für das jenseitige Leben. Weiden sind unfruchtbar und daher ideale Keuschheitssymbole.

In den buddhistischen Frühlingsritualen versprengten die Mönche mit Weidenzweigen Wasser als Reinigungszeremonie und Regenzauber. Die Weide ist dem Mond zugeordnet und hat weibliche Yin-Eigenschaften.

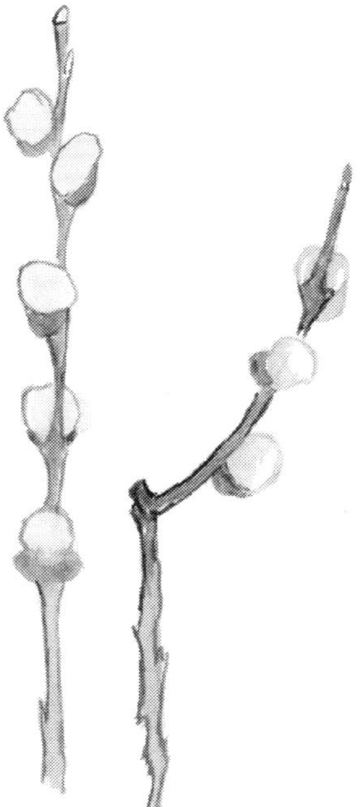

In der chinesischen Mittsommernacht (der fünften Nacht im fünften Monat des Mondkalenders) wurde ein Büschel von Weidenzweigen über die Haustür aufgehängt, um Böses abzuwehren.

In der gleichen Nacht feiern in Europa die Hexen ihre wilden Liebesfeste.

Die Chinesen lieben die gelbe Weide – Salix babylonica – wegen ihrer erotischen Bedeutung. Sie steht für Schönheit, Sanftmut, Anmut und moralische Schwäche. Schenkt man Weiden mit jungen Blättern und abgefallenen Kätzchen, so ist dies in China und Japan ein Symbol für die verlorene Unschuld.

Wer eine starke Resonanz zu diesem Baum hat, hat Verwurzelung, Anmut und Wahrheitssinn ausgeprägt. Die Liebe zum Menschen und das Mitfühlen mit ihren Ängsten, Nöten und Freuden ist diesen Menschen zueigen.

Menschen, denen diese Menschlichkeit und Wärme fehlt, tun gut daran, sich mit der Weide zu umgeben. Entweder suchen sie sich einen lauschigen Platz unter einer Weide, haben Körbe und Sessel aus ihrem Holz, trinken Weidentee oder meditieren gar mit ein paar Weidenzweigen. Natürlich kann man auch hier symbolisch einen neuen Baum pflanzen, um den eigenen Gesinnungswandel zu demonstrieren. Man kann aber auch ein Bild von diesem Baum in einen wichtigen Wohnbereich hängen.

Symbolik: Frühlingsahnen, Gefahr, Tod, Keuschheit, Ausdauer, Regenzauber, Moralische Schwäche, Konkubinen.

山楂

Der Weißdorn

Der Weißdorn oder auch Hagedorn ist einzeln stehend heilig. In der Gruppe bietet er Schutz vor Raubtieren. Er wurde als Dornenkrone bei Jesus verwendet.

Aus seinem Holz können aber auch Krummstäbe gefertigt werden, die der Gesundheit dienen und Astralwesen unliebsamer Art fernhalten können.
Aus Weißdorn wird nicht nur eine Arznei für das Herz hergestellt, Blüten und Holz eignen sich für Räucherungen.

Symbolik: Weißdorn ist ein starkes »Zaubermittel«. Geht man durch einen Bogen von Weißdorn, so sollen die Krankheiten an ihm hängenbleiben.

橡树

Die Eiche

Die Eiche ist ein heiliger Baum. Sie steht in Verbindung mit allen Himmelsgöttern. Eichen sind starke und langlebige Bäume. Nicht selten werden sie 900 Jahre alt! Schon bei den keltischen Priestern, den Druiden, fanden sie Verwendung.

In allen Völkern ist die Eiche Sinnbild für Dauerhaftigkeit, Zähigkeit und kraftvolle Männlichkeit.
Sie strahlt Würde aus und paßt zu Gerichtsplätzen und Regierungsgebäuden. Ein Kranz aus Eichenlaub kam höchsten Würden gleich, ob als Kopfkranz bei den Olympiaden oder dem hochverdienten alten Mann.

Eiche und Pistazie symbolisieren in der Bibel zusammen Stärke und Glanz. Vor allem die Eichenbäume waren heilig, in denen die Mistel saß. In Irland wurde jeder mit der Todesstrafe bedacht, der einen Eichenhain fällte.

Im Christentum wurde der Eichenkult zunächst ganz unterdrückt, und die Eichen wurden gefällt. Aber man konnte nicht alle Bäume fällen, und so deutete man sie zum Sinnbild von Gesundheit und Tugend um.

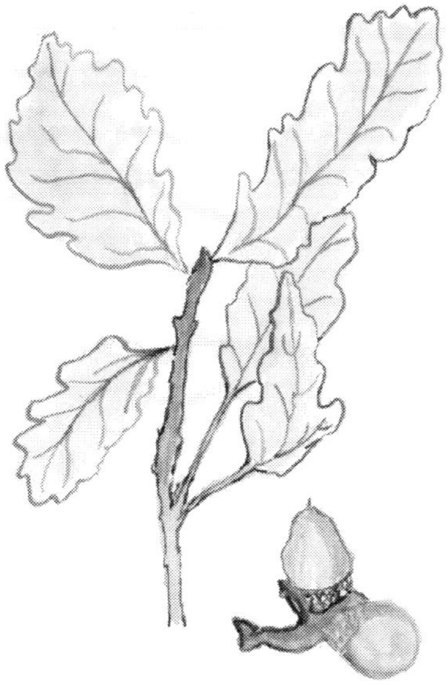

Ob Schiffe, Windmühlen oder Häuser, das Eichenholz eignet sich für widerstandskräftige, starke und standhafte Bauten.

Wenn man eine ganz besondere Beziehungen zu diesem Baum verspürt, dann sind es die Verläßlichkeit und Verantwortung, die mit ihm angezogen werden. Pünktlich, beschützend und männlich zu sein, oder als Frau ihren Mann zu stehen, das ist das Resonanzthema.

Menschen, denen mit Feng Shui geholfen werden soll, Verantwortung zu tragen, verläßlich und pünktlich zu sein, dabei Ausdauer und Standfestigkeit zu erlernen, diesen Menschen wird empfohlen, über die Eiche zu meditieren, sie in der Natur aufzusuchen, ein Bild von ihr ins Haus zu hängen oder einen Gegenstand zu Hause aus ihrem Holz zu haben und darüber Bewußtheit zu üben.

Symbolik: Sieg, Ruhm, Kraft, Stolz, Königstreue, Heldentum, Männlichkeit, Dauerhaftigkeit, Unsterblichkeit, Fruchtbarkeit, konservatives Denken.

棕桐树

Die Stechpalme

Die Stechpalme, auch Ilex genannt steht für Ausdauer und Härte. Im Krieg wurden aus ihrem Holz Keulen gefertigt. In der Hand des Kriegers wurden dann diese Eigenschaften zu seinen eigenen.

Die Stechpalme galt als heiliger Baum. Ihre kräftig roten Beeren wirken in der trostlosen Zeit des Winters lebensbejahend und gelten als glückbringendes Symbol.

Ob bei den Kelten, Sachsen oder Japanern – immer sollte der Ilex in der Winterzeit Böses vom Haus abhalten, das Haus vor Verwünschungen, Zauber und Blitzen schützen.

Das Schlagen mit Ilexzweigen war weit verbreitet. Ob in Japan zum Neujahrsfest oder in Europa zur Fastnacht, es wurden aus Spaß Schläge mit dem Ilex verteilt. Die moderne Gehirnforschung weiß heute zu berichten, daß dadurch ein Hormon ausgelöst wird, das den »Fruchtbarkeitszauber« in Gang setzt.

Zieht ein Gewitter auf, dann zünde man eine weiße Kerze an und und entflamme ein Ilexblatt im Kerzenlicht.

Meditiert man über die Stechpalme, so findet man sehr leicht heraus, daß ihre Bedeutung noch wesentlich weitreichender ist: Sie befreit den gehetzten Menschen und führt ihn hin zu einem ruhigen und ausgeglichenen Zustand.

Die Stechpalme sollte nicht im Innenbereich eingesetzt werden, da ihre Blätter ein zu großes Sha bewirken könnten, das hier in Form von spitzen Blättern die Harmonie im Innenbereich stören würde.

Symbolik: Glück, Schutz vor allem Bösen, weise Fürsorge, ewiges Leben, Weihnachten, Kampfesmut.

紫杉

Die Eibe

Die Eibe ist der »Totenbaum«.

Mit ihren giftigen Eigenschaften gehört sie in das Reich der Toten – auf Friedhöfe –, nicht aber unter die Lebenden. Den Toten wurden früher Eibenzweige mit ins Grab gelegt – als Symbol des Todes und der Wiederauferstehung. In menschliche Siedlungen gehört dieser mächtige, bis zu tausend Jahre alt werdende Baum nicht.
Sollte man aber ihre Kraft nutzen wollen, so schnitze man bei Mondfinsternis in ihr Holz die für sie passende Rune.

Die Römer stellten aus Zweigen und Rinden einen Gifttrunk her.

Aber auch Räucherungen und aus ihrem Holz gewonnene Zauberstäbe sind bekannt.

Die Eibe gilt als Transformator zwischen der diesseitigen und der jenseitigen Welt.

Eiben säumten den Weg zur Totenwelt.

In Europa wurden aus dem Holz der Eibe Waffen, Speere, Bögen und Pfeile gefertigt. Noch bis ins Mittelalter wurden Eiben in Burgnähe gepflanzt, um immer genügend Holz für die weitere Waffenproduktion zur Verfügung zu haben.

Wer seine innere Mitte und Ruhe sucht, der setze sich unter die Eibe. Sie vermittelt Kühle und Dunkelheit. Dadurch führt sie in die dunklen Aspekte des Seins, hilft sie zu ergründen und zu wandeln.

Symbolik: Unsterblichkeit, Wehrhaftigkeit, Tod, Schutz vor Zauber.

圣地一力量之地

Orte der Kraft erkennen

Vielleicht haben Sie einen solchen auf Ihrem Gelände, vielleicht sogar im jetzigen Garten. Bei dem einen ist es der Menhir, ein hoch aufragender unbehauener Naturstein, der als Mittelstein eines Labyrinthes im keltischen Brauchtum verwendet wurde, und bei den anderen sind es gar ganze Randsteine einer Schutzwallanlage.

Paul Devereux untersuchte in England prähistorische Kultstätten wie Steinkreise, Dolmen, Menhire und heilige Quellen. Seine Meßinstrumente waren: Geigerzähler, Magnetometer und Mikrowellen-Spektrometer. Die Ergebnisse waren aufsehenerregend! Es gibt offensichtlich einen Zusammenhang zwischen natürlich vorkommender Radioaktivität und megalithischen Kultstätten. Devereux fand heraus, daß Menschen, die den Steinkreisen nahe kamen, zur Produktion von Theta- und Delta-Gehirnwellen neigten.

Boguslav Lipinski untersuchte im Jahre 1985 den Marienerscheinungsort Medjugorje in Jugoslawien. Die Seherkinder fielen jeweils bei den Marienerscheinungen in synchrone Ekstase. Die Radioaktivität, die Lipinski maß, war im Raum so hoch, daß es zu gesundheitlichen Störungen hätte kommen müssen. Nichts dergleichen geschah.

Magnetische Anomalien sind ebenfalls nicht selten. Die Kompaßnadel bleibt an sakralen Orten oft an jedem beliebigen Punkt stehen. Professor König von der Technischen Universität in München bestätigte, daß die Psyche des Menschen schon auf schwache elektromagnetische Felder reagiert. So reagieren die Zirbeldrüse mit Veränderung der Hormonproduktion und Teile des Gehirns, die mit Erinnerungen und Träumen verbunden sind, besonders die Schläfenlappen erzeugen, elektromagnetisch gereizt, Empfindungen des Fliegens und Visionen der außerkörperlichen Wahrnehmung. Besonders Granit- und Basaltsteine haben eine erhöhte magnetische Kraft.

Auch Mikrowellenstrahlung kann den Hypothalamus, der das Vegetativum steuert, beeinflussen. Gerade an heiligen Orten wurde eine erhöhte Mikrowellenstrahlung von Labanowa, Mitglied der Moskauer Universität, festgestellt.

Auch das Mikroklima eines solchen Ortes zeigt häufig Veränderungen in Form vermehrter negativ geladener Ionen auf. Der russische Forscher Schischewski fand heraus, daß das Einatmen von Negativ-Ionen die roten Blutkörperchen stabilisiert und so die Heilung fördern kann.

Lichtkugelerscheinungen sind an Orten der Kraft ebenso bekannt. Begibt man sich in eine solche Lichtkugel, so kann dies bis zur Amnesie führen.
Untersuchungen der Radiästheten zeigen deutlich Kreuzungen des sogenannte Globalnetzgitters an sakralen Orten. Das sind in Nord-Süd bzw. Ost-West verlaufende zwei bis zweieinhalb Meter breite Reizstreifen, Kreuzungen von Wasseradern, Kreuzungen von Diagonalgitterlinien in Nordwest-Südost-Richtung und sogenannte Medial- und Wachstumslinien. Sie alle kreuzen sich nach Purner besonders im Bereich von Altären in sogenannten heiligen Kirchen.

Rituale werden je nach Kraftwirkung am Ort angepaßt.

Eine Einweihung schließt die heiligen Kräfte am Ort auf.

Vor 6000 Jahren wurden Wohnhöhlen von Kultstätten getrennt. Kultstätten hatten senkrecht ins Erdinnere führende Spalten. Opfergaben wurden dort hineingelegt.

Labyrinthe im Garten (als Pflaster- oder Rasenlabyrinthe) können eine hochenergetische Wirkung hervorrufen. Sha wird gefangen und Chi potenziert!

Man denke nur an die Verwendung von Menhiren im Bereich der Ehe, dem Südwestbereich des Grundstücks. Welch eine himmlische Verbindung von Erd- und kosmischen Kräften.

Oder stellen Sie sich einen mit Inschrift versehenen Obelisken vor. Ihre Insignien darauf und magische Worte!

Ein solcher Garten wird Glück und Harmonie anziehen und lange erhalten.

风水与健康

Feng Shui und Gesundheit

Auch hierzulande wird bereits im medizinischen Sinne mit Feng Shui gearbeitet. Der Chefarzt Dr. Wolfgang Rother von der Inntalklinik für integrierte Psychosomatik und Ganzheitsmedizin stattete im Sinne des Feng Shui das ganze Krankenhaus mit Windspielen, Zimmerbrunnen und aufbauenden Bildern aus, um die Gesundheit seiner Patienten nachweislich zu fördern.

Nicht nur Dr. Rother, auch der praktische Arzt Dr. Frank Spiegel, der Patienten mit chronisch labilem Allgemeinzustand Feng Shui-Maßnahmen für zu Hause empfahl, hatte schon nach kurzer Zeit bei fast allen Patienten eine Verbesserung ihres Zustandes zu vermelden.

Die theoretische Grundlage des Feng Shui wie auch der Akupunktur ist die Fünf-Elementen-Lehre. So ist es nicht verwunderlich, daß Begriffe wie »sprudelnde Quelle«, »großes Tor«, »stiller Berg« oder »weiter Hügel« gängige Bezeichnungen für Akupunkturpunkte sind.
Chi durchzieht in Bahnen die Erde und auch den Körper. Wer es versteht, das Chi für seinen Körper und Geist optimal anzuziehen, der kann das Programm der Zellen maximal nutzen, indem er auch über Bewegung, positives Denken, gesundes Wohnen und gute Ernährung Chi in seinem Leben aktiviert. Dazu sollten Sie zunächst mit mir einen Blick auf die Farben werfen: Farben sind so starke Energien, daß sie in der Zeit der Han-Dynastie nur für den Kaiserpalast, nicht aber für die Bevölkerung genutzt werden durften. Vermeiden Sie die Farbe Grau, da sie die Chakren langsamer drehen läßt und müde macht. Verwenden Sie Rot und Schwarz, die beiden Machtfarben, gemeinsam. Mit ihnen werden Sie zwar einerseits Macht ausstrahlen, andererseits aber auch unter starken Spannungen stehen, symbolisiert doch gerade Rot das Feuer und Schwarz das Wasser. Beide sind wie Hund und Katze. Deshalb ist eher auf Dauer davon abzuraten. Schwarz an und für sich sollten Sie auf alle Fälle meiden, wenn Sie Probleme mit der Blase, den Nieren und Unterleibserkrankungen haben. Stärken Sie diese Organe mit der Farbe Orange! Orange ist antidepressiv und stimuliert den Appetit. So werden Sie auch weniger unter kalten Füßen zu leiden haben. Im Krankenhaus für Traditionelle Chinesische Medizin in Fuzhou haben wir bei impotenten Patienten immer wieder die Tendenz zu blauen Unterhosen feststellen können. Blau ist die Farbe des Wassers, kühlt die Temperatur und das Temperament herunter. Knochenerkrankungen wurden mit der Farbe Lindgrün behandelt. Lindgrün ist ja die Farbe des Holzes und damit der Knochen und der Regeneration. Gelb, als die Farbe

der Erde, stärkt den Magen und die Milz. Rot ist gut für Menschen mit zu niedrigem Blutdruck und sexueller Unlust.
Vermeiden Sie auf alle Fälle, schwarz gekleidet zu »Energievampiren« zu gehen. Sie sind mit dieser Farbe wie ein Schwamm für Negatives und fühlen sich meist hinterher müde und ausgelaugt. Außerdem neigen Sie selbst schneller zu übler Laune und Mißstimmungen. Schwarz kann regelrecht depressiv machen. Wenn man es aber am Abend als »kleines Schwarzes« trägt, dann ist es weniger wie oben beschrieben wirksam. Denn die Nacht ist Yin und Dunkelheit. Das Schwarz ist es auch!

Was tun Sie nun mit diesen Informationen? Farbe können Sie leicht in Ihr Leben integrieren, indem Sie sie als Unterwäsche oder Oberbekleidung tragen. Sie können sie auch punktuell als Sitzbezug oder Schmusedecke einbringen. Natürlich kann man sie aber auch essen.

Im Feng Shui wird die Gesundheit nicht nur durch Farben, sondern auch durch die Himmelsrichtung maßgeblich beeinflußt. Der Osten ist der Frühling, die Vitalität, das Kind, die Jugend und der junge Baum. Der Osten ist die Richtung der Regeneration und Lebensfreude. Deshalb ist es besonders günstig, in dieser Richtung ein Zimmer, eine nach Osten weisende Tür oder ein Fenster zu haben. Für die Gesundheit ist es notwendig mit dem Rhythmus des Tages zu gehen, rät Feng Shui. Mit den Hühnern ins Bett und mit dem Hahn aus den Federn! Dann lacht die Morgensonne, und der Tag beginnt langsam. Mit zunehmendem Morgen wird das Yang aktiver, und man ist geistig und körperlich voll aktiv. Eine Patientin von mir behält trotz der von Jahr zu Jahr ansteigenden Beanspruchung durch ihren pflegebedürftigen Mann ihre Lebenskraft und ihren Frohsinn. Sie geht um 20 Uhr ins Bett und steht um fünf Uhr morgens wieder auf. Damit sind in der Ruhephase, der Zeit des Yin, alle inneren Organsysteme in der Lage, sich voll zu regenerieren. Mit der Yang-Phase des Tages ist auch sie wieder aktiv und damit in ihrem Gleichgewicht.
Für die Gesunderhaltung benötigt der Mensch ein ausgewogenes Verhältnis von Yin und Yang, von Arbeit und Ruhe, von Aktivitäten im allgemeinen und Passivitäten im besonderen. Er benötigt einen geregelten Tag-Nacht-Rhythmus und eine ausgewogene Ernährung nach den fünf Elementen:

Um das Erd-Chi anzuregen, bedarf es Speisen, die durchfeuchten. Das sind Erbsen, Kartoffeln, rote Beete und Bohnen. Für die Yang-Qualität des Feuers ist es gut, Hitze gebende Lebensmittel wie Erdnüsse, Pfeffer, Chili, Lammfleisch und Honig zu konsumieren. Im Gegensatz dazu bedarf es zum Kühlen des Wasserelementes: Spargel, Chinakohl, Zucchini, Melonen und Auberginen. Möhren, Aprikosen, Lauch, Bananen und Beeren haben einen milden Charakter und wirken ausbalancierend auf das Holz-Chi.

Innerhalb der Wohnung kommt Gesundheit wie folgt in den Fluß: Räumen Sie zunächst Ecke für Ecke auf und sichten Sie im Detail! Sauberkeit ist unabdingbare Voraussetzung

für Gesundheit. Ist man aber zu pingelig, so daß man vom Boden essen kann, dann ist zu viel Aufmerksamkeit auf den Boden gerichtet und zuwenig Chi nach oben gelenkt.
Alles, was Sie nicht mehr benötigen, sollten Sie verschenken oder verkaufen, denn es belastet ohnehin nur Ihr Energiesystem. Der Vergangenheit wird manchmal zuviel Raum gegeben, und das Gegenwärtige kann nicht Einzug halten. Lassen Sie die Vergangenheit los! Heute ist ein neuer Tag, und der schreit nach Leben! Der Energiefluß besagt, daß nur dort neue Energie hinfließen kann, wo altes, stagniertes Denken und Handeln losgelassen werden. Auf den Wohnraum bezogen, betrifft das jedes Bild und jeden Gegenstand, der neu überdacht werden muß, ob er noch benötigt wird oder nicht. Diese Phase der Entscheidungsfindung im kleinen kann sich auch bei größeren, übergeordneten Problemen als sehr hilfreich herausstellen. Wenn Sie aufgeräumt und saubergemacht haben, dann können Sie wieder durchatmen.
Nutzen Sie diese Yin-Phase, um für den nächsten Schritt gewappnet zu sein. Denn dann geht es darum, Sha zu erkennen. Überall im Wohnraum, wo Sie hervorstehende Kanten der Schränke und Wände bemerken, sollten Sie Kristallkugeln aufhängen, Feng Shui-Flöten oder ähnliches.
Schlafen und arbeiten Sie nicht unter Balken. Der Bürgermeister von W. arbeitete kurze Zeit unter einem schweren Balken und starb kurze Zeit danach an einem Schlaganfall. Natürlich muß es nicht immer so dramatisch ausgehen. Sein Vorgänger war auf mein Anraten hin mit seinem Tisch unter dem Balken weggezogen.
Vemeiden Sie auch, mit dem Rücken zur Tür zu sitzen, um nicht immer Abwehr-Chi haben zu müssen. Das bringt im geringsten Fall Unruhe und ansonsten leichter die Neigung zu grippalen Infekten.
Sitzen Sie am besten nicht vor einer nackten Wand oder blicken Sie beim Eintreten in einen Raum nicht ständig auf eine solche. Das kann Kopfschmerzen verursachen, den Weitblick einschränken und zu einem geschwächten Immunsystem führen.
Schlafen Sie am besten in einem Zimmer, das nicht über einer Störzone liegt und nachts durch einen Netzfreischalter geschützt ist. Die Matratze sollte keinesfalls vom Sperrmüll stammen, da die Federn jedes Ereignis speichern, so auch Krankheit und Tod. Aus Gründen der Gesundheit achten Sie darauf, daß nicht nur mit jedem Umzug eine neue Matratze gekauft wird, sondern daß Sie sie nach spätestens fünf Jahren erneuern. Natürlich ist das auch eine Frage des Bedarfs. Eine Matratze, auf der gestillt wird, ins Bett genäßt oder eine lange Krankheit zugebracht wird, ist etwas anderes als eine, die nicht fleckig oder feucht geworden ist. Manche Menschen sind Allergiker. Es gibt darunter einige, die auf Hausstaub allergisch reagieren. Für sie ist es wichtig, daß einmal in der Woche das Holz des Bettes feucht abgewischt wird und die Matratzen senkrecht zum Entfeuchten ausdünsten können und mit dem Staubsauger abgesaugt werden.

So wie die traditionelle Chinesische Medizin ein Studium erfordert, so ist es auch mit Feng Shui. Mit dieser alten Lehre wird der Chi-Fluß in den Lebensräumen des Menschen sozusagen diagnostiziert. Nur so kann das geeignete Mittel des Feng Shui empfohlen werden.

Es gibt Häuser, die als kranke Häuser bezeichnet werden und ein niedriges Feng Shui aufweisen. In diesen Häusern werden die Bewohner unter Sauerstoffmangel, Immunschwäche, Streß und leichter Ermüdbarkeit leiden. Sie benötigen doppelt so viel Arbeitsenergie für Ergebnisse, die noch nicht einmal dem Optimum entsprechen.

Gebäude mit einem weniger guten Feng Shui können außerdem:
a) zu Partnerproblemen, Angst, Aggressionen, Streit, Mangel
b) zu Gesundheitsproblemen und Arbeitsverlust, damit
c) auch zu weniger Ausstrahlung und Anziehungskraft führen.

Das Erdelement

Menschen mit einem weniger guten Gesundheits-Feng Shui haben kein oder nur ein mangelndes seelisches Gleichgewicht. Ist das Erdelement geschwächt, dann hat der Betreffende Probleme mit der Ernährung und der Verdauung. Er frißt offenbar etwas, meist Kummer und Sorgen, in sich hinein. Oft wälzt er Probleme lange vor sich hin und ist den oralen Genüssen sehr zugetan. So wirkt er nörgelig und ichbezogen.

Abhilfe: Untersuchen Sie den Südwestbereich und Nordostbereich des Hauses. Meist sind diese Bereiche vollgestopft!

Das Metallelement

Sind Trauer, Verzweiflung und Seufzen die Hauptemotionen, so handelt es sich um eine Störung im Bereich des Metalles. Meist bekommt der Mensch einen Rundrücken und wirkt schüchtern und erschöpft.

Abhilfe: Untersuchen Sie den West- und Nordwestbereich Ihres Hauses. Dort muß sich Luft, Feng, bewegen können. Klangspiele können zusätzlich für ein gutes Feng Shui in diesem Bereich sorgen.

Fragen Sie sich, was Sie bedrückt, was es ist, das Ihnen bleischwer auf der Brust sitzt, und befreien Sie sich von dieser Last. Lassen Sie los, vergeben und verzeihen Sie!

Das Wasserelement

Ängstigen Sie sich, frieren und verkrampfen Sie leicht? Dann handelt es sich um eine Störung im Bereich des Wassers. Irgend etwas blockiert die Körperenergie, eine Angst- und Schreckenreaktion! Finden Sie heraus, was es ist.

Abhilfe: Untersuchen Sie den Nordbereich des Hauses und entfernen Sie dort alles, was Ängste schüren könnte, wie Äxte, Dunkelheit und schreckenerregende Bilder.

Das Holzelement

Zorn, geballte Wut und rasende Eifersucht sind ein Zeichen von Holzenergiestörungen. Seine Wut nicht unter Kontrolle zu haben, ist nicht nur für den Betreffenden übel, sondern auch für seine Mitmenschen. Schauen wir zunächst im Wohnraum und im äußeren Umfeld, was das Holzelement und somit Leber-Feuer schürt.

Abhilfe: Untersuchen Sie den östlichen und südöstlichen Bereich des Hauses. Alles, was die Wege einengt oder gar blockiert, entfernen Sie am besten. Was kaputt ist, reparieren Sie und hängen Sie Bilder von ausgeglichenen Menschen auf und besänftigende Sprüche. Stellen Sie hier nur runde Gegenstände auf und entfernen alles, was Sha ausmacht. Plazieren Sie einen silberglänzenden Gegenstand der Harmonie in den Nordostbereich, wenn es sich um einen Mann handelt.

Das Feuerelement

Der typische Manager findet sich unter dieser Personengruppe. Die Termine häufen sich und der Mensch wird hektisch und nervös. Sein Reden überschlägt sich förmlich, und er verschluckt die Worte. Auch Wortkargheit und Humorlosigkeit können eine Störung im Herzelement anzeigen.

风水查寻表

Feng Shui-Checkliste

- Wie heißt dieser Ort?
- Wie liegt dieser Ort zu den vier Tieren?
- In welchem Teil des Ortes sind Sie ansässig?
- Welche Legenden ranken sich um diesen Ort?
- Wie heißt die Straße?
- Wie ist die Lage dieser Straße?
- Wie gehen Sie zu Ihrem Grundstück hinein?
- Wie ist der Zugang zur Hauseingangstür?
- Ermitteln Sie Ihr Geburtshoroskop!
- Welchen Eindruck macht der Anblick der Tür, wie fühlt sie sich an?
- Entspricht die Richtung der Tür dem Horoskop des Familienoberhauptes?
- Welche Eindrücke gewinnt man, wenn man die Tür geöffnet hat?
- Liegen die wichtigsten Räume in den günstigen Himmelsrichtungen?
- Haben Sie jegliches Sha entfernt?
- Ist für das Chi genügend Freiraum vorhanden, damit es zirkulieren kann?
- Definieren Sie Ihr jetziges Anliegen genau, am besten schriftlich!
- Balancieren Sie nach Ihren obigen Bedürfnissen Yin und Yang aus!
- Schauen Sie zu jeder Hausöffnung hinaus, um Sha Einflüsse zu erkennen und sie ausbalancieren zu können!
- Ermitteln Sie, welche Bereiche notwendigerweise Feng Shui-Maßnahmen erfordern, um zum gewünschten Erfolg zu gelangen!
- Danach schauen Sie sich jeden weiteren Bereich an, um ein allgemein gutes Feng Shui dort zu integrieren!
- Ist ein Außenbereich vorhanden, so gehen Sie wie in den Innenräumen vor!

Schlußwort

Der große Seher Edgar Cayce sagte einmal:

Alle Heilkräfte müssen im Inneren sein, nicht außen! Die Anwendungen aus dem Äußeren müssen im Inneren eine koordinierende geistige und spirituelle Kraft wachrufen!

Es gibt noch sehr viel mehr Möglichkeiten, mit Feng Shui-Maßnahmen sein Leben positiv zu gestalten. Ich habe mir erlaubt, einige davon in diesem Buch für Sie aufzuzeigen. Alle Wege können Sie ohnehin nicht gleichzeitig gehen. Ein Feng Shui-Experte oder -Meister wird Sie zudem sicher gern auf Ihrem Weg begleiten. Er wird die Kompaßschule mit einbringen und als ein Meister seines Faches Ihre Situation überschauen und hilfreiche Empfehlungen und Einblicke in die Zusammenhänge Ihrer Lebenssituation geben können.

Nach nunmehr einem Jahrzehnt der Anwendung von Feng Shui-Kenntnissen, mehreren hundert Beratungen und jährlichem Weiterstudium in Asien bei berühmten Meistern bin ich doch immer noch eine Lernende.
Feng Shui hat in meinem Leben das bewirkt, was ich mir wünschte: den Mann meiner Träume und zwei wundervolle Kinder! Unser Zusammensein ist eine Freude, und unsere Arbeit macht uns Spaß. Feng Shui hat zu jeder Lebensphase das angezogen, was wir uns wünschten. Konkretisieren auch Sie deshalb Ihre Wünsche, damit Feng Shui gezielt wirken kann!
Tun Sie nicht zu viel auf einmal und lassen Sie alles nach und nach wirken. Sprechen Sie erst dann aus, daß Sie Feng Shui angewendet haben, wenn bereits die Wirkung eingetroffen ist.
Ich wünsche Ihnen, daß es Ihnen gelingt, Chi in Ihrem Leben als wahren Bestand des Seins zu integrieren und gute Gedanken und Inspirationen, um die Eingangspforten für die Wirkkraft zu öffnen.

Feng Shui ist Wahrheit und Weisheit zugleich.

Anhang

Die Autorin

Die Autorin widmet sich seit vielen Jahren der östlichen Philosophie und der Traditionellen Chinesischen Medizin. Ihre Feng Shui Fachkompetenz erlang sie durch ihr Studium in China. Sie ist Mitbegründerin der chinesischen International Feng Shui Association unter Leitung von Prof. Wang. Zur Erforschung und Verbreitung von traditionellem Feng Shui Wissen gründete sie 1998 die International Feng Shui Research Association. Bereits von ihr erschienene Bücher sind: »Geheimsymbolik des Feng Shui«, »Beauty Feng Shui« (Silberschnur-Verlag) und »Sommernachtsträume« (ars edition), »Neun erfolgreiche Strategien für Gewinner« (Silberschnur-Verlag), »Olivia Moogks Feng Shui Kalender 2001« (Silberschnur-Verlag), »Glückskarten« (Silberschnur-Verlag), »Business Feng Shui« (Silberschnur-Verlag).
Hans Moogk ist am Institut für die Öffentlichkeitsarbeit und die Akquisition verantwortlich. Er, die Autorin und die Ausbildungspartner stehen als kompetentes Team im Dienste der Auszubildenden.

Feng Shui-Ausbildung

In der Ausbildung können Sie alle Grundlagen des traditionellen Feng Shui erlernen. Zusätzlich sind kompetente Institutsmitarbeiter für die Fachgebiete Farb- und Formwirkungen, Feng Shui-Psychologie und Geobiologie in die Ausbildung integriert.

Feng Shui-Fortbildung

Die Fortbildung dient der Vertiefung des in der Ausbildung Erlernten. Sie besteht zum einen aus Praxiskursen und zum andern aus Themeninhalten höherer Feng Shui Grade und führt Sie zum Expertenstatus.

Feng Shui-Accessoires

Feng Shui-Accessoires dienen der Verbesserung und Harmonisierung von Chi in Innenräumen und Gärten. Sie können Chi anziehen, leiten und erhöhen. Diese Mittel können z. B. sein: Spiegel, Klangspiele, Mobiles, Springbrunnen, Kristalle, Fächer u.v.m.
Bitte fordern Sie gern unseren Feng Shui-Accessoires-Katalog an.

Hausbau und Umbau

Bevor Sie einen Architekten zu Rate ziehen, sollten Sie einen Beratungstermin vereinbaren. Ihr Grundstück wird zunächst auf geopathogene Störzonen untersucht. Zusammen mit diesen Ergebnissen, der Lo Pan Untersuchung und den theoretischen Vorberechnungen werden sodann die Planungsgespräche geführt.
Ihre Wünsche, Vorstellungen und Pläne werden wir gemeinsam mit dem Architekten Ihrer Wahl vor Ort besprechen und Feng Shui-Lösungen zu Ihrer Zufriedenheit entwickeln.
Ziel ist ein individuell auf Ihre Bedürfnisse maßgeschneidertes Wohlfühl-Haus voll Lebensenergie und Glück.

Haus-und Wohnungsberatungen
Ein natürliches Resultat von Feng Shui Beratungen sind Räume voller Harmonie, Inspiration und Lebensfreude. Erleben Sie die Wirkung einer ganzheitlichen Feng Shui Beratung.

Feng Shui-Gartengestaltung
Ob Wandelgarten, Bildergarten, Garten der Düfte, der Sinne oder der Erholung – mit Feng Shui entstehen Gärten, die Ihr Leben verändern!

Die Businessberatung
Beratung ermöglicht Veränderung! Feng Shui unterstützt die Ziele der Firma und damit den Firmenerfolg. Ob Büro- oder Geschäftsräume, Banken oder Großkonzerne – sie alle profitieren von ganzheitlichen Feng Shui-Methoden.
Eine neue Betrachtungsweise des Arbeitsumfeldes öffnet neue Wege zu Expansion, Motivation und kreativem Handeln.
Mit Feng Shui-Fachkompetenz entdecken wir für Sie mögliche Hindernisse auf dem Weg zum Erfolg, indem z.B. das Firmenumfeld, die Innenräume, Messestände und das Firmen-Logo untersucht werden.

Internationale Forschung
Die ›International Feng Shui Research Association‹ ist an der Erforschung von Feng Shui Aussagen über drei Kontinente hinweg mit Wissenschaftlern aus verschiedenen Gebieten tätig.
Das Interesse der Association ist die Veröffentlichung von Meinungen verschiedener Schulen zu Themenbereichen und der Verbreitung von traditonellem Feng Shui-Wissen. Wer hier mitarbeiten möchte, kann Forschungsaufträge entgegennehmen und bearbeiten, die alle halbe Jahre veröffentlicht und in einem Buch zusammengefaßt werden.

Informationsmaterial und Bücher können Sie anfordern bei:

Int. Feng Shui-Institut
MOOGK
Breslauer Str. 2b
D-65307 Bad Schwalbach

Tel.: +49 (0)6124-725380 - 81
Fax: +49 (0)6124-725382
e-mail: fengshuimoogk@telda.net
www.fengshuimoogk.de

Literaturverzeichnis

Kurt Mendelson: Das Rätsel der Pyramiden, Weltbild Verlag 1992

Dagny und Imre Kerner: Der Ruf der Rose, Kiwi Verlag 1994

Peter Tompkins und Christopher Bird: Das geheime Leben der Pflanzen, Fischer Verlag 1991

Wolf-Dieter Storl: Der Garten als Mikrokosmos, Knaur Verlag1992

Sarah Rosbach: Feng Shui – Die chinesische Kunst des gesunden Wohnens, Knaur Verlag 1998

Sarah Rosbach: Feng Shui, Farbe und Raumgestaltung, Knaur 1996

Walter Derek: Ming Shu – Chinesische Astrologie, Astrodata 1987

Walter Derek: Feng Shui – Kunst und Praxis der chinesischen Geomantie, Edition Astrodata 1994

Lilian Too: Das große Buch des Feng Shui – Die chinesische Kunst der Raumgestaltung für Erfolg, Gesundheit und ein harmonisches Leben, Delphi Verlag 1997